王静娴 著

# 中国资源型跨国企业
# 创新与竞争能力评价

ZHONGGUO ZIYUANXING KUAGUO QIYE CHUANGXIN
YÜ JINGZHENG NENGLI PINGJIA

知识产权出版社
全国百佳图书出版单位
—北京—

图书在版编目（CIP）数据

中国资源型跨国企业创新与竞争能力评价／王静娴著. —北京：知识产权出版社，2021.6
ISBN 978 - 7 - 5130 - 7465 - 0

Ⅰ. ①中… Ⅱ. ①王… Ⅲ. ①能源工业—工业企业—跨国公司—企业创新—研究—中国
②能源工业—工业企业—跨国公司—企业竞争—研究—中国 Ⅳ. ①F426.2

中国版本图书馆 CIP 数据核字（2021）第 055669 号

**内容提要**

本书旨在通过探索资源型跨国企业竞争力培育的内在规律和表象特征，建立资源型跨国企业创新与竞争力评价指标体系，测算资源型跨国企业综合创新与竞争力指数，科学地评价我国资源型跨国企业创新与竞争力状况，指导资源型跨国企业的成长和发展。在内容安排上，通过论述中国脱资源约束的重要意义，提出中国资源型跨国企业竞争力与创新能力优化的必要性，构建中国资源型跨国企业竞争力与创新能力的评价指标体系，并进行评价应用，进而提出优化建议。本书的内容相对专业，可作为经管类本科生的课后学习材料，也可作为经管类硕士研究生专业课程的参考书籍。

责任编辑：张　珑　　　　　　　　　　　责任印制：孙婷婷

中国资源型跨国企业创新与竞争能力评价
ZHONGGUO ZIYUANXING KUAGUO QIYE CHUANGXIN YÜ JINGZHENG NENGLI PINGJIA
王静娴　著

| | |
|---|---|
| 出版发行：知识产权出版社 有限责任公司 | 网　　址：http://www.ipph.cn |
| 电　　话：010 - 82004826 | 　　　　　http://www.laichushu.com |
| 社　　址：北京市海淀区气象路 50 号院 | 邮　　编：100081 |
| 责编电话：010 - 82000860 转 8574 | 责编邮箱：laichushu@cnipr.com |
| 发行电话：010 - 82000860 转 8101 | 发行传真：010 - 82000893 |
| 印　　刷：北京中献拓方科技发展有限公司 | 经　　销：各大网上书店、新华书店及相关专业书店 |
| 开　　本：720mm×1000mm　1/16 | 印　　张：16 |
| 版　　次：2021 年 6 月第 1 版 | 印　　次：2021 年 6 月第 1 次印刷 |
| 字　　数：261 千字 | 定　　价：68.00 元 |
| ISBN 978 - 7 - 5130 - 7465 - 0 | |

# 前　言

　　从提升综合国力，参与国际竞争的角度来看，对于企业国际竞争力问题的研究，不仅有利于提升企业竞争力，而且可以实现企业、社会和国家的三赢。就企业主体而言，企业竞争力是企业所有者、经营者及员工共同追求的目标。国外很多企业，特别是大型的跨国公司，都清楚地认识到提升企业竞争力的重要性，并将努力提升企业竞争力作为企业重大的发展战略。而我国企业与国外企业相比，无论是在认识上还是做法上都存在较大差距，特别是资源型企业，亟待培育和提升企业的综合竞争力。

　　本书进行的资源型跨国企业创新与竞争力研究，旨在探索资源型跨国企业竞争力培育的内在规律和表面特征。在此基础上，建立资源型跨国企业创新与竞争力评价指标体系，测算出资源型跨国企业综合创新与竞争力指数，科学地评价我国资源型跨国企业创新与竞争力状况，指导资源型跨国企业的成长和发展。因此，本书从我国企业的实践出发，借鉴国外企业成长理论的研究成果，通过构建资源型跨国企业创新与竞争力评价模型，对我国资源型跨国企业创新与竞争力的运行机制和一般规律进行研究。本书的研究可以为国家制定产业发展政策及保持经济社会又好又快发展提供科学依据，同时对我国企业管理产生一定的现实理论价值和战略指导意义。

　　本书首先介绍了资源型企业的发展背景及其对中国经济的重要性。在此背景下重点论述了中国资源型企业的脱资源约束，并提出提升中国资源型跨国企业的创新与竞争力是其脱资源约束的必经之路，从而引出对中国资源型跨国企业创新与竞争力的研究。笔者从企业竞争力一般要素和资源型跨国企业竞争力特殊要素出发，分析并构建了中国资源型跨国企业竞争力评价指标体系；通过尽可能全面地收集可用的指标，构建充分非必要条件下的资源型跨国企业创新能力完备评价指标体系。在此基础上，我们再强化可比性和可操作性原则，以实际企业数据为基础，通过专家审议，粗糙集模型筛选，约简重构指标体系，得到充分必要条件下的资源型跨国企业创新能力评价指标体系。本书的研究内容安排如下：

第 1 章介绍了中国资源型企业竞争力的研究背景和研究意义，对学术界的企业竞争力理论进行回顾，归纳文章的研究思路、内容和方法，对文章的创新点作了阐述。

第 2 章首先从资源的特殊性、中国经济发展等层面分析中国经济脱资源约束的紧迫性，得出中国脱资源约束不可能仅靠内部解决，必须通过世界市场合理利用资源的结论；其次从世界资源的赋存量、世界资源民族主义与资源政治化、资源型跨国企业的国际竞争三个层面分析中国脱资源约束外部环境的严峻和恶劣；最后分析中国资源型跨国企业竞争力的现实意义，得出提升中国资源型跨国企业竞争力是当务之急，从而引出对中国资源型跨国企业竞争力的研究。

第 3 章在对企业竞争力的一般性内容进行理论分析的基础上，提炼出资源型跨国企业的竞争力特性，构建中国资源型跨国企业竞争力评价指标体系，并且对其评价方法进行了分析。

第 4 章从中国资源型企业发展现状入手，以资源型跨国企业综合竞争力指标体系为依据，对中国资源型企业综合竞争力进行测评。

第 5 章依照科学性、导向性、渐近性的原则，研究中尽可能全面地收集可用的指标，构建充分非必要条件下的资源型跨国企业创新能力完备评价指标体系，并在大样本调查的基础上采用粗糙集约简的办法获取资源型跨国企业创新能力评价指标体系。

第 6 章通过对 16 家资源型上市公司进行实证分析，发现此指标体系对于不同规模企业创新能力的评价是可行的，得出的企业创新能力的分值评价基本上是符合企业创新能力实际情况的。

第 7 章鉴于第 4 章的实证分析结果，本书从企业管理与风险控制、企业人力资源与创新、国际战略环境制约三个大的方面对中国资源型跨国企业竞争力存在的问题进行归纳。

第 8 章研究了中国资源型跨国企业竞争力发展潜力与提升途径。

第 9 章是结论与展望。

　　本书继承了国内外学术界关于竞争力理论和企业创新的研究成果，根据中国具体的国情，在充分学习已有的企业成长理论研究经验的基础之上，结合资源型企业的实际和特点，构建出科学的创新与竞争力评价体系，为提升资源型跨国企业竞争力提供对策和建议。本书主要在以下三个方面做出了创新性的探索。

　　（1）概括资源型跨国竞争力及脱资源约束相互关系的理论分析框架。笔者基于资源、资源型企业的特点，从内部条件与外部环境两个方面分析中国经济的脱资源约束与中国资源型跨国企业竞争力之间的相互作用机理，并得出提升中国资源型企业竞争力在中国脱资源约束战略中不可或缺的观点。

　　（2）中国资源型跨国企业竞争力评价指标体系的构建。本书在现有理论和现实研究的基础上，分析并提炼了中国资源型跨国企业竞争力的特殊构成要素，结合企业竞争力的一般性构成要素，综合构建出了中国资源型跨国企业的竞争力评价指标体系。

　　（3）中国资源型跨国企业创新能力评价指标体系的构建。在理论与实证分析的基础上，笔者考察了中国资源型跨国企业的国内国际发展环境，通过构建资源型跨国企业创新能力完备评价指标体系，再经粗糙集约简，构建中国资源型跨国企业创新能力评价指标体系。

　　本书在笔者前期公开发表的学术论文《资源企业对外直接投资逆向技术溢出效应实证研究》（生态经济，2013）、《企业创新效率的可比测度》（科技管理研究，2015）、《进口技术结构、知识流与出口技术复杂度提升——基于省级动态面板系统 GMM 模型的实证分析》（华东经济管理，2019）的基础上，以中国资源约束为背景，通过构建中国资源型跨国企业的创新与竞争力评价指标体系，实现对中国资源型跨国企业创新与竞争能力的测评。相关研究内容是笔者长期以来对资源型企业创新能力、竞争能力、综合评价进行深入研究的成果，可作为本科生、硕士研究生专业方向课程的辅助材料。此外，本书亦是贵州省教育厅青年科技人才成长项目（黔教合 KY 字〔2021〕278）、贵州省理论创新课题（GZLCLH - 2020 - 191）、贵州商学院教改校级重点项目（2019YJJGXM15）、贵州省"一流大学"建设项目（SJ - YLZY - 2016 - 003）、贵州省商贸流通大数据分析与应用重点实验室建设项目（黔教合 KY 字〔2018〕002 号）的阶段性成果。

　　本书的审定、校对、出版得到了太多的专业支持与帮助。在此，对本书出版做出过重要贡献的杨敏副教授、贵州省教育厅"工商管理省级重点支持学科"项目的同事、贵州商学院经济与金融学院的同仁，以及出版社的各位资深编辑表示衷心感谢。

此外，由于个人能力有限，本书写作过程中，存在诸多不足与缺憾，希望广大学者批评指正，笔者将在后续研究中弥补改进。

# 目　录

# 1 导　论

## 1.1　问题的提出

跨国公司研究，是国际贸易学与企业管理学中的老命题，且多以发达国家的跨国公司为研究对象。但是，新兴市场国家和地区的跨国公司问题研究则刚刚开始。我国提出"走出去"的战略已有时日，但是，国人对本国跨国公司的研究却相对滞后，赶不上"走出去"战略部署的要求。笔者认为，"中国跨国公司研究"应该成为中国国际贸易学十分重要和紧迫的"时代性"课题，其中特别是中国资源型跨国公司的竞争力研究显得尤为突出。理由很简单：资源问题很严峻。

经过40余年的改革开放，中国的经济和社会发展取得了举世公认的成就。但是必须指出，要达到"实现中华民族伟大复兴"的目标还有很长的路要走，要真正走出一条可持续发展的新型发展道路，还需付出极大的努力，在前进的道路上还有许许多多的困难和障碍。其中之一是中国资源约束问题。正如中国社会科学院副院长李慎明2012年2月指出的那样："我认为，在未来一些年内，我国所面临的所有新情况、新困难中，莫过于资源约束，这是最重要、最基础性的挑战。"❶ 国际上著名的世界观察研究所的一份研究报告（2005 年）称，"到 2030 年，如果中国和印度的人均资源消费量达到日本的水平，那么，上帝需为这两个国家再造出一个地球来"。美国前总统奥巴马讲得更加直截了当："如果十多亿中国人口也过上与美国和澳大利亚同样的生活，那将是人类的悲剧和灾难，地球根本承受不了，全世界将陷入非常悲惨的境地。中国……不要让地球无法承担。"姑且不论奥巴马讲此话的国际政治企图，如果他还有点实事求是的态度的话，应该首先从自我反省开始才对——"不到全球 5% 的美国人口，消耗着全球 20% 的能源、16% 的淡水、15% 的木材，同时排放 10% 的垃圾和 25% 的二氧化碳"❷。

中国人很清醒，知道资源问题在中国发展问题中的分量。中国绝不步发达国家之后尘，有决心、有能力创造出一条新型的发展道路，绝不会把资源的包袱甩给世界，途径有四：一是研究、开发和利用亲环境的可再生能源；二是节能、省资源；三是研究、开发和利用亲环境的新材料；四是在合理的范围内尽可能多地利用世界资源。

利用世界资源的基本途径是通过国际贸易和国际投资，而要通过国际贸易和国际投资获得资源，则要靠综合国力，靠国家的国际竞争力。其载体是企业，要靠企业的国际竞争力与创新能力，更具体一点讲，要靠中国资源型跨国企业的创新与竞争力。培育和强化中国资源型跨国企业的国际竞争力和创新能力，是中国"走出去"战略的题中应有之义。那么，资源型跨国企业的国际竞争力与创新能力是由哪些要素构成的，怎样培育，又如何具体地测定？这需要一种工具——资源型跨国企业的国际竞争力与创新能力评价体系。运用这一工具去具体地考察和分析目前我国资源型跨国企业的现状和国际竞争力所处的实际水平，指出存在的问题和缺陷，发现我国所特有的潜力并努力地去发掘，从而有针对性地指明加强我国资源型跨国企业国际竞争力与创新能力的途径，为尽可能多地从世界获得资源以确保我国可持续发展助一臂之力。

❶ 王健君，王仁贵，牟婉君. 从"大国"走向"强国"［J］. 瞭望，2012（9）.
❷ 参阅《瞭望》新闻周刊：《从"大国"走向"强国"》，转引自新华网。

## 1.2　研究思路框架与研究方法

### 1.2.1　研究思路与框架

本书的研究对象为中国资源型跨国企业的竞争力。文章首先论述了中国脱资源约束战略对中国经济的极端重要性，并概述了中国脱资源约束的基本途径。这是研究本课题的逻辑起点，并为下文铺垫。在此背景下，着重论述了资源型跨国企业在中国脱资源约束战略中的地位和作用，提出了提升中国资源型跨国企业竞争力的重要性和紧迫性。为达此目的，本书构建了中国资源型跨国企业的创新与竞争力评价体系，从而引出增强中国资源型跨国企业竞争力的具体途径。研究思路和总体框架如图 1 – 1 所示。

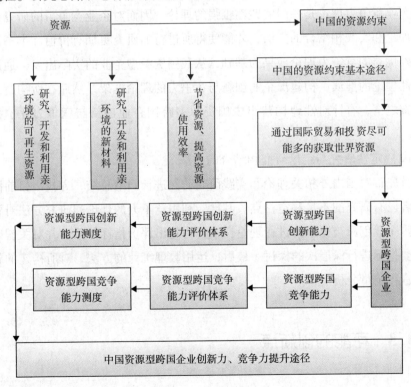

图 1 –1　研究思路和框架

### 1.2.2　研究方法

本书将综合运用以下几种研究方法：

（1）理论研究与实证分析相结合的方法

理论研究和实证分析是经济学研究的两种基本方法。本书所研究的问题是在通过理论研究和实证分析之后提出的。文中对资源型企业竞争力的理论框架、概念和特征等的分析为理论研究，而在这些研究基础上所进行的评价分析则是实证研究。本书所进行的实证研究，是在对现有的评价体系和评价方法进行深入比较和探讨之后，分析出已有评价体系和方法的适用性和不足，进而构建出新的资源型跨国企业创新与竞争力评价指标体系，并结合中国资源型企业实际发展情况进行实证分析。

（2）理论逻辑分析与实践考察相结合的方法

企业竞争力理论是一门实践性很强的理论，因而对企业竞争力的研究必须坚持理论和实践相结合的方法，才能使得所进行的研究更加有价值。本书是以国内外优秀的竞争力理论成果为基础，从我国资源型企业的实际出发，通过对一般性理论的推演，构建出企业创新与竞争力的理论框架，然后在所构造的理论框架之下，有针对性地构建出中国资源型跨国企业创新与竞争力评价指标体系。

（3）定性研究与定量研究相结合的方法

首先，对国内外相关理论和实践研究动向进行归纳总结，寻找出目前国内外学者已有研究的不足和空白点。其次，利用竞争力的理论和研究方法对资源型跨国企业创新与竞争力进行理论探索，构建出评价指标体系，并对关键问题和主要指标进行深层次的探讨。最后，运用数理统计的方法，对所构建的指标体系进行定量分析。

## 1.3　可能的创新点

本书继承了国内外学术界关于竞争力理论和企业管理的研究成果，根据中国具体的国情，在充分学习已有的企业成长理论研究经验的基础之上，结合资源型企业的实际和特点，构建出科学的竞争力评价体系，为资源型企业竞争力的提升提供对策和建议。文章主要在以下三个方面做出了创新性的探索：

（1）概括资源型跨国竞争力及脱资源约束相互关系的理论分析框架。笔者基于资源、资源型企业的特点，从内部条件与外部环境两个方面分析中国经济的脱资源约束与中国资源型跨国企业竞争力之间的相互作用机理，并得出中国资源型企业竞争力提升在中国脱资源约束战略中不可或缺的观点。

（2）中国资源型跨国企业创新与竞争力评价指标体系的构建。本书在现有理论和现实研究的基础上，分析并提炼了中国资源型跨国企业创新与竞争力的特殊构成要素，结合企业竞争力的一般性构成要素，综合构建出了中国资源型跨国企业的竞争力评价指标体系。

（3）中国资源型跨国企业发展存在的问题与发展潜力分析。在理论与实证分析的基础上，笔者考察了中国资源型跨国企业的国内、国际发展环境及自身发展的缺点，明确提出了中国资源型跨国企业创新与竞争力发展存在的问题与发展潜力。

# 2　中国资源型跨国企业竞争力与中国脱资源约束

## 2.1　中国的资源约束与脱资源约束的紧迫性

资源的供给是有限的，而人类的需求具有无限性。如果人类一直不合理地掠夺性滥用资源，最终会导致资源的流失、破坏，乃至枯竭。但是人类也可以凭借自己的智慧，科学合理地利用资源，并不断提高资源的利用率，实现资源与人类社会可持续发展。但是，由于许多资源固有的不可再生特性及中国自身资源禀赋的结构性问题，中国经济发展的资源约束越发明显，中国经济的脱资源约束也越发紧迫。

### 2.1.1　资源的属性

（1）资源可用性

资源可用性指在一定时间和技术、经济条件下，资源可以满足人类利用的功效和性能。资源可用性是区别自然资源与自然条件的根本标志。资源可用性是随着科学技术的进步而不断变化的。也就是说，目前不可利用的资源，随着科技的发展，将来可能成为可利用的资源。或者是目前可被利用但是用途单一的资源，随着科技进步，将来可能呈现出更宽泛的用途。例如在产业革命时期，煤炭资源仅作为燃料使用，而随着科技的迅速发展，如今已被作为重要的化工原料，用来生产许多种化工产品。

（2）资源区域性

资源区域性指各类资源在空间分布方面的差异性。不同的资源所遵循的分布规律不尽相同，例如水、土地、气候、生物等资源的分布主要受地带性规律作用影响，而矿产资源分布主要受地质构造规律支配。所以说，资源的区域性是各类自然资源在空间分布上显著差异性的根本原因，也是造就各地区比较优势的客观基础。它是区域经济形成与发展的基本原因。

（3）资源稀缺性

在一定的时空范围内，人们所能够利用的资源是有限的，而人类对物质需求的欲望却是无限的，两者之间的矛盾构成资源的稀缺性。资源稀缺性是资源有限性的反映，与有限性又有所区别，它反映一定时空范围内资源与社会需求之间的矛盾。稀缺度是用来衡量资源稀缺性的指标，是某种资源的拥有量与需求量之比。稀缺常表现为区域性稀缺，如在戈壁沙漠内淡水资源稀缺，某一地域的能源稀缺等。

（4）资源时效性

资源时效性是反映资源的形成、数量、质量、存在状态及利用效益随着时间发生变化的属性。资源的时效性主要表现为四个方面：①形成资源所需要的时间。不同的资源类别形成时间差异很大，如煤炭、石油以百万年为单位，生物资源以年为单位，光、温资源日夜周而复始。②资源数量、质量随时间而变化，如矿产资源的数量随开发利用时间的延长而减少。③资源的种类随时间的变化而变化，如全球的生物资源种类随时间的演进，有的物种在退化消失，有的物种在新生繁衍；随着科技水平的提高，一些原来不是资源的自然物，被开发利用而成为资源，例如原子能，仅在近代才被开发利用成为资源。④资源效益随时间变化而变化，例如煤，过去只作为燃料从中获取能源，但随着科技的进步，它已成为重要的综合化工原料，其利用价值已大为提高。

（5）资源适宜性与限制性

某类资源适于作某种用途的特性称之为自然资源的适应性。资源的适应性，其适应范围和程度都是相对的，某种资源可以同时适应多种用途，而对某种用途是高度适应的，对另外的用途是中度适应或低度适应，甚至是不适应的。另外，资源的适应性还与利用的技术和方式相联系。某类资源由于性质原因不适合某种用途，或限制了某种用途的特性称之为资源的限制性。资源限制强调资源的不适宜性和不利因素。资源的限制性是相对的，它对某种用途可能是限制的，而对另种用途来说可能是无限制或少限制的，资源的限制性也与资源利用技术与利用方式相联系。资源的适应性与限制性是对立统一的两个方面。

（6）资源耗损性

资源耗损性即指资源在利用过程中被消耗或改变位置、形态和存在形式。例如煤炭从矿山采出，随着开采的增多，地下的煤炭资源逐渐减少，直至耗竭；而煤炭资源作为能源利用时，一部分变成动能做功，另一部分变成热能耗散，不仅改变了位置、形态，而且这部分被利用的煤炭也已不复存在了。又如耕地资源若被作为工业或城市建设用地，则其在土地利用功能转换中，耕地就被耗竭了。

## 2.1.2　经济发展阶段与中国的资源约束

虽然矿产禀赋是不是"诅咒"目前还未见定论，但它却是人类的巨大财富。随着人类技术的不断进步及消费者偏好的逐渐变化，矿产转化为财富的途径和形式也更加多种多样。

就目前的世界经济发展的历程来看，一个国家的经济要想发展，无论如何也离不开工业化。经济增长是工业化的最直接体现，但是，工业化需要大量的原材料供应，这就要求大规模的开发使用矿产资源。所以说，矿产资源在经济增长中发挥着不可估量的作用，它与人类社会的工业化紧密地联系在一起。随着越来越多的国家和地区步入工业化社会，经济增长主要依靠矿产消耗是工业化社会的主要特征。矿产是现代经济增长中一种必不可少的生产要素，但是由于矿产资源的稀缺性，矿产资源的地位逐渐上升，成为与资本、劳动同等重要的生产要素。

随着经济的发展，社会需求也不断发生变化，这使矿产资源的重要程度，对不同发展阶段的国家或地区而言有所不同，从而不同国家或地区对矿产资源的需求和消费也不同。社会经济对矿产资源需求的变化趋势主要表现为"初始→增长→成熟→衰落"四个过程，构成一个倒"U"形曲线❶。前工业社会主要是以轻工业为主的产业形式，矿产资源消费水平很低，消费增长也较慢；在实现工业化的过程中，人类开发利用资源的能力增强，产业获得迅速发展，产业结构从以轻工业为主向以重化工业为主过渡，因而对矿产资源的消费迅速增加；到后工业化社会，随着科学技术水平的不断提高及产业结构的逐步升级，每创造一单位 GDP 所利用的矿产资源总体上缓慢增长甚至出现下降（见图 2－1）。

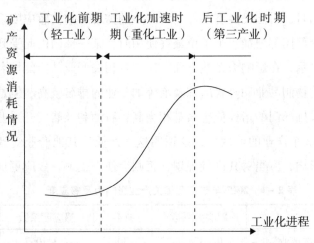

图 2－1　工业化不同时期矿产资源消耗情况

中国工业化进程中所面临的经济全球化、资源稀缺性日益明显等外部因素，以及人口数量多、经济基础差、制度转型、区域发展不平衡等内部因素都是发达国家在工业化进程中未曾遇到的。如今中国已经成为世界主要的矿产资源消耗国家。

## 2.1.3　经济规模与中国的资源约束

随着改革开放的深入，中国经济以惊人的速度向前发展。中国经济的强势发展，为中国的综合国力提升提供了原动力，但与此同时，也加剧了中国的资源困境。近年来，由于中国经济的快速发展，我国成为世界上最主要的矿产和

---

❶ 成金华，汪小英. 工业化与矿产资源消耗：国际经验与中国政策调整 [J]. 中国地质大学学报 (社会科学版)，2011，2.

金属消费国之一。我们从三组重要的系数，讨论中国经济总体规模对于资源需求刚性及资源约束和资源瓶颈的影响。

（1）资源行业影响力系数和感应度系数

矿产行业是国民经济中的基础性产业，为了分析中国矿产部门所处的地位，了解其产业关联情况，我们利用 2017 年投入产出表计算了各个产业的影响力系数和感应度系数（见表 2-1）。其中，影响力反映国民经济某一部门增加一个单位使用时，对国民经济各部门所产生的需求影响。感应度系数是反映当国民经济各个部门都增加一个单位最终使用时，某一部门由此受到的需求影响。计算结果显示，在影响力系数方面，矿产及相关产业部门的排名一般，而下游的非金属矿物制品业和金属冶炼及冶炼加工业的排名较高。但是从感应度系数看，各个采掘部门的指标值排名都相当高，石油和天然气开采业、金属矿采选业更高居 42 个产业的前两位，这说明这些产业比其他产业受到更大的社会需求的压力影响，应当对其进行规划，否则会使"瓶颈"效应更加明显。

表 2-1　2017 年矿产及相关产业影响力及感应度

| 产业 | 影响力系数 | 排名 | 感应度系数 | 排名 |
|---|---|---|---|---|
| 煤炭开采和洗选业 | 0.835837 | 30 | 1.347067 | 7 |
| 石油和天然气开采业 | 0.691827 | 40 | 2.153738 | 1 |
| 金属矿采选业 | 0.975729 | 23 | 2.140346 | 2 |
| 非金属矿采选业 | 0.944697 | 26 | 1.194769 | 9 |
| 非金属矿物制品业 | 1.073471 | 17 | 0.984372 | 22 |
| 金属冶炼及压延加工业 | 1.174833 | 11 | 1.467899 | 4 |

资料来源：笔者根据 2017 年中国投入产出表数据计算而得

（2）资源品消费弹性系数

从人均上看，虽然中国的矿产消费总量较高且其增长迅速，但是中国的人均矿产（特别是金属）消费仍然是比较低的，中国的矿产消费还存在增长潜力。因此，我们推算，在未来 20 年内中国的矿产消费量仍然会居高不下。

统计资料显示，近年来我国资源消费弹性系数（见表 2-2）和每单位GDP 矿产消耗量有下降趋势，主要是由于我国注重经济发展方式转变，集约化利用资源，从而使得资源利用效率更高。从另一方面看，中国资源品消费弹性在缩小，说明了中国经济发展对于资源品消费的刚性需求。中国经济的发展所受到的资源约束更加明显。目前，我国正处于工业化快速发展时期，对于资源的需求和消耗异常突出。但是，与国际社会进行比较，我们就会发现，中国单位经济的资源损耗比率要远远高于发达国家。这主要是我国当前的经济结构和经济发展所处的阶段所致。我们进行国际横向比较时，不应简单地将中国的单位GDP能耗及资源消耗量同发达国家对比。中国较高的单位GDP能耗及资源消耗量在一定程度上反映了中国现阶段工业化的阶段性特征及现阶段国际产业分工的特点。客观地说，中国目前正在从更强调发展目标，向发展和资源节约及环境保护两者并重的工业化阶段过渡。经过一定时期，当我们的实力更强、发展水平更高时，将进入资源节约和环境保护目标更重的发展阶段。目前，中国正在以极大的努力争取为这一时期的尽快到来而奠定更雄厚的经济技术基础。

表2-2 2013—2018年中国资源行业产品消费弹性系数

| 年份 | 煤炭开采和洗选业 | 石油和天然气开采业 | 黑色金属矿采选业 | 有色金属矿采选业 | 非金属矿采选业 | 其他采矿业 |
| --- | --- | --- | --- | --- | --- | --- |
| 2013 | 4.4585 | 2.209735 | 6.944538 | 2.711548 | 1.52376 | -1.1077 |
| 2014 | 3.063223 | 2.691083 | 2.638707 | 2.839049 | 2.277945 | 3.364248 |
| 2015 | 1.890551 | 1.584571 | 2.825133 | 3.397936 | 2.57825 | -2.62792 |
| 2016 | 1.533409 | 0.454018 | 2.887576 | 2.199114 | 1.86273 | 6.186646 |
| 2017 | 3.928557 | 0.923261 | 4.799305 | 1.214504 | 2.405074 | -0.36305 |
| 2018 | 1.574904 | -2.63363 | 0.039865 | 0.418319 | 3.038184 | 4.154249 |

资料来源：笔者根据历年国务院发展研究中心信息网工业统计数据库数据与中国统计年鉴数据计算得到

(3) 单位GDP能耗系数

单位GDP能耗反映一国经济发展的质量，同时也反映出一国能源对其经济发展的重要性，或者说一国经济对于能源的依赖程度。在此我们将对中国的资源消费需求与经济发展的关系进行定量的分析。由于数据的不可得，此处，我们仅以能源类资源消费为代表进行分析。我们以GDP表示中国经济发展水平，选取1990年至2018年的能源消费总量为解释变量，以NY表示能源消费、MT表示煤炭消费、SY石油消费、TRQ天然气消费、SHF表示水电、核能和风能消费。应用 EVIEWS5.0 软件进行格兰杰因果关系检验。检验结果见表 2 - 3。

表 2 - 3　格兰杰因果关系检验

| 零假设 | 样本数 | F 统计 | P 值 |
|---|---|---|---|
| MT 不是 GDP 的格兰杰原因 | 18 | 11.0185 | 0.00159 |
| GDP 不是 MT 的格兰杰原因 | 18 | 4.10702 | 0.04146 |
| NY 不是 GDP 的格兰杰原因 | 18 | 11.9346 | 0.00114 |
| GDP 不是 NY 的格兰杰原因 | 18 | 4.55580 | 0.03167 |
| SHF 不是 GDP 的格兰杰原因 | 18 | 5.86975 | 0.01526 |
| GDP 不是 SHF 的格兰杰原因 | 18 | 2.79859 | 0.09755 |
| SY 不是 GDP 的格兰杰原因 | 18 | 9.34399 | 0.00305 |
| GDP 不是 SY 的格兰杰原因 | 18 | 2.56176 | 0.04668 |
| TRQ 不是 GDP 的格兰杰原因 | 18 | 6.58672 | 0.01058 |
| GDP 不是 TRQ 的格兰杰原因 | 18 | 2.19181 | 0.03477 |

根据检验结果，我们发现在滞后期为 2 的情况下，模型在 5% 的置信水平下拒绝双向格兰杰假设，即中国经济发展水平与能源消费，煤炭消费，石油消费，天然气消费，水电、核能和风能消费均存在因果关系。我们通过进一步实证分析发现中国经济发展水平与煤炭消费，石油消费，天然气消费，水电、核能和风能消费之间的量化关系。分析结果显示，中国经济发展水平与煤炭消费，石油消费，天然气消费，水电、核能和风能消费有着明显的协整关系，其中煤炭与中国经济发展之间的相关系数为 1.04，石油的系数为 1.03，天然气的系数为 0.67，水电、核能与风能的系数为 1.68。这些系数反映了一个重要的信息：中国经济的发展离不开这些能源资源的消费，同时从另一个角度看中国经济的发展很大程度上受制于这些资源的生产与供给。中国经济发展水平每提升一个百分点，对煤炭和石油的需求将相应地提升近 1 个百分点，对于天然气的敏感系数则将近达到 1.5，对于水电、核能与风能的敏感系数相对低一些。但是，如果按照中国经济每年以 10% 的增长率进行增长的话，7 年后，中国经济对于能源资源的需求则要翻番。

通过以上的论述，我们可以发现，中国经济的脱资源约束，从国内来看至少遇到了三个问题：第一，资源本身的不可再生性、有限性，导致了资源的与生俱来的竞争性和排他性；第二，中国资源储备的现实并不乐观，加之区域资源分布的不平衡及资源种类的结构性缺陷，导致了中国资源约束的紧迫；第三，中国资源需求的过于刚性、中国经济的可持续发展战略和趋势，以及中国经济发展的空前规模，导致了短期内中国资源问题的严峻性。由此可见，中国经济的脱资源约束在短期内，试图通过国内的调整和资源配置得以完全解决是不现实的，而合理利用世界资源可能成为一个可选途径。

## 2.2 中国脱资源约束的外部环境

### 2.2.1 世界主要资源的赋存量

（1）对世界资源存量的基本估计

目前，对于世界资源的赋存量及其潜力，学术界存在不同的观点。部分学者认为，世界资源的赋存和潜力相对有限，原因在于资源的短期不可再生。另外一种观点则认为，虽然短期内赋存量和潜力不可能迅速扩张，但是随着技术的进步，世界资源原始存量随着人类的勘探和开发，将逐渐被人类所知，已知存量和可利用储量将增加。本书同意后者的观点，认为长期内世界资源的总量是一定的，而短期内，随着开发技术的进步，世界资源的储量将在总量范围内得到增长。

（2）世界主要资源的供需形势

世界能源消费持续增长。2017 年全球一次能源消费量增长了 2.2%，增速高于 2016 年的 1.2%，为自 2013 年以来的最快增长。除亚太、中东及中南美洲以外，其他所有地区的增速均高于历史平均水平。除煤炭和水电外，所有燃料增速均高于历史平均水平。天然气是能源消费中最大的增量来源（8300万吨油当量），其次是可再生能源（6900 万吨油当量）和石油（6500 万吨油当量）。钢铁方面，据世界钢铁协会统计数据，2017 年 1 月至 12 月，全球 66个纳入统计的主要产钢国的粗钢产量为 16.91 亿吨，同比增长 5.3%。

全球能源消费总体呈现"三分天下"格局。2018 年，中国、印度、东盟等亚洲新兴经济体，欧美、日韩等发达经济体，和世界其他国家分别消费了全球35%、36%和29%的能源，能源消费总体呈现"三分天下"格局。

矿产资源方面，亚洲已成为全球资源消费中心。近年来，欧美发达经济体矿产资源消费占比逐步下降，亚洲新兴经济体资源消费随经济增长快速增加，超过欧美发达经济体。2018年，亚洲新兴经济体（中国、印度、东盟）钢铁、铜、铝消费占全球比例分别为59%、59%和61%，发达国家（欧美、日韩）钢铁、铜、铝消费占全球比例分别为28%、35%和29%（见图2-2至图2-7）。

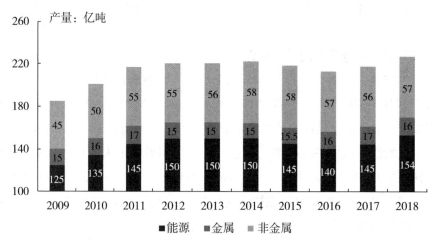

| 矿种 | 单位 | 2018年产量 | 2018年储量 |
| --- | --- | --- | --- |
| 铁矿石 | 亿吨 | 25 | 1700 |
| 锰 | 万吨 | 1800 | 76000 |
| 铬 | 万吨 | 1188 | 56000 |
| 铜 | 万吨 | 2075 | 83000 |
| 铝土矿 | 亿吨 | 3.2 | 300 |
| 铅 | 万吨 | 440 | 8300 |
| 锌 | 万吨 | 1300 | 23000 |
| 镍 | 万吨 | 230 | 8900 |
| 金 | 吨 | 3260 | 54000 |
| 钴 | 万吨 | 14 | 690 |
| 锂 | 万吨 | 9 | 1400 |
| 磷矿 | 亿吨 | 3 | 700 |
| 钾盐 | 亿吨 | 0.4 | 58 |
| 石墨 | 万吨 | 93 | 30000 |
| 萤石 | 万吨 | 580 | 31000 |

图 2-2 2018 年主要矿产资源储量和产量

图 2-3 2009—2018 年全球矿产资源总产量

数据来源：世界钢铁协会、世界金属统计局、中国国家统计局、美国地质调查局等

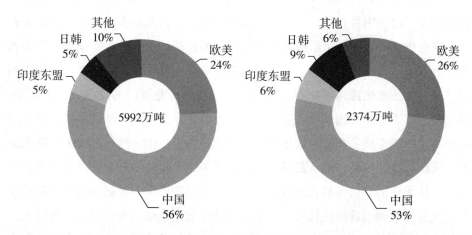

图 2 - 4　2018 年全球铝消费国家或地区占比　图 2 - 5 2018 年全球铜消费国家或地区占比

数据来源：世界金属统计局

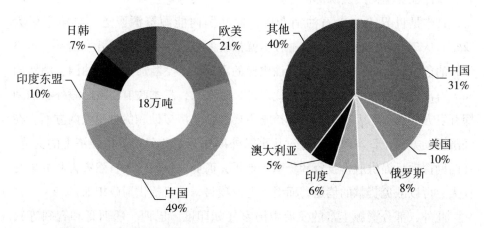

图 2 - 6　2018 年全球钢铁消费国家或地区占比　图 2 - 7　2018 年世界各国或地区资源总产量占比

数据来源：世界钢铁协会　　　数据来源：全球矿矿业发展报告 2019

## 2.2.2　世界资源民族主义与资源政治化倾向

世界矿产资源具有分布不均匀的特性，再加上资源对一个国家的经济安全具有重要的影响，世界各国非常重视资源问题，因而对于国际资源的争夺日益激烈。

一些具有丰富资源的发达国家（如美国、加拿大、澳大利亚等），鼓励本国的矿业公司到国外找矿。一方面保证本国矿物原料充足供应，另一方面也有转嫁环境影响的意图。采取的政策和措施主要包括经济、政治、技术、军事和外交等方面。美国堪称典型。美国是世界上资源非常丰富的国家之一，但长期以来一直关注和忧虑国外矿产可得性问题。加强矿业部门的竞争力，过去是、现在是、将来仍是美国矿业政策的一个主要目标。美国如今从一个基本自给的矿产品出口国变成了需要大量依靠国外矿产品的进口国，这也显示出美国政府矿产资源政策的变化，即从鼓励本国矿产资源的开发转向鼓励从国外开采矿产资源，从保证国家的军事安全转向保证国家的经济安全，从利用国土资源矿业开发优先转移到用途的优化选择，把环境置于突出地位。由此可见，美国更注意从全球角度考虑矿产开发的可持续性，大力推行其全球战略，以全球资源为依托来实施全球矿产资源战略。美国着眼于对全球矿产资源的勘查、开发和占有，以保证美国矿产资源的供应及发展和保护美国矿业公司的利益。

　　日本是世界第二大石油消费国，但其国内能源资源匮乏，自给率仅为12%。从 20 世纪 60 年代开始，日本就积极参与国际石油勘探开发活动。1973年石油危机后，日本深感稳定石油供应的重要性，不断加强与产油国、消费国和大石油公司的联系与协作。除此以外，近年来，日本政府在鼓励海外石油勘探开发方面作出巨大努力，具体措施主要包括经济援助和优惠税收两方面。在经济援助方面，日本政府通过对从事海外勘探开发的公司提供经济上的支持，并向勘探项目提供股份投资和贷款。如果无商业性发现或因自然灾害和战争受损失，可以减免贷款的偿还，而对于开发项目，政府提供财政担保。

　　此外，部分资源丰富的发展中国家（如印度、巴西、墨西哥和智利等），由于缺乏资金和技术，并没有对本国的矿产资源进行有效的勘查和开发。对于这些国家而言，如何吸引外资开发矿业，将资源优势转化为经济优势成为它们要解决的重要任务。为了实现这一目标，这些国家大力改善投资环境，减少或取消对外资进入的限制，减少政府的干预和垄断，推行投资自由化等。例如印度对国家矿产政策进行了修改，将过去政府垄断的矿产，如铁矿石、锰矿石、铬铁矿、硫、钾、金刚石、铜、铅锌、钼、钨、镍、铂族金属等 13 种矿产，面向国内外私人资本开放。

　　从这些国家的全球资源战略可以看出，随着全球资源竞争的日益激烈，各国都在竭尽全力地在世界范围内寻找战略资源。伴随这种国外经济行为的往往是更为复杂的国际政治、外交、军事行为。原本属于经济领域的资源，目前看来已经染上了浓重的政治色彩，中国经济脱资源约束过程中的资源战略将无法避免地承受来自世界各国的竞争压力。中国资源型企业的当务之急就在于提升自身的竞争力，积极地参与全球资源竞争，获取战略资源。

## 2.3　资源型跨国企业在中国"脱资源约束战略"中的地位和作用

　　资源的供给是有限的，而人类的需求具有无限性。人类可能由于不合理地掠夺性滥用资源，从而导致资源的流失、破坏、退化，乃至枯竭；也可以用自己的智慧合理科学地利用资源，不断提高资源的利用率，使资源与人类社会可持续发展。但是，由于资源固有的不可再生特性，中国乃至世界经济发展都必然面临资源约束的客观问题。由于中国天然的资源禀赋特点，如结构、分布、储量、品位等，都成为掣肘中国经济发展的瓶颈。此外，随着改革开放的逐步深入，中国经济得到了飞速发展，创造了世纪经济发展的东方奇迹。中国迅速跨入工业化时代，经济规模迅速膨胀，提升了中国的国际地位，同时由于中国改革开放前期的粗放型经济发展方式及经济总量的扩张，中国经济对于资源的需求急速膨胀。在中国自身资源禀赋状态并不乐观的情况下，这无疑加重了中国经济的资源约束。

　　在文章的开始部分，我们已经分析了中国经济脱资源约束的四种途径：一是研究、开发和利用亲环境的可再生能源；二是研究、开发和利用亲环境的新材料；三是节能、省资源；四是在合理的范围内尽可能多地利用世界资源。短期来看，想通过前两种途径完全解决中国的资源约束问题可能性并不大，而第三种途径的效果还要看中国经济发展的质量和经济发展转型的进度或成效，并且省资源的一个可能后果就是经济发展速度受到制约。一方面，经过改革开放三十年的积累，中国经济有了实质性改变，中国的综合国力和世界地位都得到了明显提升，中国有能力在世界市场上获取自身经济发展所需的资源。虽然到世界市场上去获取资源，可能需要中国付出高昂的代价，但是，我们认为为了稀缺性、战略性资源的获取而付出可观的货币财富是值得的，这对于中国的经济乃至政治都有着至关重要的作用。另一方面,从外部的国际经济政治环境来看,发达国家都有自身的资源战略和资源安全策略,这无疑加大了中国在世界市场上获取资源的难度。但是,难度加大并不等于完全不可能,中国经济的脱资源约束在短期内,试图通过国内的调整和资源配置得以完全解决是不现实的,而合理利用世界资源则成为一个艰难的可选途径。

企业是经济的基本细胞。一个国家的经济发展乃至世界经济的发展,最终都将落到企业的发展上来。现代经济中,有着形形色色的企业,不同的企业通过其为市场和社会提供的产品和服务完成自身的使命。在这形形色色的企业中,资源型企业是一类非常特殊的企业。资源型企业对于资源的高度依赖是其最根本的特点。另外,资源型企业的高产业关联度,为其奠定了在经济中的基础地位。一个社会缺少了资源型企业或资源型企业发展过于被动,这对于一个要求经济发展、政治独立和民族尊严的国家来说是一件非常不幸的事情(资源天然是发展的基础和国际话语权的筹码,资源的多寡同科技的发达与否一样对于一国的国际竞争力有着非比寻常的影响)。资源型企业的发展必然要求其对资源的排他性占有。落到资源型跨国企业上,更多的就是资源型跨国企业的国际资源获取。

企业国际化和跨国公司理论将企业的跨国经营目的归纳为三种:资源导向型跨国经营、市场导向型跨国经营、成本导向型跨国经营。资源导向型跨国经营的目的主要是获取稀缺资源和战略性资源;市场导向型跨国经营目的是通过跨国投资抢占世界市场份额,学习先进技术经验;成本导向型跨国经营的目的在于输出比较劣势产业,提高生产效率。中国资源型企业的跨国经营基本上属于资源导向型和市场导向型,因此中国资源型企业的国际化目的基本上锁定在获取资源和引进技术上。由此可见,中国资源型企业跨国经营效率的高低,效益的高低,将直接影响到中国资源型企业自身的脱资源约束,同时也为中国经济的脱资源约束减轻压力。企业竞争力理论已对企业竞争力与企业经营绩效的辩证关系进行过无数次论证,以致到今天,我们无须进行深入分析,即可断言企业竞争力将直接提高企业的经营绩效,同时企业经营绩效的提高又会反过来提升企业竞争力。中国资源型跨国企业虽然具有自身的特殊性,但对于上述理论关系仍然是不可否认的。因此,我们有充分的理由认为中国资源型企业的竞争力高低对于其自身的脱资源约束,乃至中国经济的发展都有着非常重要的影响。

　　本章首先通过对中国国内的资源禀赋、资源需求现状及中国资源与中国经济发展之间的关系进行了分析，得出中国经济发展脱资源约束的必要性，中国通过自身的资源配置来解决经济的资源约束的现实不确定性，以及必须通过国际市场获取资源的结论。其次，通过对世界资源的存量与流量、分布特点及资源的供需情况进行分析，结合对世界范围内的资源战略和资源政治的论述，论证了世界范围内的资源竞争的实质在于各国资源型企业的国际竞争，并得出了资源竞争优势的产生或维持及中国经济的脱资源约束依赖于资源型企业的竞争力的结论。

# 3 资源型跨国企业竞争力评价体系构建

## 3.1 企业竞争力定义与来源

企业竞争力是指在竞争性市场条件下，企业通过培育自身资源和能力，获取外部可持续资源，并综合加以利用，在为顾客创造价值的基础上，实现自身价值的综合性能力。企业竞争力是指在竞争性的市场中，一个企业所具有的能够比其他企业更有效地向市场提供产品和服务，并获得盈利和自身发展的综合素质。

企业竞争力是一个综合的概念，它是由企业内外部众多要素相互依存、相互促进和相互制约，有机结合形成的一个系统，是由企业规模、组织结构、资本、技术、知识、人员、理念、创新、战略、管理、营销等诸多要素整合形成的综合竞争力。系统中各种要素经过合理组合所形成的综合力，必然大于单个要素力的总和。如果投资选择、市场定位、产品开发、成本费用、市场开拓、品牌形象、价格政策、销售渠道、促销组合、顾客服务中任何一个环节整合得不好，则系统综合力就将严重削弱，会影响企业竞争力的形成培育。因此，培育提高企业竞争力必须从全局出发，尽力发挥出企业内外环境系统的整体特性和功能性。

企业管理是企业综合竞争力的内生源泉。瑞士经济学家肯德曾说过："19世纪是工业世纪，20世纪则作为管理世纪载入史册。"而对于21世纪来说，决定企业竞争力的关键因素是管理。一个企业即便拥有先进的生产装备，但是如果没有科学的企业管理，也不可能取得成功。一个企业的生产装备再先进，也不可能弥补滞后的企业管理给企业造成的损失。企业经营管理能力的提高，既有助于企业更有效地利用资源，又可以提高资源的使用效率，因而要提升企业竞争力必须加强企业管理。企业管理能力主要包括企业获取市场信息、组织各种资源、进行分析判断、实施决策方案等方面的能力。企业组织管理能力的大小主要取决于企业的组织结构形式和管理制度，领导者的管理理念、学识水平、管理经验、开拓精神及企业文化等因素。当今社会，多样化、个性化和人性化已成为全球市场的主要特征。企业要把各种生产要素有效组织起来转化为现实的生产力，必须通过科学的管理才能够实现。企业管理只有不断学习和进步，才能把握市场发展方向，探索和寻求潜在市场，预见市场走势。

产业条件、政府政策及国家的技术、教育和文化体系是企业综合竞争力的重要外部影响因素。

在市场经济条件下，企业的盈利能力越来越受到产业结构的影响。在一定程度上，选择一个好产业远胜于选择一种好产品。有一些产业，由于自身性质的限制使得即使出现很少的生产过剩也会引起价格战，这必将会影响企业的盈利能力。而另外的一些产业，即使遇到生产过剩时期，对其盈利能力的影响也不大。所以说企业要选对产业，如果企业处在前者说到的产业中，即使企业家能力非凡，也可能收效并不理想。因此，产业的选择对于企业的成功与否起着重要的作用。一般来说，企业应当选择那些在市场上正处于成长时期的、能够为企业带来丰厚利润的产业。如果选择的是处于衰退的产业，那么企业进入的风险就很大，获利的概率也变得较低。产业的吸引力是决定企业盈利能力的重要因素和根本因素。从一定程度来看，目标产业的吸引力越大，企业选择该产业后成功率就越高，那么竞争优势就越大，反之就越低、越小。因此，产业条件是企业竞争力的重要外部因素。

一般而言，企业的竞争力水平受该国宏观政策的影响较大。因而，国家在制定政策时要加倍小心，促进企业发展。所以说，政府既要进一步调整各项与企业有关的宏观政策，又要注意政策的稳定性对企业创新产生的影响。因此，国家在制定各项政策或改革时，为了确保企业的良好发展，始终处于一个稳定的政策环境中，应当尽量保持各项宏观政策的稳定性，从而有利于企业创新的实现。

企业处于社会之中，因此企业的活动是社会协作体系的一个组成部分。企业的生产需要技术和人力资本，而技术和人力资本的水平由国家的整体水平决

国资源型跨国企业创新与竞争能力评价

定。同时企业文化也受该国的总体文化、价值观和伦理道德影响。因此企业竞争力和国家综合实力是有着密切的联系的。人的创造性造就了科技的进步，因而企业竞争力实际上来源于人才。而人才的能力、水平、敬业精神与创造性由价值观念、教育的水准和道德准则决定。因此，企业的根本竞争力来源于国家和民族的价值观念、教育水平和道德准则。由上可知，国家的技术、教育和文化水平对企业竞争力产生较大的影响，并且这三个方面被纳入了世界经济论坛竞争力评价指标体系之中。

学者们对企业竞争力来源因素的研究存在一定的分歧，但是基本的内容还是一致的，不同之处在于不同的学者对于各种因素的重视程度和分类不同。企业业为了提高竞争力，必须综合考虑各种来源因素，以便形成良好的企业形象，确保企业竞争力的稳固。本书给出企业竞争力来源模型（见图3-1）。

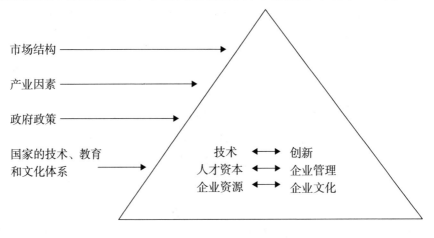

图3-1  企业竞争力来源模型

## 3.2  企业竞争力评价体系的一般构成要素

企业竞争力体现的是企业在市场竞争中的比较关系，这种关系表现在市场上，即为本企业为消费者提供的产品价格、产品质量、品牌和服务等方面比竞争对手具有的差异化能力。这种企业竞争力是由企业内部和外部多方面因素综合作用下形成的，并不是在市场上自然形成的。企业竞争力主要由以下要素构成。

22·

### 3.2.1 产品市场适应能力

当今的世界市场是买方市场，并呈多元化发展的态势。企业要想在买方市场中取得成功，必须做到以顾客为中心、以市场为导向，并设计生产出能够满足市场需求的产品。这就要求企业产品具备市场适应能力。产品市场适应能力是企业竞争力的最基础构成要素，也是评价企业竞争力的最基本的前提。如果企业产品的市场适应能力差，不能贴近市场需求，企业的其他竞争力便无从谈起。企业产品的市场适应能力是由企业产品的功能、质量、技术含量、款式、使用条件等因素决定的。

### 3.2.2 成本和价格竞争力

产品的服务成本和价格是影响企业竞争力的基本因素。在产品内在质量和外在质量等大体相同的情况下，成本、销售价格水平越低，企业的竞争力就越强。企业产品的成本和价格竞争力很大程度上是由企业产品的生产边际贡献、成本管理和控制水平、销售成本等因素决定的。

产品价格是消费者进行购买决策的主要依据之一，因为产品价格决定了消费者的花费和企业的收入。对企业来说，产品的销量越多，销售价格越高，企业利润越大。但是，企业产品在市场上面临的需求曲线大多是向右下方倾斜的，也就是说产品价格越高，销售量越少，企业不可能使多销量和高价格同时存在。因此，企业为实现利润最大化，在制定价格时，就要综合考虑两者之间的关系，把产品价格和产量定在可以实现企业利润最大化的点上。从消费者角度来看，消费者在选择产品时，总是希望在获得一定质量的产品同时，尽可能减少支出。因此，在市场竞争条件下，产品价格是企业相互竞争的关键所在。

而产品价格主要是由成本决定的，成本高低决定产品是否具有价格竞争优势和获利能力。波特指出，"成本优势是企业可能拥有的两种竞争优势之一，成本对差异化战略极为重要，因为标新立异的企业必须保持与其竞争者近似的成本"❶。他还指出，"尽管服务、质量及其他方面也不容忽视，但是贯穿整个战略的主题是使成本低于竞争对手的关键"❷。所以，不管是从消费者的选择角度还是企业的获利角度来看，企业竞争力的基础都来源于成本优势。

### 3.2.3　产品质量

产品质量是实现商品在市场上交换的最根本前提。产品质量反映出一个企业产品的性能，是企业赢得竞争优势的关键所在，它是企业的生命线。在相同价格水平上，顾客会毫不犹豫地选择高质量的产品。而质量较差的产品，可能价格很低，却没有顾客。所以说企业之间的竞争主要是产品质量之间的竞争，消费者在支付的相同的价格水平的条件下，更偏爱于选择质量最好的产品。因此，企业要想具备竞争力，产品质量不但要符合用户要求，而且要比竞争对手更好、更优。企业应把"一切让顾客满意"的理念作为经营方针和目标，同时把顾客潜在的需求信息，贯穿到设计、开发和生产销售等各个环节，保证过程质量，实施全过程质量管理。

当前的世界市场大多处于供大于求的状况之下，所以商品的生产价格是由高质量商品所决定的。也就是说，一个不生产优质商品的企业是没有竞争力的，必将被市场淘汰。因而企业应当将提高产品质量作为重要目标之一。例如日本企业取得巨大成功，主要原因就是其产品的高质量。因此，产品质量是企业竞争力来源的功能性要素，要保证产品的质量水平，企业就必须努力提升竞争力。

### 3.2.4　服务能力

市场营销学中的观点认为服务是产品的一个有机组成部分，顾客购买产品不仅仅是购买产品本身，而且购买了产品的效用及其带来的心理满足感。而服务正是保证产品能够正常发挥其效用，为顾客带来心理满足感的媒介。在当今的市场中，服务已成消费者选择产品时较为看中的重要影响因素。在产品的功能和外在形式等大体相同的情况下，服务水平的高低对产品销售有着较大的影

---

❶　[美] 迈克尔·E·波特. 竞争优势 [M]. 华夏出版社，1997. 61.
❷　[美] 迈克尔·E·波特. 竞争优势 [M]. 华夏出版社，1997. 34.

响，进而影响着企业的市场位势。服务是拓展市场份额的重要手段，一个企业不可能一直依靠创新来占领市场份额，因此通过优质的服务留住忠诚的客户才是保持并增加市场份额的有效方法。拿海尔集团为例，它与其他家电企业的最主要差别正是它的客户服务。海尔集团的核心竞争力正是来源于其由完备的客户关系管理体系支撑的完善的客户服务。因此，为顾客提供产品售前、售中和售后的优质服务是企业具备竞争力的前提条件。

### 3.2.5 企业形象和品牌形象

企业形象和品牌形象是企业的一项重要无形资产，它们代表着企业对消费者的影响力，代表着企业的经济效益和实力，是企业竞争力的重要来源。当今在产品的销售过程中，起决定作用的已不再仅仅是商品本身，而是一个企业独立鲜明的品牌形象，品牌已成为决定消费者购买决策的最主要因素。因此，企业能否打造为消费者接受的品牌形象和企业形象，是决定企业能否争取更多消费者注意，占领更多市场的关键。良好的企业形象和品牌形象能引来大量的忠实顾客，忠实顾客是保证产品市场占有率的主要力量。因此，企业之间的竞争往往就是企业形象和品牌形象的竞争，依靠良好形象抢占市场，战胜对手，获取利润，是企业提升竞争力的最优策略。

成功的企业在制造产品的同时，也实现了对企业形象和品牌形象的创造和维护。实践证明，著名品牌形象对一个国家产业的崛起起着重要的促进作用。例如，20 世纪初汽车业在美国的崛起，与通用汽车公司和福特汽车公司分不开；20 世纪 80 年代日本汽车业在世界的崛起，与本田汽车公司、丰田汽车公司、三菱汽车公司密不可分。而我国海尔集团之所以能够实现跨国经营，与其良好的企业形象和品牌形象密不可分。国内外的实践表明，企业形象与品牌象征着企业的财富，标志着企业的身份，不断地激励企业的成长与发展。

## 3.3  资源型跨国企业竞争力评价体系的特殊要素

与企业竞争力相比，资源型跨国企业的竞争力是企业竞争力范畴内的一个更为微观的概念。所以，资源型跨国企业竞争力应具备其特殊的构成要素，总体而言可从跨国经营，也就是国际化和资源型这两个视角进行思考。

### 3.3.1 因国际化产生的特殊要素

在分析中国资源型跨国企业因国际化经营而产生的特殊竞争力要素之前，我们必须首先明确一个概念，即企业国际竞争力。企业国际竞争力是指在世界经济的大环境下，一国企业以与国外的竞争者相比更有吸引力的价格、质量和售后服务进行生产并销售货物和服务，或者以资金、技术、管理和品牌等方面的比较优势到国外投资办厂并在与当地企业的竞争中不断发展的能力。

在世界大趋势下，中国资源型企业要生存和发展，必须迈向国际市场，在国外寻求资源，介入国际竞争。但是，随着世界各国的市场越来越开放，中国资源型企业虽然未出国门，却会在国内市场遭遇到很多外来竞争者。所以说，一个企业不管是在国内还是在国外，为了持续发展，都必须具备参与国际竞争的实力。企业进行对外贸易活动和对外直接投资，都要以具备一定的国际竞争力作为前提和基础。企业开展跨国经营时，必然会面临许多困难，这些困难既是考验也是锻炼，锤炼企业的国际竞争力。

一般而言，我们可以将中国资源型企业国际化分为国际贸易和国际投资两个层面。对应于企业国际竞争力而言，则表现为企业对外贸易竞争力和企业对外投资竞争力。中国资源型企业表现的是企业在国际市场上的进口和出口能力，而中国资源型企业则表现为企业跨国经营能力。国际贸易竞争力的侧重点是价格、产品、服务、质量、营销和品牌等方面的竞争力，国际投资竞争力侧重的是技术、项目投融资、品牌竞争力和管理等方面。

（1）中国资源型企业外贸竞争力要素

目前，被国内学者引用较多的是中国经济学家陈宝春在《中国高技术产业发展与外贸竞争力》一书中提出的概念：外贸竞争力是经济主体通过对外贸易活动所反映出来的竞争力，是经济主体在国际市场上不断扩张市场份额并以此获得利润的能力，直接表现为在国际市场上其产品的价格低于或质量优于其他国家或地区的同类产品。

外贸竞争是供求双方较量所表现出的一种关系，具体表现为商品价格的较量，而商品价格又取决于劳动生产率的高低和生产成本的高低。马克思曾说：
"只要有一个人用较便宜的费用进行生产，用低于市场价格或市场价值出售商
品的办法，能出售更多商品，在市场上能够夺取一个更大的市场份额，他就会
这样去做，并且开始起这样的作用，即逐渐迫使他人也采用更便宜的生产方
式，把社会必要劳动减少到新的更低的标准。"❶ 从马克思的论述中不难看出：
竞争力的高低取决于价格、成本、生产率的高低及生产规模的大小和生产者的
多寡。国际贸易理论、国际投资理论和国家竞争优势理论对外贸竞争力的来源
进行了长期的探索。亚当·斯密和大卫·李嘉图分别从劳动生产率的绝对优势
和相对优势理论分析了外贸竞争力的来源；赫克歇尔—俄林的要素禀赋理论用
资源禀赋差异来解释说明外贸竞争力的来源；新国际贸易理论认为贸易竞争优
势是生产的规模优势的反映。波特（Porter）的国家竞争优势理论认为，外贸
竞争力来源于高级生产要素的创造、苛刻的国内需求条件、产业集群的形成和
激烈的国内竞争。

　　资源型跨国企业与其他一般性制造企业相比，在国际贸易上有着本质的区
别。从一般意义上看，国际贸易活动主要分为进口和出口两个方面。一般性的
制造企业，它们的国际贸易竞争力的表现主要集中在与竞争对手相比更低的制
造成本、更高的出口份额、更高的单位产成品利润等。而资源型企业则有所不
同，资源型企业更加注重的是生产原料的国际获取能力、国际化生产的商品多
样性和刚性的出口价格。通过比较，我们可以发现，资源型企业的国际贸易竞
争力更多地注重进口方面，以确保国家稳定、足量、适时的海外资源来源。因
此资源型跨国企业竞争的优势建立有两种不同的战略类型，即基础的竞争优势
和较高层次的竞争优势。基础的竞争优势是一种"低成本竞争优势"，而较高
层次的竞争优势则是一种"产品差异型竞争优势"。

　　低成本竞争优势的来源通常有如下三个方面：特殊的资源优势（较低的
劳动力和原材料成本）、其他竞争者使用较低的成本也能取得的生产技术和生
产方法、发展规模经济。其结果就是企业通过低成本优势，在市场上以相对低
的产品价格获取更高的国际市场份额及持续增长的贸易量，从而保持企业的外

---

❶ 中共中央马克思恩格斯列宁斯大林著作编译局编译. 马克思恩格斯全集：第25卷 [M]. 北京：
人民出版社，1972：217.

贸竞争力。从竞争力构成要素来看就可以归纳为资源定价能力、进口规模、原料供应稳定性及资源市场地位。

产品差异型竞争优势则建立在通过对设备、技术、管理和营销等方面持续的投资和创新而创造更能符合客户需求的差异型产品上。产品差异型竞争优势之所以被称为高层次的竞争优势，主要是因为与低成本竞争优势相比，差异型竞争优势通常能够为企业带来更高的收益，因而代表更高的生产率水平，也更难被竞争对手模仿从而更有可能长期保持下去。产品差异型竞争优势的结果就是企业贸易商品结构多元化、贸易对象多元化及新产品开发能力，从而最终提升企业的竞争力。从竞争力要素来看，可归纳为贸易结构要素、贸易潜力要素、资源品定价能力。

（2）企业国际投资竞争力要素

①规模经济

跨国公司必然具有较大的规模，其规模优势与其他因素相结合构成了对外直接投资的基石。跨国公司大多进行对外直接投资，这必然又促进了企业规模的进一步扩大。跨国企业的规模优势不仅包括较大的生产规模，还包括非生产性规模经济效益。比如说较大的研发系统、大规模采购、完善的销售网络、统一管理等都会带来各种非生产性规模经济效应。规模经济与企业竞争力之间的关系，目前而言从不同的角度看，会有不同的结论。但毫无疑问的是规模经济与资源型企业综合竞争力之间的密切关系是存在的。在本书，我们认为规模经济与企业综合竞争力之间是一种正相关关系。一方面，企业规模的扩大导致的规模经济将为企业经营提供充裕的资金，提升企业综合竞争力；另一方面，企业综合竞争力的提升势必导致企业规模化经营，特别是资源型企业，这一点就更加明显。

②技术壁垒

技术优势主要包括跨国公司参与技术发明、创新和扩散相关的技术活动能力。技术壁垒是跨国公司竞争力最重要的来源之一，并且技术优势在跨国公司经营决策中处于非常重要的地位。世界上的跨国公司是世界技术发明和传播的主要载体，它们控制着全球百分之八十以上的新技术和新工艺。而且技术优势也是对跨国公司自身的经营活动起决定性作用的因素。一方面，科学研究与试验发展（research and development，R&D）促进企业对外直接投资；另一方面，对外直接投资也可以反过来促进 R&D。跨国公司长期竞争力的基础和最重要的因素正是技术优势。因此，跨国公司参与市场竞争时，都是尽力设法保持其在技术上的优势，避免本企业技术的外溢。企业自身的技术壁垒与企业外部竞争对手的技术壁垒的比较，则成为该企业国际竞争力的主要影响因素。

③国际壁垒

当前，资源已成为全世界最为敏感的话题之一。一国的资源型企业要想进入他国进行生产经营，基本上都会受到来自东道国政府、企业等的"围追堵截"。资源型企业要如何占领东道国资源行业市场，是所有国际化经营的资源型企业都必须面对的问题。这个问题直接影响了企业国际化经营的成效，同时如果这个问题处理得好，也是企业竞争力的构成要素之一，即相对优化的国际进入环境和国际壁垒与摩擦的处理能力。

④内部贸易

跨国公司在进行对外直接投资时，在不同的国家投资的动机并不相同。而资源寻求型和市场导向型的投资一般不以出口大量的产成品作为其主要目的。跨国公司的子公司进入国外市场，比一般性企业拥有更多的优势。这些优势主要表现在跨国公司子公司的产品工艺和性能大都超过一般性企业。而且跨国公司具备了全球系统，其子公司可以利用母公司庞大的分销网络和广泛的客户联系获取一定的市场竞争优势。母公司与子公司之间的大规模、低成本、高效率的内部贸易，不仅降低了公司的交易成本，提高了公司的运转效率，也提升了母公司与子公司的国际竞争力。

⑤多元市场

多市场的竞争降低了具有规模经济的企业运用竞争策略的成本。除此之外，厂商还可以通过分割市场对竞争对手形成威慑，为该厂商建立起一个较强势的声誉。即如果厂商在一个市场内的竞争行为直接影响其对手对该厂商在其他市场行为的预期，那么，拥有多个市场的厂商就可以着眼在所有市场实施计划，这意味着，纵然它在其中某个市场的竞争策略无利可图，但由于这种策略会对其他市场上的竞争对手起到威慑作用，该厂商仍可能会牺牲局部利益以达到此目的。

⑥转移定价

转移定价也是与跨国公司密切相关的因素，它可以在跨国公司的内部化过程中实现。跨国公司利用转移定价的方式可以把利润从税收较高的国家转移到税收较低的国家，这样就增加了企业的整体利润。同时，跨国公司还利用转移价格把资金投入到最有利的区位中，这样既提高了资金使用效率，又给那些急切需要资金的子公司给予资金支持。另外，跨国公司利用转移定价还能以较低的价格为子公司供货，从而直接降低了子公司的生产成本，增加子公司的竞争实力，帮助它战胜竞争对手。

⑦价值链的重构与优化

跨国公司拥有较庞大的价值链，而跨国公司在对外投资时可以对其价值链进行重构和优化，所以也是提升企业竞争力的方法之一。跨国公司可以通过到不同东道国投资来增进跨国公司的成本优势，因为不同的国家可能采用不同的生产工艺、营销方式、分销渠道、原材料和选址方式。跨国公司可以在投资的过程中实现企业地理位置的最优化，改善跨国公司的成本结构。同时，在不同的国家可以学习到不同的知识，跨国公司凭借内部化具备较低的模仿和学习壁垒的成本。另外，企业业务单元间的关联包括有形关联、无形关联和竞争对手关联，这些关联是企业内部业务单元之间及与竞争对手之间形成资源共享的基础。而资源的共享会引发显著的成本优势，所以跨国公司可比一般公司更加充分地利用其价值链上的关联效应。

综上所述，跨国企业的规模经济，技术壁垒、国际壁垒消化，内部贸易，多元市场，转移定价，价值链的重构与优化功能是其获得竞争力的来源。如果从竞争力构成要素来看，则可以归纳为规模经济能力、技术保有能力、国际壁垒消化能力、内部化能力、多元市场化能力、风险规避能力与价值链优化能力七个方面要素。

## 3.3.2 资源型企业的特殊要素

中国的资源型企业不仅拥有世界上资源企业的共同特征，而且也具备其独立的特征，因此中国的资源型企业既具有对资源的依赖性、规模经济性、资本密集性、产业高度关联等特性，又具有一定国有资本占主导的特性。这些特性是中国资源型跨国企业竞争力的重要影响因素，也是中国资源型跨国企业竞争力评价指标体系的重要元素。

（1）对资源的高度依赖性

资源的不可再生性和稀缺性造就了资源型企业对资源的高度依赖性。对现代工业来说，工业发展的根本基础是工业原料，而工业原料主要包括劳动力、土地和矿产资源。对人类的需求来说，任何资源都是稀缺的，劳动力是稀缺的，土地是稀缺的，矿产资源更是稀缺的。尤其是矿产资源大多集中于某个地方不可改变，但是需求却是普遍的，这就容易形成矿产资源经营的垄断性。矿产资源的这种特性使得其流动成本大大增加。同时，由于资源型企业对资源的特定需求，造就了资源型产业对资源的高度依赖性。

由于资源型企业对资源的依赖性和资源型企业之间的生存竞争，推动了企业行为方式的不断变革，也推动了社会的技术进步和人类与自然之间关系的微妙变化。

第一，资源型企业对资源的高度依赖性，使得企业之间不断争夺资源。资源型企业不仅在国内争夺资源，而且由于经济发展的需要不得不走出国门到国际上获取资源，发达国家的企业如此，发展中国家要崛起也必须如此，虽然这种获得资源的方式由于国家性质、不同时代表现的方式有所不同。

第二，由于资源型企业对资源的依赖性，资源型企业在通过扩大资源产量增加利润的企图受阻后，就不得不通过对资源的加工利用来获取利润。这种加工利用的层次越深利润就越丰厚，这也就不断推动了矿产品加工利用技术的进步，推动了人类对资源的集约利用。

第三，由于资源型企业对资源的依赖性，人类不得不重新审视资源、环境、人类之间的关系。人类终于看到资源的有限性和资源利用的无限性之间的矛盾，认识到人类必须携起手来，共同解决全球资源环境问题，在不同的国家、民族间形成了一定的共识和合作。

（2）规模经济性

规模经济性是由资源勘探的巨大投入、经济采矿的复杂性、矿产采选利用对环境的巨大影响性所决定的，规模越大，单位成本越低。

首先，资源的勘探需要投入大量的资金、人力和复杂技术，而且不确定的风险很大，没有一定的经济实力不可能进行规范的勘探。而勘探的巨大投入决定了资源开发不可能小规模地进行，决定了资源开发的规模经济性。

其次，采矿的复杂性决定了小规模采矿的非经济性，科学的采矿需要考虑回采率、安全性和对伴生资源、共生资源的综合利用，需要考虑矿区对地下水资源、周边居民的环境影响和采矿后的环境复原等问题，要综合考虑这些因素的总体成本，看是否是经济的、可行的。

最后，矿产资源的采选利用对环境具有巨大的影响。矿产资源的采掘可以永久改变局部地区的地貌环境、地下水系的流向、局部地区居民的生存环境，甚至破坏局部地区的微生态平衡、空气质量和表观生活环境，致使地表塌陷等。要治理这些环境污染和最大限度地恢复原有生态地貌，必须投入大量的资金、技术和人力，这也是决定资源产业规模经济性的一个重要因素。规模经济性更主要地表现在企业的投资效益上，资源型企业达到一定规模，单位成本降低，才具有规模效益和生产优势，有利于提高企业的综合经济效益。

相对来说，走向国际市场的中国资源型企业普遍规模小、实力弱。基本上国内的大型企业，包括中石化、中石油、宝钢、中钢、沙钢、紫金矿业等，在国内已经形成一定的资源、市场控制能力，但在国际市场上还难以称强。中国的资源型企业仅仅算作刚刚走向国际市场，不管是在规模上和实力上，还是在掌控市场的能力及对市场的影响能力上都很有限。规模经济性迫使企业不断做大做强，跨国公司的进入也在迫使中国资源型企业做大做强。不断扩大资源阵地和不断兼并是做大做强的重要手段，2017 年中国钢铁企业发起的并购行为就是由国际大型钢铁企业的介入和走向国际市场规模经济性的需要引起的。

（3）产业关联度较高

产业关联度高是资源产业的又一重要特征。众所周知，资源产业的上下游之间存在高度的关联性，例如，在金属冶炼、金属化工领域，产业之间的关联度非常密切。每一种金属的冶炼工艺都与特定的矿石品位、矿石组合紧密相关，而且每种冶炼工艺又与其后续工艺紧密相关，与节能减排、资源的循环利用紧密相关。非金属矿产品的主要工艺和延伸工艺不但与矿物的化学成分紧密相关，而且与矿物的结构、晶态、晶形密切关联。资源产业的这种高度关联性，决定了某些产业、材料的生产必须依赖某种特定的矿产资源。例如不锈钢离不开铬镍锰，硬质合金离不开钨钼钴，大部分有机化工产品离不开石油，炼制优质钢离不开高品位铁矿、高质量焦炭。如果本国缺少这些材料，就必须到国外进口或直接到国外去开矿，为了应付各种工业所需原材料的供应，发达国家建立了期货交易所、资源储备制度，建立了资源勘探保有体系。因此资源产业的高度关联性是资源产业的重要特征。

（4）较强的国家垄断性

一般来说，资源型产业是国民经济稳定发展的基础产业，因而大多数国家都对该产业实行管制。中国的土地和矿产资源归国家所有，一些大的矿产资源仍掌握在国有企业手中。而发达资本主义国家在一定程度上也存在着对资源的垄断。由于国家的垄断性，企业要进行矿产资源的开发就必须从国家手中取得资源的开发权、缴纳相关的费用并要定期接受检查。这种国家的垄断性有助于规范企业的行为，使企业按照全社会的目标进行规范的开发。由于国家对资源的垄断性，许多企业在国内取得资源难度提高的情况下，就选择了到国外去开发资源，这样有助于利用国内国外两种资源和两个市场。由于国家的垄断性，国有大型资源型企业是目前中国走向国际市场的主要经济力量。2007 年，中国石油化工股份有限公司以 1316.36 亿美元的营业收入进入世界 500 强的第 17 位，是中国排名最靠前的企业，与石油生产经营相关的企业还有中国石油天然气股份有限公司、中国海洋石油集团有限公司、中国远洋运输（集团）总公司、中国中化集团有限公司、中国五矿集团有限公司；世界 500 强中与资源产业紧密相关的还有国家电网有限公司、中国南方电网有限责任公司两大公司和中国宝武钢铁集团有限公司，再加上中粮集团有限公司，仅狭义上的资源型企业就占到 11 家，占中国大陆 23 家世界 500 强企业中的近一半（不计金融、保险、通信等市场资源垄断型企业）。这说明，随着中国改革开放的推进，中国的资源型企业在国际、国内市场的竞争力不但没有削弱，反而得到了强化，中国的资源型企业成了中国在国际市场中获取资源和市场份额的重要力量。

（5）经济效益的递减性

一般而言，资源型企业生产发展通常经历 4 个阶段：第一阶段是基建期；第二阶段是投产期，即从基本建设完成到矿石产量达到设计能力为止，这个阶段，大型资源型企业一般需要 5 年左右的时间，中小型资源型企业需要 2~3 年时间；第三阶段是生产期，即达到资源型企业经济效益最好的阶段，一般生产稳定年份不低于矿山总服务年限的三分之二；第四阶段是衰老期，随着开采范围内储量逐年减少，产量逐年降低，运输环境复杂，矿山开采条件逐渐恶化，企业生产成本增加，矿山的经济效益递减，这个阶段大型矿山不超过 7~10 年，中小型矿山不超过 3~5 年。矿山经济效益的递减趋势是资源型企业独有的特殊规律。针对这一规律，资源型企业要积极培育和形成企业核心竞争力，在发展的第二阶段就应该未雨绸缪，开始考虑企业未来竞争优势的问题。

（6）生态环境的破坏性

矿产资源的开发和利用会给矿山生态系统带来一系列的地质与生态环境问题。矿山的开采活动形成的露天采矿坑、尾矿库、废石场，破坏了植被，占用了大量土地。采空区、陷落区等严重破坏了公路和建筑，给人民群众的生活、安全带来了极大危害。随着开采深度的加深，导致地下水水位的下降。例如山东招金集团有限公司尾矿库占地面积 $149 \times 10^4$ 平方米，废石场面积 46630 平方米，露天采坑占地面积 5020 平方米。由于连年开采，地下水位急剧下降，加之连年干旱，已出现海水倒灌现象，特别是开采形成了大量的采空区，成为当地重大安全隐患。近年来，资源型企业的矿山环境保护工作虽然取得一些成绩，但由于矿山开采造成的生态破坏和环境污染具有点多、面广、量大的特点，加上环境欠账多，治理速度缓慢，全国矿山环境恶化趋势至今还没有得到有效遏制。因此，资源型企业必须严格执行国家环境保护法规及矿山复垦制度，采取各种措施使企业走上绿色矿山之路，建设资源节约型和环境友好型企业。资源型企业与生态环境之间的关系一直是国家最为关注的问题之一，资源型企业的存在就必然会给生态环境造成影响。资源型企业如何面对生态环境，是其可持续发展的关键问题。只有处理好企业与生态环境之间的关系，资源型企业综合竞争力才显得有意义。因此，资源型企业与生态环境之间的相互适应性成为资源型企业综合竞争力的外部构成要素。

从上述对资源型企业特征的分析，我们可以发现，在企业经营过程中，这些特征将直接影响企业的竞争力。第一，对资源的高度依赖。这一点是所有资源型企业的共有特点，也正因为这一点，当今世界上的资源争夺才会那么激烈，可以这么说，当今世界已经进入到一个资源为王的时代。如果资源型企业缺少了资源，那么这个企业离倒闭或者转型就不远了。资源永远都是资源型企业的核心话题，是其竞争力的基础。第二，规模性。如果一个企业的规模不够大，特别是资源型企业，这一点将直接影响到其在国内外的资源勘探和开发，资源型企业的核心生产要素和生产对象将受到直接影响，更谈不上精细的企业管理和技术研发。第三，产业关联度。资源型企业的产品永远都是一个国家、一个地区及一个产业发展的基础。资源型企业的产品已经渗透到人们生活的方方面面，是工业产业链上的关键链条。一个资源型企业的产品如果对于其所处的产业链的影响力下降，该产业链对其的依赖程度下降，那么有两种可能，该企业已经转型不再是资源型企业，或者说其竞争力在逐渐消失。第四，国家垄断性。这是中国资源型企业的突出特点，与前几个特征不同，该特征与企业竞争力之间的关系非常紧密，但是却不能明确它们之间到底是一种正向关系还是逆向关系，需要具体情况具体分析。第五，生态环境适应性。只有适应生态环境，能够与生态环境共存的资源型企业，其竞争力才有可能提升。

在目前国际市场被跨国公司瓜分的背景下，中国的资源型企业凭借巨大的国内市场和较强大的资金力量，比较成功地走向了国际市场，成为引导中国企业走向国际市场的先驱力量。尤其是在中国资源产业规模很大而又矿产资源不足的情况下，中国资源型企业走出去获取国际矿产资源和市场资源的意义就更加重大了。实际上，中国资源型企业还是国家调控全局经济的重要部门，因为这些企业经营的商品涉及煤炭、石油、天然气、钢铁、有色金属，属于国家战略性需求的物资，关系到国家的经济安全。这些企业在行为方面受到国家战略需要的影响与国家政策的限制。在对外经济活动方面，许多经济活动代表国家的经济目标取向，甚至许多行为直接表现为国家行为，例如中国与中亚的油气进口、与非洲的石油合作等资源开发就不仅仅是一个企业经营的问题。国家控制和干涉重要资源的跨国并购，这个特征在发达国家也是如此。

## 3.4　资源型跨国企业竞争力评价体系

### 3.4.1　评价指标体系构建

目前，学者们从不同的角度对企业的竞争力做了大量的研究，最具代表性的有"钻石理论"、基于资源观的竞争力理论、基于能力观的企业竞争力理论。这些理论为企业竞争力评级指标体系的构建奠定了基础。在评价指标体系构建方面，有从宏微观逻辑上进行探索的，有从企业业务流程进行构建的，有企业会计流程视角的。从某种角度看，这些理论和方法都非常成功。但是，从资源型企业这种非常特殊的企业类型来看，显然上述评价指标体系存在缺陷。

第一，忽略了环境因素。任何企业都是在一定的外部环境中利用一定的内部条件来开展生产经营活动的。企业实施战略管理与竞争力评价，首先必须深入分析企业的外部环境，同时客观评价企业自身。对于资源型跨国企业而言，外部环境既为企业的生存发展提供机遇，同时又可能在其发展、变化中对企业造成某些不利的影响。因而企业要利用有利的机遇，避免不利的影响，就必须十分熟悉其外部环境，并了解和掌握其发展变化的基本趋向。

第二，国际化要素权重不足。随着经济全球化的发展，任何企业的发展都无法离开国际市场这个大背景。无论企业自身是否具备国际化发展战略，在评价企业竞争力时，国际市场的新动向，技术的新突破，对于企业的发展都至关重要。特别是我们要评价的是跨国企业，这种情况下企业的国际化竞争要素就显得格外重要。传统企业竞争力评价往往忽略了这一点，通篇一律地以单一的企业范畴分析不同类型的企业。这显然无法满足跨国企业的竞争力分析要求。

第三，资源型要素的缺失。通过我们的研究发现，国内外关于资源型企业的综合竞争力评价指标体系的研究非常有限，仅有的部分研究都是以某一类资源型企业作为研究对象进行的研究，如石油企业、能源企业等。这些研究在一定程度上为我们的研究提供了借鉴，但是仍然无法满足广义上的资源型企业竞争力的评价需求。

由此可见，传统的企业竞争力评价指标无法全面系统且有针对性地评价资源型跨国企业的竞争力，迫切需要创造新的评价指标和方法对资源型跨国企业竞争力进行科学系统的评价。

从我们的研究对象看，资源型企业是运动着的物质，是发展的载体，而资源型企业的竞争力则是运动的一种动态表现。运动是绝对的，这就意味着资源型企业的综合竞争力应该是不断变化的，不能以不变的标准和眼光进行评判；静止是相对的，暂时的，意味着资源型企业的综合竞争力所表现出的财务结果等指标，只是现阶段的静态结果，它们能够反映企业的竞争力，但不能完全地反映企业的所有竞争力；运动和静止是相互依存的，没有运动就没有所谓的静止，运动和静止相互渗透，这就表明，我们在构建资源型跨国企业的竞争力指标体系的时候必须考虑到企业综合竞争力的动态因素和静态因素，并且两者之间相互联系，相互促进。同时，根据矛盾的普遍性和特殊性原理，中国资源型跨国企业的综合竞争力评价必然包括作为企业的一般性竞争力构成指标，同时还要包含作为中国资源型跨国企业的特殊方面。

在遵循前面的设计原则和哲学原理的前提下，本部分从资源型企业静态综合竞争力和动态综合竞争力两个方面进行构建，将两者作为整体指标体系的二级指标层。我们进行企业竞争力评价的主要目的是方便企业的竞争力管理。通过考究，我们发现，资源型跨国企业的综合竞争力基本可由财务能力、发展潜力、国际经营能力、资源禀赋能力来进行呈现。企业财务能力用来描述企业目前的竞争力，企业发展潜力描述企业未来的竞争能力。企业国际经营能力描述的是资源型跨国企业参与国际竞争过程中表现出来的竞争优势。企业资源禀赋衡量的是资源型跨国企业对于资源的控制力，其中还包括国际资源竞争环境。通过企业财务能力的评价，我们看出企业目前的发展状况，并与其他企业进行对比，从中发现企业竞争优势或企业竞争劣势。通过企业发展潜力的评价，我们可以了解企业的可持续发展能力，进而加强企业竞争力的管理。通过企业国际经营能力的评价，我们可以了解企业参与国际竞争的综合素质，以弥补企业在国际经营过程中表现出来的不足。通过企业资源禀赋能力的评价，我们可以了解企业对于资源的控制力和世界资源竞争的外部环境，为企业的国际资源竞争提供系统的分析框架。这4个方面的能力可由数十个具体指标来体现，这些指标按照一定的标准又可以分别划入静态综合竞争力和动态综合竞争力之中。从上述4个方面的能力性质来看，财务能力、国际经营能力基本反映的是企业一个时期以来的工作效果，展现的是静态结果，因此放入静态综合竞争力中。而发展潜力和资源禀赋能力反映的则是企业发展的过程和基础，展现的是企业发展过程的动态效果和远期能力，因此归入到动态综合竞争力中。

通过论证，我们最终可以确定中国资源型跨国企业综合竞争力指标体系的基本框架（见图3-2）。

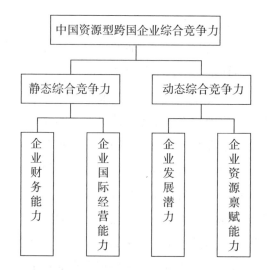

**图3-2 中国资源型跨国企业综合竞争力指标体系理论构成**

（1）企业财务能力的评价内容

企业财务能力包括盈利能力状况、资产营运能力状况、偿债能力状况、企业的市场控制能力和企业生产能力五个方面的内容。

①盈利能力状况。企业的盈利能力状况是指企业赚取净利润的能力，盈利能力的大小反映企业追求资金增值能力的高低，也是评价企业经营成果的重要依据，企业的债权人、所有者及管理者都十分关心企业的盈利能力。所以盈利能力评估是评估企业财务绩效的一个重要方面，也是评估企业财务竞争力的重要方面。

对于反映企业盈利能力的评价，选取经济增加值（EVA）、主营业务利润率、总资产利润率和净资产收益率四个指标。由于本书篇幅有限且这些指标都为大家非常熟悉的，故不对这些指标进行详细的解释（下同）。

②资产营运能力状况。企业的营运能力状况主要是指企业资本循环的能力，它是评估企业财务竞争力的一个重要方面，也反映了企业对经济资源的利用效率，即资产能否得到有效利用，能否通过加快周转速度创造更多的价值。反映营运能力的指标很多，，企业资产流动效率是营运能力最直接的体现，本章主要以财务报表数据为依据，对于反映资产营运能力状况的评价，选取总资产周转率、流动资产周转率、存货周转率和应收账款周转率四项指标。

③偿债能力状况。企业的偿债能力状况是指企业偿还各种到期债务的能力，它不仅是衡量企业财务风险大小和能否稳健经营的重要尺度，也是衡量企业财务状况和经济实力的重要标志。如今，企业面临的市场竞争日益激烈，每个企业都可能会面临资不抵债的情况，或是存在无力偿还到期债务而破产的风险。因此，对企业偿债能力的评价至关重要。对于反映偿债能力状况的评价，选取资产负债率、已获利息倍数、速动比率和流动比率四项指标。

④企业的市场控制能力。企业的市场控制能力主要反映企业对市场的控制力。对于企业市场控制能力的评价，选取市场占有率、市场应变能力、市场拓展能力、产品能力和营销能力五项指标。

⑤企业生产能力。企业的生产能力主要反映企业能够提供给市场多少产品的能力。对于企业生产能力的评价，选取人均技术装备水平、国际化销售能力、劳动生产率、设备先进程度和生产能力有效利用率五项指标。

（2）企业发展潜力指标体系的评价内容

研究企业竞争力的目标是要对企业竞争力进行管理，从而保持优势，改变劣势。而竞争力不仅包括财务能力，也包括发展潜力。潜在的动态竞争力其实就是企业的发展能力，这种能力将会影响着企业将来的竞争能力。企业发展潜力指标体系具体包括企业整体规模、创新能力、人力资本状况、管理能力、企业信息技术水平和企业外界关联能力6个方面的内容。

①企业整体规模

企业的规模表现了企业的生存能力。虽然小企业具有能够迅速适应市场变化的特点，但是小企业由于规模的限制很难在激烈的竞争中存活下去。因此，在激烈的竞争中企业具有一定的规模是必要的。文中对于企业整体规模的评价通过职工总数和资产总额来进行衡量。职工人数越多，企业资产总额越大，企业整体规模越大。

②创新能力

对于企业而言，没有创新就没有发展。我们将企业的创新能力分为技术与产品创新、管理创新和营销创新等方面。由于有时候企业的这些创新能力都是相互联系且很难区分的，因此，我们不再加以细分，而是概括起来用一些指标来加以体现。对于创新能力的评价，选取 R&D 经费比率，技术开发人员的比率，新产品开发成功率，新产品产值率，战略性产品所占比率，高级管理人员的综合素质和企业专利发明数 7 项指标衡量。

③人力资本状况

人力资本是影响企业发展的重要因素。美国微软公司总裁比尔·盖茨先生曾说，只要让他从微软中挑选 100 个人，他就可以重新创造一个微软。由此可见人力资本对于企业的重要性。对于人力资本状况的评价，选取大专学历以上人员的比例、员工观念素质综合指标、人均利润率 3 项指标衡量。

④管理能力

管理能力对于企业竞争力有着较大的影响，是评价企业竞争力的一项软指标。实践显示，许多企业的兴起与衰落都与其管理水平有着密不可分的关系。对于企业管理水平的衡量，选取员工的信息技术水平、组织管理能力、企业文化 3 项指标。由于篇幅所限，这里并不对其具体内容详细列出。

⑤企业信息技术水平

企业信息技术水平是指对企业从信息技术的拥有、使用、投入情况等方面进行评估。对于企业信息技术水平的评价，文中选取主信息技术拥有率、信息技术无保障率、信息技术使用率、信息技术的投资收益率、信息技术投入增长率 5 项指标加以衡量。

⑥企业外界关联能力

企业外界关联能力，主要是指企业与外界或者说是与社会中的关联性有多大。对于企业外界关联能力的评价，选取企业经营权利系数、社会责任成本率、社会贡献率、社会积累率、政府经济政策对企业的影响和企业社会形象 6 项指标进行衡量。

（3）企业国际经营能力指标评价内容

上文我们已经对企业国际对外贸易竞争要素和企业对外投资竞争要素进行系统分析，并总结概括了企业因国际化而产生的特殊竞争力要素，包括产品相对价格要素、贸易规模要素、贸易结构要素、市场地位要素、规模经济能力要素、技术保有能力要素、内部化能力要素、多元市场化能力要素、风险规避能力要素与价值链优化能力要素。这些竞争力要素与前面的企业财务能力指标及企业发展潜力指标存在部分重叠，因此，在构建企业国际经营能力指标时，将对企业因国际化而产生的特殊竞争力要素进行归纳剔除。最终我们得到的企业国际经营能力指标应包含贸易规模要素、贸易结构要素、市场地位要素、多元市场化能力要素、国际经营规模要素、跨国经营方式与战略要素。其中跨国经营方式与战略要素为软指标。

①贸易规模要素

进出口额是反映一国或地区及企业贸易规模的最基本的指标。

②贸易结构要素

出口商品结构转化率：出口商品结构转化率是用来评价出口商品竞争力发展趋势，反映企业对外贸易质量的重要指标。该指标可以用制成品出口额占全部出口商品总额的比重大小变化来表示，也可以用高科技产品出口额占出口总额的比重大小变化来表示。该比率大于1时，表示出口商品结构的改善和提高，意味着出口商品的竞争力的增强；反之，则意味着出口商品结构的恶化，竞争力也在衰退。

出口商品市场多元化水平：一个企业的出口市场国别构成是指一定时期内各个国家或国家集团在企业商品出口中所占的地位，通常以它们在该国或地区的出口总额中的比重来表示。出口商品市场多元化程度反映了企业与其他国家或国家集团之间的经济贸易联系程度，并能在一定程度上反映该企业的外贸竞争力。

③市场地位要素

国际市场占有率是反映一国或地区外贸竞争力的一个最简单、最明显也最重要的指标。这一指标包含的范畴比较广泛，如一国产品出口额占全世界出口额的比重，或者某种产品或某类产品出口额占世界该种产品或该类产品出口额的比重。一般而言，一国或地区的国际市场占有率越高，则该国出口商品在国际市场上的竞争力就越强；反之，竞争力就越弱。

④多元市场化能力要素

多元市场化能力由跨国企业跨国经营业务所涉及的国家数与全球国家数的比值来衡量。比值越大，说明该企业的国际化经营水平更高，从而竞争力更高，反之亦然。

⑤国际经营规模要素

国际经营规模要素由对外投资总额、国外投资比重、国外员工比重来衡量。这些指标非常简单，本书就不再对其计算过程进行分析。

⑥跨国经营方式与战略要素

该指标是一个软指标，其具体数值需要通过专家打分获得。一般而言，跨国经营方式可分为下面几种：独资经营、合资经营、合作经营、新建或绿地投资、跨国并购、国际战略联盟。每种经营方式和经营战略对于不同的企业有着不同的意义，因此该指标在实际应用过程中需要视情况而定。

（4）企业资源禀赋能力指标评价内容

在上文对于资源型企业的特殊竞争力要素的分析中，我们提到了至少有四种要素影响着企业的竞争力。具体而言，包括资源丰富程度、资源型企业的规模、资源型企业产品的产业关联度、资源型企业的国家控制程度。这些都是企业资源禀赋能力的构成指标，但是除了这些以外，从企业外部视角来考虑，也就是从资源的外部约束考虑，还应该包括国内外资源的稀缺程度、国际资源竞争强度、国际资源获取门槛等因素。因此，在我们构建资源型企业资源禀赋能力指标时，就应该包括企业资源丰富程度、资源型企业产品的产业关联度、资源型企业的国家控制程度、国内外资源的稀缺程度、国际资源竞争强度、国际资源获取门槛这6个方面。

至此资源型跨国企业综合竞争力指标体系已经构建完毕，下面我们通过表格的形式，将其展现出来，见表3-1。

表3-1　企业综合竞争力指标体系表

| 资源型跨国企业综合竞争力 | 资源型企业静态综合竞争力 | 企业财务能力 | 企业获利能力 | 主营业务利润率（$X_{111}$，正向指标）<br>总资产利润率（$X_{112}$，正向指标）<br>净资产利润率（$X_{113}$，正向指标）<br>EVA（$X_{114}$，正向指标） |
|---|---|---|---|---|
| | | | 偿债能力状况 | 资产负债率（$X_{121}$，适度最优指标）<br>已获利息倍数（$X_{122}$，适度最优指标）<br>有形净值债务率（$X_{123}$，适度最优指标）<br>流动比率（$X_{124}$，适度最优指标）<br>速动比率（$X_{125}$，适度最优指标） |
| | | | 资产运营状况 | 总资产周转率（$X_{131}$，正向指标）<br>存货周转率（$X_{132}$，正向指标）<br>应收账款周转率（$X_{133}$，正向指标）<br>流动资产周转率（$X_{134}$，正向指标） |

| | | | |
|---|---|---|---|
| 资源型跨国企业综合竞争力 | 资源型企业静态综合竞争力 | 企业财务能力 | 企业市场控制力 | 市场占有率（$X_{141}$，正向指标）<br>市场应变能力（$X_{142}$，正向指标）<br>市场拓展能力（$X_{143}$，正向指标）<br>产品能力（$X_{144}$，正向指标）<br>营销能力（$X_{145}$，正向指标） |

Table (full structure):

| 一级 | 二级 | 三级 | 四级 | 指标 |
|---|---|---|---|---|
| 资源型跨国企业综合竞争力 | 资源型企业静态综合竞争力 | 企业财务能力 | 企业市场控制力 | 市场占有率（$X_{141}$，正向指标）<br>市场应变能力（$X_{142}$，正向指标）<br>市场拓展能力（$X_{143}$，正向指标）<br>产品能力（$X_{144}$，正向指标）<br>营销能力（$X_{145}$，正向指标） |
| | | | 企业生产能力 | 人均技术装备水平（$X_{151}$，正向指标）<br>国际化销售能力（$X_{152}$，正向指标）<br>劳动生产率（$X_{153}$，正向指标）<br>设备先进程度（$X_{154}$，正向指标）<br>生产能力有效利用率（$X_{155}$，正向指标） |
| | | 企业国际经营能力 | | 进出口额（$X_{21}$，正向指标）<br>出口商品结构转化率（$X_{22}$，正向指标）<br>出口商品市场多元化水平（$X_{23}$，正向指标）<br>国际市场占有率（$X_{24}$，正向指标）<br>所跨国家数与全球国家数的比值（$X_{25}$，正向指标）<br>对外投资总额（$X_{26}$，正向指标）<br>国外投资比重（$X_{27}$，正向指标）<br>国外员工比重（$X_{28}$，正向指标）<br>跨国经营方式与战略要素（$X_{29}$，不确定指标） |
| | 资源型企业动态综合竞争力 | 企业发展潜力 | 企业整体规模 | 职工总数（$X_{311}$，正向指标）<br>资产总额（$X_{312}$，正向指标） |
| | | | 创新能力 | R&D 经费比率（$X_{321}$，正向指标）<br>技术开发人员的比例（$X_{322}$，正向指标）<br>新产品开发成功率（$X_{323}$，正向指标）<br>新工艺、产品产值率（$X_{324}$，正向指标）<br>战略性产品所占比率（$X_{325}$，正向指标）<br>高级管理人员的综合素质（$X_{326}$，正向指标） |
| | | | 人力资本状况 | 具有大专学历以上人员的比例（$X_{331}$，正向指标）<br>人均利润率（$X_{332}$，正向指标）<br>员工观念素质综合指标（$X_{333}$，正向指标） |

续表

| 资源型跨国企业综合竞争力 | 资源型企业动态综合竞争力 | 企业发展潜力 | 管理能力 | 员工的信息技术水平（$X_{341}$，正向指标）<br>组织向外拓展能力（$X_{342}$，正向指标）<br>生产能力有效利用率（$X_{343}$，正向指标）<br>聚合力（$X_{344}$，正向指标）<br>企业文化建设投资率（$X_{345}$，正向指标） |
|---|---|---|---|---|
| | | | 企业信息技术水平 | 信息技术拥有率（$X_{351}$，正向指标）<br>信息技术无保障率（$X_{352}$，逆向指标）<br>信息技术使用率（$X_{353}$，正向指标）<br>信息技术投资收益率（$X_{354}$，正向指标）<br>信息技术投入增长率（$X_{355}$，正向指标） |
| | | | 企业外界关联能力 | 企业经营权力系数（$X_{361}$，正向指标）<br>社会责任成本率（$X_{362}$，正向指标）<br>社会贡献率（$X_{363}$，正向指标）<br>社会积累率（$X_{364}$，正向指标）<br>政府经济政策对企业的影响（$X_{365}$，正向指标）<br>企业社会形象（$X_{366}$，正向指标） |
| | | 企业资源禀赋能力 | | 企业资源丰富程度（$X_{41}$，正向指标）<br>资源型企业产品的产业关联度（$X_{42}$，正向指标）<br>资源型企业的国家控制程度（$X_{43}$，不确定指标）<br>国内外资源的稀缺程度（$X_{44}$，正向指标）<br>国际资源竞争强度（$X_{45}$，逆向指标）<br>国际资源获取门槛（$X_{46}$，逆向指标） |

## 3.4.2 评价方法

企业竞争力的评价需要借助科学合理、切实可行的评价方法。为了对企业竞争力进行科学的评价，国内外学者采用多种多样的方法，各种方法各有利弊。目前，国内外建立的评价法有数百种，大体上可以分为单项指标评价法和综合指标体系评价法。由于单项指标仅能说明单项指标的优劣，不能综合体现综合竞争力的好坏。因此，一般常用综合指标体系评价法来进行综合评价。

综合指标体系评价法包括：①专家评价法；②层次分析法；③功效系数法；④综合指数评价法；⑤主成分分析法；⑥熵权法；⑦模糊综合评价法等。由于本书采用的是因子分析法，因此将就因子分析法进行详细介绍，对于其他方法不再展开论述。

（1）因子分析的基本思想

因子分析法的基本思想是通过变量或样品的相关系数矩阵（对样品是相似系数矩阵）内部结构的研究，找出能控制所有变量或样品的少数几个随机变量去描述多个变量或样品之间的相关（相似）关系，因为这里的少数几个随机变量是不可以观测的，所以通常称之为因子。然后根据相关性把变量或样品分组，使得同组内的变量或样品的相关性较高，不同组的变量或样品的相关性较低❶。

因子分析法是将复杂的变量，通过相关性分析，进行归类，然后根据方差贡献度降低维度，从而使得复杂的事物简单化，它是属于多元分析中处理降维的一种统计方法。因子分析法的基本目的就是用少数几个因子去描述众多指标或因素之间的联系，以较少的几个因子反映原始资料的大部分信息。它最大优势就在于各综合因子的权重不是主观赋值的而是根据各自的方差贡献率大小来确定的，方差越大的变量在评价中就越重要，从而具有较大的权重；相反，方差越小的变量权重也就越小，在评价中也就没有那么重要。于是，因子分析法就避免了人为确定权重的随意性，使得评价结果相对较为客观合理而且唯一。此外，因子分析的整个过程都可以运用计算机软件（如 SPSS）方便快捷地进行，从而提高其可操作性。因此，与其他方法相比，因子分析法是一种不仅实用、简便，而且科学的综合评价方法，采用这种研究方法，可以方便准确地找出影响竞争力的主要因素及它们的影响力即权重，适用于本书竞争力的评价。

（2）因子分析模型

因子分析原来是用于处理多维随机变量在线性变换下其分量相关问题的，它通过求协方差阵或相关系数阵的特征值和特征向量，按指定的贡献率求出集中原来随机变量主要信息的、相互无关的主因子。

其模型如下：

---

❶ 于秀林，任雪松. 多元统计分析［M］. 中国统计出版社，2003：172.

设有 $n$ 个样本，每个样本有 $p$ 个观测变量，分别用 $X_1$，$X_2$，$\cdots$，$X_Z$ 表示，$F_1, F_2, \cdots, F_m$（$m<P$）分别表示 $m$ 个因子变量，则有因子分析的数学表达式为

$$\begin{cases} X_1 = a_{11}F_1 + a_{12}F_2 + \cdots a_{1m}F_m + \varepsilon_1 \\ X_2 = a_{21}F_1 + a_{22}F_2 + \cdots a_{2m}F_m + \varepsilon_2 \\ X_3 = a_{31}F_1 + a_{32}F_2 + \cdots a_{3m}F_m + \varepsilon_3 \\ \qquad\qquad\qquad \vdots \\ X_p = a_{p1}F_1 + a_{p2}F_2 + \cdots a_{pm}F_m + \varepsilon_p \end{cases} \tag{3.1}$$

用矩阵表示为

$$\begin{pmatrix} X_1 \\ X_2 \\ X_3 \\ \vdots \\ X_p \end{pmatrix} = \begin{pmatrix} a_{11} & a_{1m} \\ a_{21} & a_{2m} \\ a_{31} & a_{3m} \\ \vdots & \vdots \\ a_{p1} & a_{pm} \end{pmatrix} \times \begin{pmatrix} F_1 \\ F_2 \\ F_3 \\ \vdots \\ F_m \end{pmatrix} + \begin{pmatrix} \varepsilon_1 \\ \varepsilon_2 \\ \varepsilon_3 \\ \vdots \\ \varepsilon_p \end{pmatrix} \tag{3.2}$$

简记为

$$X = A \times F + \varepsilon \tag{3.3}$$

且满足以下条件：

① $m < p$；

② $\mathrm{Cov}\,(F, \varepsilon) = 0$，即 $F$ 和 $\varepsilon$ 是不相关的；

③ $D(F) = \begin{pmatrix} 1 & 0 & \cdots & 0 \\ 0 & 1 & \cdots & 0 \\ \vdots & \vdots & \vdots & \vdots \\ 0 & 0 & \cdots & 1 \end{pmatrix} = I_m$；

即 $F_1, F_2, \cdots, F_m$ 是不相关的，且方差为 1。

④ $D(\varepsilon) = \begin{pmatrix} \sigma_1^2 & 0 & \cdots & 0 \\ 0 & \sigma_2 & \cdots & 0 \\ \vdots & \vdots & \vdots & \vdots \\ 0 & 0 & \cdots & \sigma_p^2 \end{pmatrix}$；

即 $\varepsilon$ 是不相关的，且方差不同。

其中，$X = (X_1, \cdots, X_p)$ 是可测的 $p$ 维随机向量，$F = (F_1, \cdots, F_m)$ 是不可观测的向量，$F$ 为 $X$ 的公共因子或潜因子，可以把它们理解为在高维空间中的互相垂直的 $m$ 个坐标轴；$a_{ij}$ 称为因子载荷是第 $i$ 个变量在第 $j$ 个公共因子上的负荷，如果把变量 $X_j$ 看成 $m$ 维因子空间中的一个向量，则 $a_{ij}$ 表示 $X_j$ 在坐标轴 $F_j$ 上的投影，矩阵 $A$ 称为因子载荷矩阵；$\varepsilon$ 称为 $X$ 的特殊因子，通常理论上要求 $\varepsilon$ 的协方差矩阵是对角矩阵，$\varepsilon$ 中包括了随机误差。

（3）因子分析的步骤

因子分析法的步骤简单地讲可以由以下几个方面组成：①原始变量数据标准化，并分析变量之间的相关性。②因子旋转。由于由特征向量矩阵得到的初始因子载荷矩阵，很可能出现因子载荷相关性不大的情况，使得对因子的解释有困难，因此，为使主因子有明确的含义，要对初始载荷矩阵作正交旋转，使每个原始变量在主因子上的载荷向 0 和 1 分化。③主成分求解。通过求解特征方程，得到 $k$ 个特征值和对应的 $k$ 个单位特征向量，把 $k$ 个特征值从大到小的顺序排列，它们分别代表 $k$ 个主成分分所解释的观测变量的方差，主成分是观测变量的线性组合，线性组合的权数即为相应的单位特征向量中的元素。④因子个数的确定。因子分析的目的是简化数据，因此取能够体现全部指标数据信息的公因子来代表主要信息。⑤建立因子载荷并对因子进行命名解释。为了使主因子有明确的含义，要对初始载荷矩阵作正交旋转，进而根据线性组合中权重较大的几个指标的综合意义来确定每个主因子的实际含义。⑥因子得分及分析。

# 4 中国资源型跨国企业竞争力测评

## 4.1 中国资源型企业概况

资源型企业是中国经济最基础的部门，处于经济产业链的最初阶段，在中国经济总量中占有较大权重。

据国务院发展研究中心信息网数据显示（见表4-1），2012年至2019年，煤炭开采和洗选业企业数量逐年递减。煤炭开采和洗选业，通过近十年的充分市场竞争及政府的集中整治，开始逐渐走向规范化、规模化、国际化的发展阶段。企业数量从2012年的7790家缩减至2019年的4239家，缩减规模近50%。石油和天然气开采业的企业数量并无较大波动，仅在2012年至2015年左右出现过一段时期的增加，2019年保有量在115家，这与石油和天然气开采业的进入与退出门槛有较大关系。黑色金属矿采选业和煤炭产业类似，也逐渐从低门槛、少监管、小型化向专业化、规模化转变，企业数量从2012年的3560家锐减至2019年的1239家，缩减规模超50%。有色金属矿采选业同样出现了企业数量大规模减少的现象。中国资源型企业的这种变化趋势，一方面是企业市场竞争的自然趋势，另一方面是中国政府对于资源的宏观控制力度的加强，是中国政府对于国家资源约束愈益重视的表现。

表4-1 中国资源型企业数量　　　　　　　　　　　单位：个

| 行业类别 | 2012年 | 2013年 | 2014年 | 2015年 | 2016年 | 2017年 | 2018年 | 2019年 |
|---|---|---|---|---|---|---|---|---|
| 煤炭开采和洗选业 | 7790 | 7975 | 7098 | 6430 | 5592 | 5111 | 4505 | 4239 |
| 石油和天然气开采业 | 137 | 138 | 144 | 144 | 140 | 139 | 123 | 115 |
| 黑色金属矿采选业 | 3560 | 3554 | 3447 | 3128 | 2347 | 1891 | 1528 | 1239 |

| 行业类别 | 2012 年 | 2013 年 | 2014 年 | 2015 年 | 2016 年 | 2017 年 | 2018 年 | 2019 年 |
|---|---|---|---|---|---|---|---|---|
| 有色金属矿采选业 | 2122 | 2108 | 2037 | 1949 | 1797 | 1674 | 1456 | 1272 |
| 非金属矿采选业 | 3347 | 3524 | 3623 | 3763 | 3746 | 3708 | 3395 | 3174 |

数据来源：国务院发展研究中心信息网工业统计数据库

和企业数量的趋势类似，中国资源型企业的生产规模以同样的趋势进行缩减（见表 4－2）。2012 年中国煤炭开采和洗选业产成品为 772.7 亿元，经过三年时间增长至 2015 年的 992.7 亿元。在此之后出现减少，一直到 2019 年减少为 631.1 亿元。石油和天然气开采业的变化趋势相对缓和。黑色金属矿采选业的产成品从 2012 年的 251.5 亿元增加到 2014 年的 317.1 亿元，随后一直减少至 2019 年的 143.2 亿元。有色金属矿采选业的产成品从 2012 年的 197.4 亿元增加至 2015 年的 213.5 亿元，随后一直减少至 2019 年的 156.7 亿元。中国资源型企业的产成品出现了非常明显的倒 U 形趋势。这一点与中国的供给侧结构性改革密切相关，同时是最近几年宏观经济形势的一个缩影。

**表 4－2　中国资源型企业产成品**　　　　　　　　　　　　单位：亿元

| 行业类别 | 2012 年 | 2013 年 | 2014 年 | 2015 年 | 2016 年 | 2017 年 | 2018 年 | 2019 年 |
|---|---|---|---|---|---|---|---|---|
| 煤炭开采和洗选业 | 772.7 | 840.0 | 983.9 | 992.7 | 872.6 | 799.0 | 665.7 | 631.1 |
| 石油和天然气开采业 | 97.1 | 111.2 | 107.4 | 95.4 | 95.4 | 105.0 | 101.7 | 100.2 |
| 黑色金属矿采选业 | 251.5 | 261.4 | 317.1 | 282.1 | 220.0 | 179.2 | 152.3 | 143.2 |
| 有色金属矿采选业 | 197.4 | 196.5 | 195.4 | 213.5 | 199.5 | 194.5 | 160.0 | 156.7 |
| 非金属矿采选业 | 91.5 | 111.4 | 137.4 | 159.2 | 155.0 | 145.4 | 114.2 | 119.4 |

数据来源：国务院发展研究中心信息网工业统计数据库

同样据国务院发展研究中心信息网数据显示（见表 4－3），2012 年至 2019 年，中国资源型企业利润出现了与产成品完全相反的 U 形发展趋势。煤炭开采和洗选业的企业利润从 2012 年的 3555 亿元锐减至 2015 年的 441 亿元，随后开始增长至 2019 年的 2830 亿元。石油和天然气开采业的企业利润从 2012 年的 4097 亿元锐减至 2016 年的 －476 亿元，随后开始增长至 2019 年的 1606 亿元。黑色金属矿采选业的企业利润从 2012 年的 1026 亿元锐减至 2018 年的 73 亿元，随后开始增长至 2019 年的 215 亿元。有色金属矿采选业的企业利润从 2012 年的 764 亿元锐减至 2019 年的 302 亿元。从企业利润的表现来看，中国资源型企业近 8 年的经营情况并不乐观，一直到近 3 年才出现一定的缓和。中国资源型企业的竞争力有待加强。

表 4-3　中国资源型企业利润　　　　　　　　　　　　单位：亿元

| 行业类别 | 2012 年 | 2013 年 | 2014 年 | 2015 年 | 2016 年 | 2017 年 | 2018 年 | 2019 年 |
|---|---|---|---|---|---|---|---|---|
| 煤炭开采和洗选业 | 3555 | 2370 | 1268 | 441 | 1091 | 2959 | 2888 | 2830 |
| 石油和天然气开采业 | 4097 | 3658 | 3162 | 805 | -476 | 392 | 1628 | 1606 |
| 黑色金属矿采选业 | 1026 | 1050 | 801 | 446 | 404 | 413 | 73 | 215 |
| 有色金属矿采选业 | 764 | 628 | 563 | 450 | 483 | 527 | 420 | 302 |
| 非金属矿采选业 | 349 | 390 | 392 | 414 | 388 | 354 | 269 | 299 |

数据来源：国务院发展研究中心信息网工业统计数据库

在出口方面，2012 年至 2019 年，中国资源型企业出口额并无非常显著的单调趋势（见表 4-4）。2012 年煤炭开采和洗选业出口额为 45.20 亿元，之后开始减少，至 2015 年的 11.20 亿元开始增加，但 2019 年的情况又与 2015 年相似。石油和天然气开采业从 2012 年的 36.03 亿元开始减少至 2016 年的 8.00 亿元，随后开始增加至 2019 年的 18.70 亿元。黑色金属矿采选业从 2012 年的 0.16 亿元减少至 2014 年的 0.02 亿元，随后开始增加至 2018 年的 0.40 亿元，2019 年的情况相对比较糟糕。有色金属矿采选业的变化趋势并不明显，一直保持在 10.00 亿左右波动。由此可见，中国资源型企业的出口从绝对数上看，规模非常小，其产品绝大多数在国内直接被消耗。

表 4-4　中国资源型企业出口额　　　　　　　　　　　单位：亿元

| 行业类别 | 2012 年 | 2013 年 | 2014 年 | 2015 年 | 2016 年 | 2017 年 | 2018 年 | 2019 年 |
|---|---|---|---|---|---|---|---|---|
| 煤炭开采和洗选业 | 45.20 | 46.55 | 20.75 | 11.20 | 19.50 | 52.10 | 42.30 | 19.30 |
| 石油和天然气开采业 | 36.03 | 17.35 | 21.10 | 13.70 | 8.00 | 10.50 | 10.40 | 18.70 |
| 黑色金属矿采选业 | 0.16 | 0.08 | 0.02 | 0.54 | 0.30 | 0.50 | 0.40 | 0.10 |
| 有色金属矿采选业 | 10.50 | 13.26 | 11.45 | 9.20 | 9.40 | 9.50 | 11.30 | 11.10 |
| 非金属矿采选业 | 30.12 | 34.21 | 31.05 | 18.80 | 18.10 | 19.30 | 21.70 | 24.70 |

数据来源：国务院发展研究中心信息网工业统计数据库

上面的分析和数据显示，中国资源型企业的发展相对良好。但是由于世界各国对于资源重要性认识的提升，世界各国经济发展对于资源的依赖程度越来越大，资源越来越稀缺，中国资源型企业的国际化道路遇到的各种阻力困难将会随着中国资源型企业的国际化进程而增加，中国资源型企业必须做好准备，迎接新的挑战。

## 4.2    中国资源型企业竞争力单指标分析

从上文构建的企业综合竞争力评价指标体系的内容来看，企业的综合竞争力由企业财务能力和动态竞争力共同体现。而企业财务能力和动态竞争力又分别由若干个具体指标反映。在该部分，我们将以企业综合竞争力指标体系的具体指标为分析对象，引入中国资源型企业发展的具体数据❶，来描绘中国资源型企业静态和中国资源型企业发展潜力能力的概况，以期对中国资源型企业综合竞争力有一个初步的了解。

### 4.2.1    资源型企业财务能力指标

根据企业综合指标体系的设计，企业财务能力指标体系由6个方面内容构成：①盈利能力状况。企业的盈利能力状况是指企业赚取净利润的能力，盈利能力的大小反映企业追求资金增值能力的高低，也是评价企业经营成果的重要依据，是评估企业财务竞争力的重要方面。②资产营运能力状况。企业的营运能力状况主要是指企业对自身所拥有的经济资源的利用效率，或者说配置的有效性，它是评估企业财务竞争力的一个重要方面。反映营运能力的指标很多，本章主要以财务数据为依据，从企业资产的流动效率来评价，因为它是营运能力最直接的体现。③偿债能力状况。企业的偿债能力状况是指企业偿还各种到期债务的能力，它是衡量企业经营成效和企业发展健康与否的重要指标，也是衡量企业是否稳健经营、财务风险大小的重要尺度。④企业的市场控制能力。反映企业对市场

---

❶ 根据学术界的一般化观点，将资源型企业定义为对资源依赖比较强，其生产经营主要围绕资源展开的企业。本书根据数据的可得性和研究的方便，将中国资源型企业锁定在采矿业，而采矿业主要由煤炭开采和洗选业、石油和天然气开采业、黑色金属矿采选业、有色金属矿采选业、非金属矿采选业、其他采矿业构成。本书所用到的各种数据都是通过上述6种行业数据计算而得，并且所用的都是月度数据。

的控制力。⑤企业生产能力。反映企业能够提供给市场多少产品的能力。

这五个方面反映了企业在特定时间段内的竞争力状况。根据指标体系的设计，可从主营业务利润率（$X_{111}$，正向指标）、总资产利润率（$X_{112}$，正向指标）、净资产利润率（$X_{113}$，正向指标）、EVA（$X_{114}$，正向指标）、资产负债率（$X_{121}$，适度最优指标）、已获利息倍数（$X_{122}$，适度最优指标）、有形净值债务率（$X_{123}$，适度最优指标）、流动比率（$X_{124}$，适度最优指标）、速动比率（$X_{125}$，适度最优指标）、总资产周转率（$X_{131}$，正向指标）、存货周转率（$X_{132}$，正向指标）、应收账款周转率（$X_{133}$，正向指标）、流动资产周转率（$X_{134}$，正向指标）、市场占有率（$X_{141}$，正向指标）、市场应变能力（$X_{142}$，正向指标）、市场拓展能力（$X_{143}$，正向指标）、产品能力（$X_{144}$，正向指标）、营销能力（$X_{145}$，正向指标）、人均技术装备水平（$X_{151}$，正向指标）、国际化销售能力（$X_{152}$，正向指标）、劳动生产率（$X_{153}$，正向指标）、设备先进程度（$X_{154}$，正向指标）、生产能力有效利用率（$X_{155}$，正向指标）23 个企业发展指标来对企业财务能力进行衡量。

在构建指标体系的时候，我们本着全面性的原则，将涉及企业竞争力的各种具体指标几乎全部设计进入我们的指标体系。这样将避免真实的有价值的指标被遗漏。但是，这样做无形之间加大了单指标分析的困难和工作量。由于各具体指标之间存在替代性，因此，在此处，我们仅挑选这 21 个指标中的部分指标进行单指标分析。

（1）企业主营业务利润率❶

企业主营业务利润率是指企业一定时期主营业务利润同主营业务收入净额的比率，反映了企业的获利能力，是评价企业经营效益的主要指标。该指标越高，说明企业产品市场定价越合理，管理成本越低，策略越得当，利润越丰厚，竞争力越强。

从 2013 年 1 月到 2018 年 12 月，中国资源型企业的主营业务利润率整体变化不明显，并且还略有下降（见图 4-1）。这就表明，中国资源型企业的主营业务获利能力并没有明显地提高或改善。因此，我们可以简单地说中国资源

---

❶ 笔者通过国务院发展研究中心信息网获得该指标的基础数据，通过该指标的计算公式进行计算得到该指标数据。

型企业的主营业务获利能力在下降。

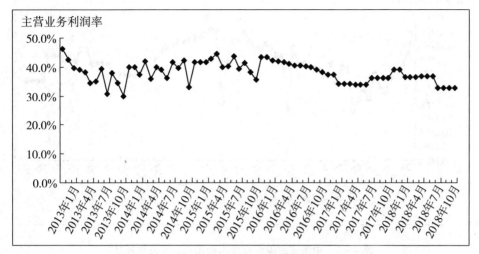

图4-1 中国资源型企业主营业务利润率发展趋势

（2）成本费用利润率❶

成本费用利润率是企业一定期间的利润总额与成本、费用总额的比率。成本费用利润率指标表明每付出一元成本费用可获得多少利润，体现了经营耗费所带来的经营成果。该项指标越高，利润就越大，反映企业的经济效益越好。

2013年1月至2018年12月，中国资源型企业的成本费用利润率波动剧烈，但整体依然围绕在30.00%左右浮动（见图4-2）。2013年，中国资源型企业成本费用利润率有明显下滑趋势，从45.00%一直下降至17.00%，从2014年年初至2015年年中，又呈现大幅上升的趋势。此后，从2016年至今，中国资源型企业的成本费用利润率一直处于下降趋势中。这就再次表明，中国资源型企业的获利能力并没有明显的提高或改善，甚至有下滑的趋势。

（3）资产负债率❷

资产负债率是指公司年末的负债总额同资产总额的比率，表示公司总资产中有多少是通过负债筹集的，该指标是评价公司负债水平的综合指标。同时也

---

❶ 笔者通过国务院发展研究中心信息网获得该指标的基础数据，通过该指标的计算公式进行计算得到该指标数据。

❷ 笔者通过国务院发展研究中心信息网获得该指标的基础数据，通过该指标的计算公式进行计算得到该指标数据。

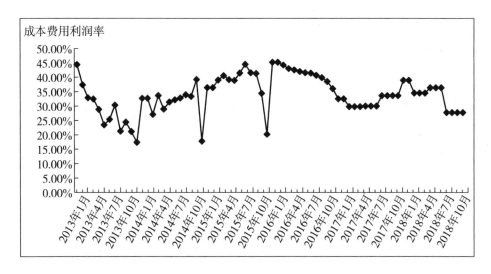

图 4 – 2　中国资源型企业成本费用利润率发展趋势

是一项衡量公司利用债权人资金进行经营活动能力的指标，也反映债权人发放贷款的安全程度。这个比率对于债权人来说越低越好。因为公司的所有者（股东）一般只承担有限责任，而一旦公司破产清算时，资产变现所得很可能低于其账面价值。所以如果此指标过高，债权人可能遭受损失。当资产负债率大于100%，表明公司已经资不抵债，对于债权人来说风险非常大。

从企业自身角度来看，由于企业通过举债筹措的资金与股东提供的资金在经营中发挥同样的作用，所以，股东所关心的是全部资本利润率是否超过借入款项的利率，即借入资本的代价。在企业所得的全部资本利润率超过因借款而支付的利息率时，股东所得到的利润就会加大。如果相反，运用全部资本所得的利润率低于借款利息率，则对股东不利，因为借入资本的多余的利息要用股东所得的利润份额来弥补。因此，从企业的立场看，在全部资本利润率高于借款利息率时，负债比例越大越好，否则反之。中国资源型企业资产负债率趋势见图4 – 3。

## 4.2.2　资源型企业发展潜力指标

研究企业竞争力的目标就是对企业竞争力进行管理，以达到保持自身优势，改变自身劣势的目的，而竞争力不仅包括静态的竞争力，也包括动态竞争力，潜在的动态竞争力其实就是企业的发展能力，这种能力将会影响企业将来

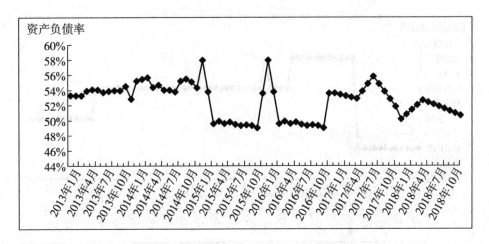

**图 4 - 3　中国资源型企业资产负债率趋势**

的竞争能力。企业发展潜力指标具体包括：①创新能力；②人力资本状况；③管理能力；④企业信息技术水平；⑤企业外界关联能力 5 个方面的内容。和前文一样，本部分将挑选部分具体指标进行数理统计分析。

（1）R&D 经费比率

R&D（research and development），指在科学技术领域，为增加知识总量（包括人类文化和社会知识的总量），以及运用这些知识去创造新的应用进行的系统的创造性的活动，包括基础研究、应用研究、试验发展三类活动。可译为"研究与开发""研究与发展"或"研究与试验性发展"。R&D 经费比率表示的是企业对于研究与开发的经费支出占总成本的比率。比率越高说明企业的研发投入越高，企业的发展空间越大，未来的竞争力可能越强。

图 4 - 4 绘出了中国资源型企业的 R&D 经费比率。从图中可以发现，2013年至 2014 年，中国资源型企业的 R&D 经费比率处于上升趋势中，随后保持在0.035% 水平，而从 2016 年年底开始，中国资源型企业的 R&D 经费比率处于下降通道中。由此可以推断，未来中国资源型企业的创新竞争力将有所削弱。

从技术开发人员占所有员工比例来看，2013 年至今，中国资源型企业技术开发人员占总员工人数的比例总体上升（见图 4 - 5）。

（2）专利申请数

专利权的获得，要由申请人向国家专利机关提出申请，经国家专利机关批准并颁发证书。申请专利并获得专利权后，既可以保护自己的发明成果，防止

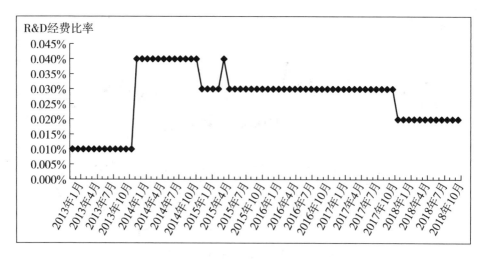

图4-4 中国资源型企业 R&D 经费比率

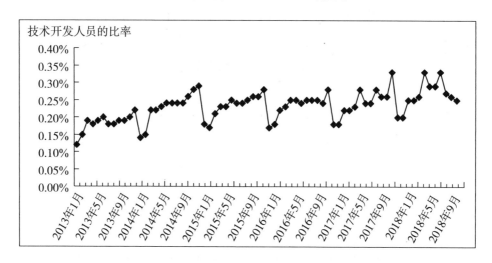

图4-5 中国资源型企业技术开发人员的比率

科研成果流失，获取垄断利润来弥补研发投入，同时也有利于科技进步和经济发展，可以通过申请专利的方式占据新技术及其产品的市场空间，获得相应的经济利益。中国资源型企业专利申请数从2013年至今一直处于上升过程中，说明中国资源型企业的动态竞争力正在形成（见图4-6）。

（3）社会贡献率

社会贡献率由企业社会贡献总额与平均资产总额的比值得到。社会贡献总额包括工资、劳保退休统筹及其他社会福利支出、利息支出净额、应交增值

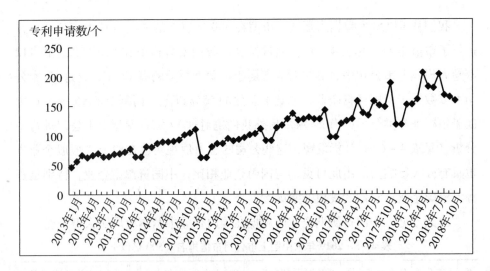

**图 4-6 中国资源型企业专利申请数**

税、产品销售税金及附加、应交所得税及其他税、净利润等。因此，社会贡献率反映了一个企业的可持续竞争力。从图 4-7 可知，中国资源型企业的社会贡献率在提升，也就意味着中国资源型企业的可持续竞争力在上升。

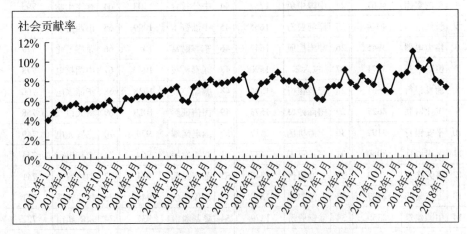

**图 4-7 中国资源型企业社会贡献率发展趋势**

（4）企业规模

规模庞大、资金雄厚、涵盖的业务广泛，国际化程度较高，且多以国有企业的形式出现，这是中国资源型跨国企业相对于国内其他企业的一大特点。这一点我们可以通过企业总股本、总市值等一系列指标得以验证。

我们从 RESSET 数据库筛选出市值在 500 亿以上的中国 A 股上市公司，并进行了市值排名（见表 4 – 5）。通过排名，我们发现市值在 500 亿以上的 112 家超大规模上市公司中，其主营业务属于资源型行业的有 17 家，且这 17 家公司大多数属于跨国经营企业，占到了总数的 15% 以上，而剩余的 95 家公司中属于银行证券类公司的有 22 家。另外我们也对这 17 家资源型上市公司进行了分析（见表 4 – 6）。分析发现，这些公司的总市值绝对值在整个 A 股股企业中也具有极大影响力。由此可见，与国内企业相比，中国资源型企业，特别是资源型跨国企业，它们的规模非常庞大。

由此可见，中国资源型企业的规模在国内企业中基本上属于大型企业。

表 4 – 5　2019 年末中国上市公司市值排名（500 亿以上）

| 排名 | 上市公司简称 | 年末总市值(亿元) | 排名 | 上市公司简称 | 年末总市值(亿元) | 排名 | 上市公司简称 | 年末总市值(亿元) | 排名 | 上市公司简称 | 年末总市值(亿元) |
|---|---|---|---|---|---|---|---|---|---|---|---|
| 1 | 贵州茅台 | 14861 | 21 | 中国联通 | 1828 | 41 | 华夏银行 | 1180 | 61 | 新希望 | 841 |
| 2 | 五粮液 | 5163 | 22 | 温氏股份 | 1785 | 42 | 云南白药 | 1142 | 62 | 江苏银行 | 836 |
| 3 | 兴业银行 | 4113 | 23 | 万华化学 | 1764 | 43 | 恒力石化 | 1132 | 63 | 华域汽车 | 819 |
| 4 | 美的集团 | 4061 | 24 | 中国中免 | 1737 | 44 | 中公教育 | 1103 | 64 | 智飞生物 | 795 |
| 5 | 长江电力 | 4044 | 25 | 洋河股份 | 1665 | 45 | 中油资本 | 1099 | 65 | 山西汾酒 | 782 |
| 6 | 格力电器 | 3945 | 26 | 顺丰控股 | 1642 | 46 | 东方财富 | 1059 | 66 | 荣盛石化 | 779 |
| 7 | 恒瑞医药 | 3871 | 27 | 三六零 | 1590 | 47 | 闻泰科技 | 1040 | 67 | 中国核电 | 778 |
| 8 | 浦发银行 | 3631 | 28 | 宁波银行 | 1584 | 48 | 鹏鼎控股 | 1038 | 68 | 华能水电 | 760 |
| 9 | 工业富联 | 3627 | 29 | 招商蛇口 | 1573 | 49 | 国信证券 | 1029 | 69 | 科大讯飞 | 758 |
| 10 | 平安银行 | 3192 | 30 | 上海机场 | 1517 | 50 | 国电南瑞 | 979 | 70 | 三安光电 | 749 |
| 11 | 海康威视 | 3060 | 31 | 三一重工 | 1437 | 51 | 双汇发展 | 964 | 71 | 南京银行 | 744 |
| 12 | 海天味业 | 2903 | 32 | 上海银行 | 1348 | 52 | 苏宁易购 | 941 | 72 | 韵达股份 | 741 |
| 13 | 上汽集团 | 2787 | 33 | 上港集团 | 1337 | 53 | 汇顶科技 | 940 | 73 | 领益智造 | 741 |
| 14 | 中国建筑 | 2359 | 34 | 宝钢股份 | 1279 | 54 | 隆基股份 | 937 | 74 | 永辉超市 | 722 |
| 15 | 宁德时代 | 2350 | 35 | 泸州老窖 | 1270 | 55 | 分众传媒 | 919 | 75 | 方正证券 | 714 |
| 16 | 迈瑞医疗 | 2211 | 36 | 韦尔股份 | 1238 | 56 | 长春高新 | 905 | 76 | 用友网络 | 711 |
| 17 | 立讯精密 | 1958 | 37 | 爱尔眼科 | 1225 | 57 | 陕西煤业 | 899 | 77 | 宝丰能源 | 697 |
| 18 | 保利地产 | 1931 | 38 | 大秦铁路 | 1221 | 58 | 新城控股 | 874 | 78 | 世纪华通 | 681 |
| 19 | 牧原股份 | 1920 | 39 | 北京银行 | 1201 | 59 | 华夏幸福 | 865 | 79 | 中信特钢 | 681 |
| 20 | 伊利股份 | 1886 | 40 | 中国重工 | 1195 | 60 | 绿地控股 | 846 | 80 | 中国电建 | 664 |

续表

| 排名 | 上市公司简称 | 年末总市值(亿元) | 排名 | 上市公司简称 | 年末总市值(亿元) | 排名 | 上市公司简称 | 年末总市值(亿元) | 排名 | 上市公司简称 | 年末总市值(亿元) |
|---|---|---|---|---|---|---|---|---|---|---|---|
| 81 | 片仔癀 | 663 | 89 | 恒生电子 | 624 | 97 | 乐普医疗 | 589 | 105 | 康泰生物 | 566 |
| 82 | 兆易创新 | 658 | 90 | 国投电力 | 623 | 98 | 蓝思科技 | 587 | 106 | 视源股份 | 562 |
| 83 | 金地集团 | 655 | 91 | 芒果超媒 | 622 | 99 | 同花顺 | 587 | 107 | 招商公路 | 542 |
| 84 | 歌尔股份 | 646 | 92 | 红塔证券 | 609 | 100 | 美年健康 | 584 | 108 | 浙能电力 | 539 |
| 85 | 紫光股份 | 646 | 93 | TCL科技 | 605 | 101 | 正泰电器 | 577 | 109 | 汇川技术 | 531 |
| 86 | 国投资本 | 640 | 94 | 包钢股份 | 602 | 102 | 完美世界 | 571 | 110 | 通威股份 | 510 |
| 87 | 华侨城A | 639 | 95 | 居然之家 | 600 | 103 | 海大集团 | 569 | 111 | 招商轮船 | 501 |
| 88 | 苏泊尔 | 630 | 96 | 大华股份 | 598 | 104 | 三七互娱 | 569 | 112 | 宁波港 | 501 |

**表4-6  2019年末中国资源型上市公司市值排名（500亿以上）**

| 排名 | 上市公司简称 | 年末总市值（亿元） |
|---|---|---|
| 1 | 长江电力 | 4044 |
| 2 | 牧原股份 | 1920 |
| 3 | 温氏股份 | 1785 |
| 4 | 万华化学 | 1764 |
| 5 | 宝钢股份 | 1279 |
| 6 | 恒力石化 | 1132 |
| 7 | 中油资本 | 1099 |
| 8 | 国电南瑞 | 979 |
| 9 | 陕西煤业 | 899 |
| 10 | 荣盛石化 | 779 |
| 11 | 中国核电 | 778 |
| 12 | 华能水电 | 760 |
| 13 | 宝丰能源 | 697 |
| 14 | 中信特钢 | 681 |
| 15 | 国投电力 | 623 |
| 16 | 包钢股份 | 602 |
| 17 | 浙能电力 | 539 |

中国资源型跨国企业规模巨大的这种特点，为其参与国际竞争，提升自身的国际竞争力奠定了坚实的基础。在资源竞争日趋白热化的今天，资源升值的趋势越发紧迫，中国资源型企业如果没有雄厚的资金作为后盾，是无法适应资源竞争和升值的客观要求的。同时，中国资源型跨国企业参与世界竞争的方式多为跨国并购，在与竞争对手的竞争过程中，要想获得竞争优势的一个不可缺少的因素也是雄厚的资金背景。

### 4.2.3　企业国际经营能力指标

本书选取的企业国际经营能力指标分别是国外销售总额/生产总额、所跨国家数/全球国家数、国外员工数/总员工数、国外投资额/资产总额，以及国外企业数/企业总数。

上述指标在各统计数据资料中，均未有给出直接的结果，因此笔者必须通过其计算公式进行计算而获得。其中国外销售总额、生产总额、员工总数、资产总额，以及企业总数来自国务院发展研究中心信息网的工业统计数据库中的采矿业数据。而所跨国家数、国外员工数、国外投资额这三个指标数据来自2013—2018年的《中国对外直接投资统计公报》。《中国对外直接投资统计公报》对于上述指标的统计也只是年度数据，笔者以月度工业生产总值增长率作为权重，将这些年度数据化为月度数据。

（1）国外资源品销售总额/资源品生产总额

从图4-8中我们可以发现，2013年—2015年，中国资源品出口基本保持在总产值的10%～15%，从2015年开始，该数值出现明显的下降趋势，从2015年的15%一直下降至2018年的3%左右。这也符合了中国经济发展方式的转变以及世界资源竞争的潮流趋势。表面上看，中国资源品的出口量呈现出下滑的趋势，即外贸竞争力在下降，但是这只是表象，而真实情况也许并没有这么简单，这里面有太多的国家控制因素。因此单就出口量的下降并不能直接得出中国资源型企业竞争力下降的结论。

（2）所跨国家数/全球国家数

该指标的总体趋势是向上的（见图4-9）。从数字上看，我们发现，中国资源型企业所跨国家比例为70%～80%。也就是说全球有70%～80%的国家

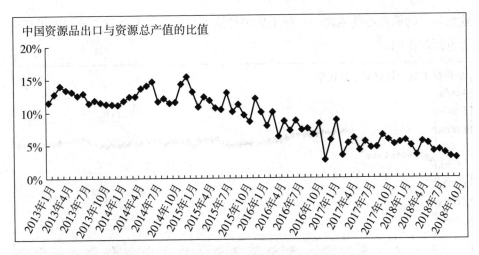

**图4-8　中国资源品出口与资源总产值的比值**

有中国资源型企业的经营业务，这从一个侧面反映了中国资源型企业全球找矿的积极性。从竞争力的角度讲，中国资源型企业之所以能够找全球80%的国家进行资源开发和经营业务，反映的就是中国资源型企业的财大气粗，以及国家资本的全力支持。

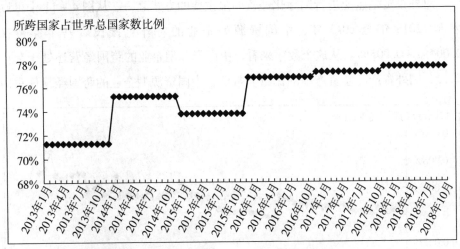

**图4-9　中国资源型企业所跨国家占世界总国家数比例**

（3）国外员工数/总员工数

从图4-10中我们可以发现，2014年之后，中国资源型企业境外员工数与其总员工数之比基本保持在3.0%~3.5%，并且非常稳定。企业员工是企业竞争力的最核心要素之一，稳定的国外员工数量，对于企业竞争力的维持有着重要的作用。

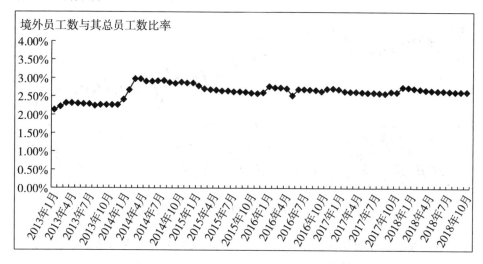

图4-10 中国资源型企业境外员工数与其总员工数比率

（4）国外投资额/资产总额

对外投资是企业进行国际化经营的最主要的方式之一。从图4-11中可以发现，2013年至2015年，中国资源型企业的对外直接投资基本保持在0.004%~0.005%。从这个数字来看，中国资源型企业的跨国经营还处于起步阶段，国外资产在总资产中的比重非常低，中国资源型企业的跨国经营任重而

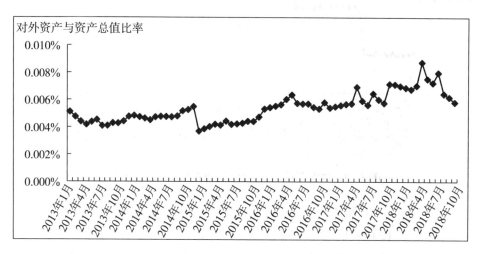

图4-11 中国资源型企业对外资产与资产总值比率

道远。当然，这也和资源型企业的特殊的国家在战略性质有关，国际市场壁垒太多。中国政府和资源型企业在 2015 年之后，对于资源型企业的跨国经营有了新的认识，从图中可以发现，中国资源型企业的海外资产和 2015 年之前相比已经翻倍。从这个角度看，中国资源型企业的发展潜力惊人。

（5）境外资源企业数/资源型企业总数

从图 4 - 12 中可以发现，2013—2018 年，中国资源型企业的海外企业个数与资源型企业总数之比呈现出惊人的下降趋势，从 2003 年的 25.00% 下降到 2008 年的 7.00% 左右。本书认为原因有 3 个。第一，中国资源型企业在海外的投资与国际化经营遇到了海外同类企业的竞争和国外政府的制约，从而导致了中国资源型企业进军海外的绝对量停滞不前，或者增速放缓。第二，国内经济的持续高速发展，使得国内资源型企业如雨后春笋般发展，从而导致了资源型企业总数的基数增长，从而导致了相对数的下降。第三，国内资源型企业竞争力薄弱，无法在短时间内成为实力强大的跨国企业。

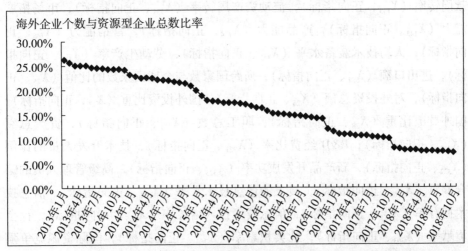

图 4 - 12　中国资源型企业的海外企业个数与资源型企业总数比率

## 4.2.4　企业资源禀赋能力指标

对于企业资源禀赋能力，本书抽取的指标是国内资源丰富程度、资源型企业的国家控制程度、世界资源的丰富程度、国际资源获取门槛。这些指标均为软指标。对于软指标，我们通过调查和定性判断，以虚拟指标形式定义指标数值。例如，我们定义如果国际资源获取门槛高则为 1，不高则为 0，通过考量世界政治及国际经济环境，该指标存在明显的趋势性，因此这个软指标数据的取值仅仅是时间界限的问题。其他指标亦是如此。

## 4.3 基于因子分析法的中国资源型企业综合竞争力测评

### 4.3.1 分析样本的选取

本书所选用的分析指标来自上文所构建的资源型跨国企业综合竞争力评级指标体系。由于数据的可获得性及指标间的相互替代性，本书抽取、计算、整理了指标体系中的 30 个指标进行因子分析，即主营业务利润率（$X_{111}$、正向指标），总资产利润率（$X_{112}$、正向指标），净资产利润率（$X_{113}$、正向指标），资产负债率（$X_{121}$、适度最优指标），存货周转率（$X_{132}$、正向指标），应收账款周转率（$X_{133}$、正向指标），流动资产周转率（$X_{134}$、正向指标），市场拓展能力（$X_{143}$、正向指标），产品能力（$X_{144}$、正向指标），营销能力（$X_{145}$、正向指标），人均技术装备水平（$X_{151}$、正向指标），劳动生产率（$X_{153}$、正向指标），进出口额（$X_{21}$、正向指标），所跨国家数与全球国家数的比值（$X_{25}$、正向指标），对外投资总额（$X_{26}$、正向指标），国外投资比重（$X_{27}$、正向指标），国外员工比重（$X_{28}$、正向指标），职工总数（$X_{311}$、正向指标），资产总额（$X_{312}$、正向指标），R&D 经费比率（$X_{321}$、正向指标），技术开发人员的比例（$X_{322}$、正向指标），新产品开发成功率（$X_{323}$、正向指标），高级管理人员的综合素质（$X_{326}$、正向指标），员工的信息技术水平（$X_{341}$、正向指标），信息技术拥有率（$X_{351}$、正向指标），信息技术投入增长率（$X_{355}$、正向指标），社会贡献率（$X_{363}$、正向指标），社会积累率（$X_{364}$、正向指标），国际资源竞争强度（$X_{45}$、逆向指标），国际资源获取门槛（$X_{46}$、逆向指标）。

### 4.3.2 样本数据的处理

该部分所用到的数据为月度数据，笔者搜集了 2013—2018 年的中国资源行业的大量月度数据。其中技术开发人员的比率、R&D 经费比率、科技活动经费筹集总额、技术改造经费、技术引进经费、新产品开发项目数、人均信息和通信技术支出、微机普及率来源于《中国科技统计年鉴》。由于《中国科技统计年鉴》只统计了上述指标的年度数据，而本书所用的是月度数据，因此，笔者将数据经过工业产值增长率作为权重，对原始数据进行了修正处理。国际资源获取门槛、国际资源竞争强度数据，通过笔者对世界资源环境的考量，并结合现实虚拟给出，这两个指标为虚拟变量。

其他指标数据的原始数据均来自国务院发展研究中心信息网。由于国务院发展研究中心信息网的工业统计数据部分按照月度累积进行统计，因此笔者对于这些数据通过递减的办法将其还原为当月数据，并计算出所需指标数据。

### 4.3.3 因子分析

按照因子分析的计算步骤，运用 SPSS 软件求出样本标准化数据矩阵，计算相关系数矩阵及特征根，选择方差极大值进行正交旋转，提取特征根大于 1 的公共因子作为综合评价指标，通过方差最大化正交旋转，计算因子得分，并最终合成中国资源型企业综合竞争力指数，用于分析和评价中国资源型企业的综合竞争力。

（1）相关系数矩阵与 KMO 检验

通过变量的相关矩阵可知，大多数变量的相关系数大于 0.3，具有较强的相关性（见表 4-7），同时，对上述变量进行了 KMO 测试度和 Bartlett 球体检验，结果表明，可以运用因子分析方法。

表 4-7　KMO 和 Bartlett 的检验

| 取样足够度的 KMO 度量 | | 0.774 |
|---|---|---|
| Bartlett 的球形度检验 | 近似卡方 | 5899.148 |
| | df | 435 |
| | Sig. | 0.000 |

通过 KMO 测试度和 Bartlett 球体检验可知，KMO 检验值为 0.774，结果表明，可以运用因子分析方法。

（2）贡献率

根据变量特征根大于 1 的原则，由表 4-8 知，变量相关系数矩阵有 6 大特征根，即 14.678、2.739、2.588、2.485、2.307、2.160。这 6 个特征根解释了 89.86% 的中国资源型跨国企业综合竞争力。由此可见，原始数据大部分的信息可由前 6 个因子集中体现。因此，提取 6 个公共因子是合适的。

表 4 - 8　解释的总方差

| 成分 | 初始特征值 | | | 提取平方和载入 | | | 旋转平方和载入 | | |
|---|---|---|---|---|---|---|---|---|---|
| | 合计 | 占总方差的百分比(%) | 累积百分比(%) | 合计 | 占总方差的百分比(%) | 累积百分比(%) | 合计 | 占总方差的百分比(%) | 累积百分比(%) |
| 1 | 16.597 | 55.325 | 55.325 | 16.597 | 55.325 | 55.325 | 14.678 | 48.926 | 48.926 |
| 2 | 3.336 | 11.120 | 66.445 | 3.336 | 11.120 | 66.445 | 2.739 | 9.129 | 58.055 |
| 3 | 2.387 | 7.955 | 74.400 | 2.387 | 7.955 | 74.400 | 2.588 | 8.627 | 66.682 |
| 4 | 2.001 | 6.669 | 81.069 | 2.001 | 6.669 | 81.069 | 2.485 | 8.283 | 74.965 |
| 5 | 1.566 | 5.221 | 86.290 | 1.566 | 5.221 | 86.290 | 2.307 | 7.690 | 82.655 |
| 6 | 1.070 | 3.566 | 89.856 | 1.070 | 3.566 | 89.856 | 2.160 | 7.201 | 89.856 |
| 7 | 0.627 | 2.089 | 91.945 | | | | | | |
| 8 | 0.554 | 1.846 | 93.791 | | | | | | |
| 9 | 0.429 | 1.428 | 95.219 | | | | | | |
| 10 | 0.316 | 1.054 | 96.274 | | | | | | |
| 11 | 0.299 | 0.996 | 97.270 | | | | | | |
| 12 | 0.210 | 0.701 | 97.971 | | | | | | |
| 13 | 0.172 | 0.574 | 98.545 | | | | | | |
| 14 | 0.143 | 0.478 | 99.023 | | | | | | |
| 15 | 0.094 | 0.314 | 99.337 | | | | | | |
| 16 | 0.082 | 0.274 | 99.611 | | | | | | |
| 17 | 0.043 | 0.143 | 99.754 | | | | | | |
| 18 | 0.028 | 0.094 | 99.848 | | | | | | |
| 19 | 0.015 | 0.051 | 99.900 | | | | | | |
| 20 | 0.012 | 0.040 | 99.940 | | | | | | |
| 21 | 0.006 | 0.022 | 99.961 | | | | | | |
| 22 | 0.004 | 0.014 | 99.975 | | | | | | |
| 23 | 0.003 | 0.010 | 99.985 | | | | | | |
| 24 | 0.002 | 0.008 | 99.993 | | | | | | |
| 25 | 0.001 | 0.003 | 99.996 | | | | | | |
| 26 | 0.001 | 0.002 | 99.998 | | | | | | |
| 27 | 0.000 | 0.001 | 99.999 | | | | | | |
| 28 | 0.000 | 0.001 | 100.000 | | | | | | |
| 29 | $6.387 \times 10^{-5}$ | 0.000 | 100.000 | | | | | | |
| 30 | $7.895 \times 10^{-6}$ | $2.632 \times 10^{-5}$ | 100.000 | | | | | | |

注：提取方法为主成分分析法。

（3）提取公因子

SPSS18.0 软件以表格的形式给出了的因子分析的初始结果（见表4-9）。中国资源型跨国企业竞争力的30个原始指标变量的名称在表4-9的第1列列出了。第2列是变量公因子，再用这30个初始解和对应的特征向量计算出因子载荷矩阵。第3列是因子分析得出的提取公因子。从表4-9中可看出，原始指标变量在因子分析后，有26个因子变量解释的方差在0.8以上，说明提取的因子包含了原始变量的绝大部分信息，完全可以满足统计分析的需要。

表4-9　公因子方差

| 原始指标变量 | 初始 | 提取 |
|:---:|:---:|:---:|
| $X_{111}$ | 1.000 | 0.862 |
| $X_{112}$ | 1.000 | 0.874 |
| $X_{121}$ | 1.000 | 0.762 |
| $X_{113}$ | 1.000 | 0.736 |
| $X_{133}$ | 1.000 | 0.823 |
| $X_{134}$ | 1.000 | 0.697 |
| $X_{143}$ | 1.000 | 0.857 |
| $X_{132}$ | 1.000 | 0.795 |
| $X_{151}$ | 1.000 | 0.962 |
| $X_{153}$ | 1.000 | 0.965 |
| $X_{311}$ | 1.000 | 0.906 |
| $X_{312}$ | 1.000 | 0.975 |
| $X_{322}$ | 1.000 | 0.939 |
| $X_{321}$ | 1.000 | 0.906 |
| $X_{326}$ | 1.000 | 0.962 |
| $X_{323}$ | 1.000 | 0.950 |
| $X_{341}$ | 1.000 | 0.970 |
| $X_{144}$ | 1.000 | 0.971 |
| $X_{145}$ | 1.000 | 0.976 |
| $X_{355}$ | 1.000 | 0.984 |

| 原始指标变量 | 初始 | 提取 |
|---|---|---|
| $X_{351}$ | 1.000 | 0.985 |
| $X_{363}$ | 1.000 | 0.958 |
| $X_{364}$ | 1.000 | 0.658 |
| $X_{26}$ | 1.000 | 0.977 |
| $X_{25}$ | 1.000 | 0.971 |
| $X_{27}$ | 1.000 | 0.806 |
| $X_{28}$ | 1.000 | 0.896 |
| $X_{21}$ | 1.000 | 0.891 |
| $X_{45}$ | 1.000 | 0.963 |
| $X_{46}$ | 1.000 | 0.980 |

注：提取方法为主成分分析法。

对提取的 6 个公因子 $F_1$，$F_2$，$F_3$，$F_4$，$F_5$，$F_6$ 建立原始因子载荷矩阵，对原始因子载荷进行旋转，得出方差最大正交旋转矩阵，见表 4 - 10 和表 4 - 11。

表 4 - 10　因子载荷矩阵

| 原始指标变量 | 成分 | | | | | |
|---|---|---|---|---|---|---|
| | 1 | 2 | 3 | 4 | 5 | 6 |
| $X_{46}$ | 0.984 | - 0.057 | 0.043 | - 0.052 | - 0.070 | - 0.009 |
| $X_{26}$ | - 0.977 | 0.079 | - 0.086 | 0.076 | 0.044 | 0.044 |
| $X_{153}$ | 0.971 | - 0.065 | - 0.013 | 0.015 | 0.132 | - 0.014 |
| $X_{355}$ | 0.964 | - 0.105 | 0.171 | - 0.067 | - 0.099 | 0.015 |
| $X_{326}$ | 0.960 | - 0.151 | - 0.100 | 0.082 | 0.023 | - 0.033 |
| $X_{312}$ | 0.960 | - 0.212 | 0.000 | - 0.091 | - 0.028 | - 0.008 |
| $X_{341}$ | 0.956 | - 0.026 | - 0.217 | 0.082 | 0.021 | 0.036 |
| $X_{151}$ | 0.942 | - 0.255 | 0.060 | - 0.047 | - 0.052 | 0.008 |
| $X_{351}$ | 0.922 | - 0.326 | 0.126 | - 0.100 | - 0.056 | - 0.004 |
| $X_{311}$ | 0.921 | - 0.089 | 0.111 | - 0.191 | - 0.025 | 0.024 |
| $X_{25}$ | 0.882 | 0.140 | 0.209 | 0.071 | - 0.272 | 0.224 |

| 原始指标变量 | 成分 | | | | | |
|:---:|:---:|:---:|:---:|:---:|:---:|:---:|
| | 1 | 2 | 3 | 4 | 5 | 6 |
| $X_{21}$ | -0.875 | 0.252 | 0.055 | 0.217 | 0.108 | 0.013 |
| $X_{323}$ | 0.871 | 0.044 | -0.316 | 0.287 | 0.027 | -0.080 |
| $X_{27}$ | 0.868 | -0.152 | -0.062 | -0.046 | 0.031 | 0.149 |
| $X_{363}$ | 0.853 | 0.276 | -0.224 | 0.207 | 0.154 | -0.191 |
| $X_{143}$ | -0.804 | -0.283 | -0.142 | 0.199 | 0.019 | 0.266 |
| $X_{45}$ | 0.788 | -0.563 | 0.119 | 0.016 | -0.108 | -0.014 |
| $X_{133}$ | 0.781 | 0.434 | 0.044 | 0.092 | 0.096 | 0.062 |
| $X_{311}$ | 0.694 | 0.217 | -0.451 | 0.433 | 0.043 | -0.133 |
| $X_{355}$ | 0.635 | 0.472 | 0.218 | 0.086 | 0.337 | -0.282 |
| $X_{111}$ | -0.309 | 0.640 | 0.496 | -0.237 | 0.112 | -0.207 |
| $X_{144}$ | 0.306 | 0.597 | -0.389 | -0.469 | -0.243 | 0.302 |
| $X_{321}$ | 0.110 | 0.576 | 0.292 | 0.531 | -0.438 | 0.061 |
| $X_{145}$ | 0.342 | 0.555 | -0.331 | -0.535 | -0.255 | 0.301 |
| $X_{112}$ | 0.293 | -0.232 | 0.746 | -0.045 | 0.164 | 0.105 |
| $X_{364}$ | 0.151 | 0.164 | 0.638 | -0.444 | -0.045 | -0.038 |
| $X_{28}$ | 0.345 | 0.492 | 0.335 | 0.507 | -0.403 | 0.057 |
| $X_{132}$ | 0.249 | 0.245 | -0.024 | 0.029 | 0.662 | 0.482 |
| $X_{134}$ | 0.431 | 0.235 | 0.195 | 0.235 | 0.524 | 0.297 |
| $X_{121}$ | -0.352 | -0.423 | 0.254 | 0.373 | -0.207 | 0.461 |

注：提取方法为主成分分析法。已提取了 6 个成分。

表 4 - 11　旋转因子载荷矩阵

| 原始指标变量 | 成分 | | | | | |
|:---:|:---:|:---:|:---:|:---:|:---:|:---:|
| | 1 | 2 | 3 | 4 | 5 | 6 |
| $X_{351}$ | 0.985 | -0.012 | 0.041 | -0.031 | 0.098 | 0.045 |
| $X_{151}$ | 0.973 | 0.039 | 0.074 | 0.009 | 0.020 | 0.082 |

续表

| 原始指标变量 | 成分 | | | | | |
|---|---|---|---|---|---|---|
| | 1 | 2 | 3 | 4 | 5 | 6 |
| $X_{312}$ | 0.972 | 0.006 | 0.131 | 0.068 | −0.006 | 0.092 |
| $X_{355}$ | 0.952 | 0.168 | 0.124 | 0.074 | 0.136 | 0.099 |
| $X_{26}$ | −0.945 | −0.122 | −0.212 | −0.088 | −0.070 | −0.109 |
| $X_{46}$ | 0.023 | 0.150 | 0.191 | 0.126 | 0.944 | 0.116 |
| $X_{45}$ | 0.015 | −0.069 | −0.130 | −0.222 | 0.942 | −0.066 |
| $X_{326}$ | 0.930 | 0.086 | 0.186 | 0.019 | −0.176 | 0.158 |
| $X_{21}$ | −0.923 | 0.086 | −0.088 | −0.150 | −0.013 | 0.028 |
| $X_{153}$ | 0.253 | 0.072 | 0.904 | 0.042 | −0.060 | 0.269 |
| $X_{311}$ | 0.903 | 0.042 | 0.161 | 0.150 | 0.153 | 0.126 |
| $X_{341}$ | 0.879 | 0.119 | 0.206 | 0.157 | −0.263 | 0.214 |
| $X_{27}$ | 0.857 | 0.012 | 0.041 | 0.132 | −0.070 | 0.220 |
| $X_{25}$ | 0.807 | 0.473 | −0.009 | 0.234 | 0.124 | 0.158 |
| $X_{323}$ | 0.758 | 0.224 | 0.295 | 0.062 | −0.446 | 0.189 |
| $X_{143}$ | −0.661 | −0.206 | −0.535 | −0.207 | −0.214 | −0.052 |
| $X_{363}$ | −0.309 | 0.261 | 0.532 | 0.107 | 0.651 | 0.276 |
| $X_{133}$ | 0.395 | 0.392 | 0.372 | 0.255 | −0.001 | 0.557 |
| $X_{321}$ | −0.069 | 0.947 | 0.026 | 0.061 | 0.017 | 0.003 |
| $X_{28}$ | 0.177 | 0.925 | 0.054 | 0.032 | 0.050 | 0.051 |
| $X_{121}$ | −0.162 | 0.146 | −0.331 | 0.003 | 0.007 | −0.778 |
| $X_{112}$ | 0.380 | 0.308 | 0.678 | −0.018 | 0.152 | 0.389 |
| $X_{144}$ | 0.124 | 0.091 | 0.155 | 0.958 | −0.040 | 0.069 |
| $X_{145}$ | 0.180 | 0.059 | 0.142 | 0.957 | 0.038 | 0.048 |
| $X_{364}$ | 0.138 | 0.069 | 0.122 | 0.097 | 0.781 | −0.009 |
| $X_{113}$ | 0.364 | 0.070 | 0.628 | −0.363 | −0.136 | 0.235 |
| $X_{322}$ | 0.516 | −0.617 | 0.379 | 0.076 | 0.320 | 0.199 |

| 原始指标变量 | 成分 | | | | | |
|---|---|---|---|---|---|---|
| | 1 | 2 | 3 | 4 | 5 | 6 |
| $X_{111}$ | − 0. 494 | 0. 242 | 0. 606 | 0. 115 | 0. 416 | 0. 079 |
| $X_{132}$ | 0. 070 | − 0. 097 | 0. 871 | 0. 143 | − 0. 015 | 0. 041 |
| $X_{134}$ | 0. 249 | 0. 178 | 0. 761 | − 0. 072 | 0. 053 | 0. 125 |

注：提取方法为主成分分析法。旋转法指具有 Kaiser 标准化的正交旋转法。旋转在 6 次迭代后收敛。

（4）因子命名

根据因子正交旋转矩阵，将指标分成四个公共因子并命名。

第一个公因子在 $X_{143}$、$X_{151}$、$X_{311}$、$X_{312}$、$X_{323}$、$X_{355}$、$X_{351}$、$X_{25}$、$X_{27}$、$X_{26}$、$X_{21}$、$X_{326}$、$X_{341}$，即市场拓展能力、人均技术装备水平、采矿业人数、资产总额、新产品开发项目数、人均信息和通信技术投入、信息技术拥有率、资源企业跨国数占世界国家比重、对外投资占资产总值比重、进出口额、高级管理人员的综合素质、员工的信息技术水平，这 13 个指标上有较大的载荷。这 13 个指标主要包含了中国资源型企业的企业发展潜力指标、企业国际化经营能力指标和企业资源禀赋能力指标，以及部分的企业财务能力指标，其主要体现的还是企业的可持续发展能力，因此，可称为可持续发展因子。

第二个公因子在 $X_{322}$、$X_{321}$、$X_{28}$，技术开发人员的比率、R&D 经费比率、资源型企业境外员工比重，这 3 个指标上有较大载荷。这 3 个指标反映的是企业的人力资本能力，因此可将第二个因子命名为企业人力资本因子。

第三个因子在 $X_{111}$、$X_{113}$、$X_{112}$、$X_{134}$、$X_{132}$、$X_{153}$，即主营业务利润率、净资产收益率、总资产利润率、流动资产周转率、存货周转率、劳动生产率这 6 个指标上有较大载荷。这 6 个指标主要反映的是企业盈利能力，因此可以将第三个因子命名为企业盈利能力因子。

第四个因子在 $X_{144}$ 和 $X_{145}$，即产品能力、营销能力这两个指标上有较大的载荷。这两个指标反映的是企业的管理能力，因此可以将第四个因子命名为企业管理能力因子。

第五个因子在 $X_{364}$、$X_{363}$、$X_{45}$、$X_{46}$ 这 4 个指标上有较大的载荷。这两个指标分别为社会贡献率、社会累积率、国际资源获取门槛、国际资源竞争强度，反映了企业的运营环境，因此可以将第五个因子命名为企业环境因子。

第六个因子在 $X_{121}$ 和 $X_{133}$ 这两个指标上的载荷较大，这两个指标分别为资产负债率和应收账款周转率，反映的是企业的风险控制，因此可以将第六个因子命名为企业风险控制因子（见表 4-12）。

表 4-12　成分得分系数矩阵

| 原始指标变量 | 成分 | | | | | |
|:---:|:---:|:---:|:---:|:---:|:---:|:---:|
| | 1 | 2 | 3 | 4 | 5 | 6 |
| $X_{111}$ | -0.081 | 0.050 | 0.253 | -0.016 | 0.252 | -0.007 |
| $X_{112}$ | -0.043 | 0.022 | 0.335 | -0.150 | 0.061 | 0.083 |
| $X_{121}$ | 0.039 | 0.162 | -0.468 | -0.006 | -0.009 | 0.137 |
| $X_{113}$ | 0.042 | 0.011 | -0.096 | -0.139 | 0.272 | 0.140 |
| $X_{133}$ | -0.011 | 0.086 | 0.046 | 0.046 | 0.002 | 0.130 |
| $X_{134}$ | -0.042 | 0.001 | -0.077 | -0.050 | 0.018 | 0.452 |
| $X_{143}$ | -0.021 | -0.004 | -0.242 | 0.011 | -0.103 | 0.123 |
| $X_{132}$ | -0.058 | -0.123 | -0.156 | 0.085 | -0.002 | 0.581 |
| $X_{151}$ | 0.086 | -0.021 | -0.041 | -0.017 | 0.025 | -0.032 |
| $X_{153}$ | 0.050 | -0.038 | 0.042 | -0.036 | -0.013 | 0.064 |
| $X_{311}$ | 0.071 | -0.039 | -0.015 | 0.041 | 0.085 | -0.010 |
| $X_{312}$ | 0.081 | -0.044 | -0.013 | 0.002 | 0.016 | -0.031 |
| $X_{322}$ | -0.010 | 0.091 | 0.137 | -0.063 | -0.271 | 0.004 |
| $X_{321}$ | -0.032 | 0.426 | -0.093 | 0.002 | -0.019 | -0.072 |
| $X_{326}$ | 0.063 | -0.012 | 0.019 | -0.039 | -0.063 | -0.001 |
| $X_{323}$ | 0.027 | 0.047 | 0.077 | -0.048 | -0.189 | 0.003 |
| $X_{341}$ | 0.049 | -0.003 | -0.007 | 0.026 | -0.100 | 0.037 |
| $X_{144}$ | -0.013 | -0.007 | -0.126 | 0.448 | 0.004 | 0.024 |
| $X_{145}$ | -0.003 | -0.022 | -0.132 | 0.452 | 0.040 | 0.010 |
| $X_{355}$ | 0.077 | 0.026 | -0.036 | 0.006 | 0.074 | -0.037 |
| $X_{351}$ | 0.095 | -0.039 | -0.044 | -0.028 | 0.060 | -0.048 |

| 原始指标变量 | 成分 | | | | | |
|---|---|---|---|---|---|---|
| | 1 | 2 | 3 | 4 | 5 | 6 |
| $X_{363}$ | -0.006 | 0.029 | 0.217 | -0.070 | -0.132 | 0.023 |
| $X_{364}$ | 0.018 | -0.009 | 0.044 | 0.039 | 0.346 | -0.044 |
| $X_{26}$ | -0.069 | 0.003 | -0.025 | 0.006 | -0.046 | 0.042 |
| $X_{25}$ | 0.059 | 0.174 | -0.194 | 0.109 | 0.061 | 0.017 |
| $X_{27}$ | 0.065 | -0.039 | -0.103 | 0.055 | -0.013 | 0.080 |
| $X_{28}$ | -0.012 | 0.403 | -0.093 | -0.018 | 0.000 | -0.061 |
| $X_{21}$ | -0.090 | 0.073 | 0.024 | -0.053 | -0.028 | 0.091 |
| $X_{45}$ | 0.112 | -0.030 | -0.091 | -0.091 | 0.022 | -0.088 |
| $X_{46}$ | 0.068 | 0.011 | -0.002 | 0.016 | 0.025 | -0.034 |

注：提取方法为主成分分析法。旋转法指具有 Kaiser 标准化的正交旋转法。

（5）因子得分

运用回归法（regression）计算出的中国资源型企业因子得分系数矩阵，以此计算六个因子的得分，并按照各因子的信息贡献率作为权重计算中国资源型跨国企业综合竞争力因子，以达到降维的目的。

用公式表示为：

$$F_1 = -0.081X_{111} - 0.043X_{112} + 0.039X_{121} + \cdots + 0.068X_{42}$$

$$F_2 = 0.050X_{111} + 0.022X_{112} + 0.162X_{121} + \cdots + 0.011X_{42}$$

$$F_3 = 0.235X_{111} + 0.335X_{112} - 0.468X_{121} + \cdots - 0.002X_{42}$$

$$F_4 = -0.016X_{111} - 0.150X_{112} - 0.006X_{121} + \cdots + 0.016X_{42}$$

$$F_5 = 0.252X_{111} + 0.061X_{112} - 0.009X_{121} + \cdots + 0.025X_{42}$$

$$F_6 = -0.007X_{111} + 0.083X_{112} + 0.137X_{121} + \cdots - 0.034X_{42}$$

$$(4.1)$$

由此我们可以得到 6 个因子的时间序列，如表 4-13 所示。

表 4 - 13　因子序列

| 时间 | $F_1$ | $F_2$ | $F_3$ | $F_4$ | $F_5$ | $F_6$ |
|---|---|---|---|---|---|---|
| 2013 年 1 月 | - 1. 1714 | - 2. 3386 | - 0. 1029 | 0. 0758 | 2. 4356 | - 0. 3563 |
| 2013 年 2 月 | - 1. 1707 | - 2. 0423 | - 0. 1898 | - 0. 1238 | 1. 2451 | 0. 0032 |
| 2013 年 3 月 | - 1. 1711 | - 1. 6667 | - 0. 0863 | - 0. 3431 | 0. 2246 | 0. 1459 |
| 2013 年 4 月 | - 1. 1168 | - 1. 5367 | 0. 0301 | - 0. 3260 | - 0. 1001 | - 0. 7428 |
| 2013 年 5 月 | - 1. 1170 | - 1. 5910 | - 0. 4652 | - 0. 2760 | - 0. 6511 | - 0. 2132 |
| 2013 年 6 月 | - 0. 9884 | - 1. 6661 | - 0. 7270 | - 0. 2251 | - 0. 8740 | - 0. 0426 |
| 2013 年 7 月 | - 0. 9804 | - 1. 6576 | - 0. 6421 | - 0. 2812 | - 0. 3792 | - 0. 4772 |
| 2013 年 8 月 | - 1. 0099 | - 1. 7012 | - 0. 3182 | - 0. 3249 | - 0. 0891 | - 0. 7198 |
| 2013 年 9 月 | - 0. 8805 | - 1. 8689 | - 1. 0736 | - 0. 0017 | - 1. 2118 | - 0. 1977 |
| 2013 年 10 月 | - 0. 9500 | - 1. 6735 | - 0. 5514 | - 0. 2048 | - 0. 5367 | - 0. 6286 |
| 2013 年 11 月 | - 0. 8988 | - 1. 7246 | - 1. 0372 | - 0. 1815 | - 0. 9441 | 0. 2170 |
| 2013 年 12 月 | - 0. 8784 | - 1. 8098 | - 1. 2946 | - 0. 2941 | - 2. 4638 | 0. 7968 |
| 2014 年 1 月 | - 0. 6186 | 0. 3236 | - 1. 2708 | - 0. 1274 | 1. 4781 | - 1. 1211 |
| 2014 年 2 月 | - 0. 7922 | 0. 7852 | - 1. 4541 | 0. 0219 | 1. 0048 | - 0. 7681 |
| 2014 年 3 月 | - 0. 8313 | 1. 5600 | - 1. 6302 | - 0. 0682 | - 0. 0612 | 0. 1943 |
| 2014 年 4 月 | - 0. 9089 | 1. 6395 | - 0. 5991 | - 0. 4593 | 0. 1507 | - 0. 4935 |
| 2014 年 5 月 | - 0. 7936 | 1. 4844 | - 1. 2160 | - 0. 1713 | - 0. 4889 | - 0. 2216 |
| 2014 年 6 月 | - 0. 9276 | 1. 5959 | - 0. 5727 | - 0. 5640 | - 0. 8101 | 0. 0023 |
| 2014 年 7 月 | - 0. 8310 | 1. 5893 | - 0. 4384 | - 0. 2883 | - 0. 0067 | - 0. 5942 |
| 2014 年 8 月 | - 0. 7802 | 1. 5200 | - 0. 7893 | - 0. 4840 | - 1. 2694 | - 0. 3100 |
| 2014 年 9 月 | - 0. 8563 | 1. 5484 | - 0. 4740 | - 0. 3786 | - 0. 0964 | 0. 2710 |
| 2014 年 10 月 | - 0. 6909 | 1. 6040 | - 0. 2697 | - 0. 4215 | - 0. 5786 | - 0. 1773 |
| 2014 年 11 月 | - 0. 7630 | 1. 748 | 0. 1119 | - 0. 7416 | - 0. 5615 | 0. 0803 |
| 2014 年 12 月 | - 0. 7218 | 1. 4564 | - 1. 2897 | 0. 1736 | - 2. 4572 | 0. 6780 |
| 2015 年 1 月 | - 0. 6780 | 1. 3123 | - 0. 8148 | - 0. 6901 | 1. 3215 | - 1. 0019 |
| 2015 年 2 月 | - 0. 6789 | 0. 5591 | - 0. 309 | - 0. 5642 | 1. 6326 | - 0. 5258 |
| 2015 年 3 月 | - 0. 7673 | 0. 0852 | 1. 1347 | - 0. 6883 | 0. 8612 | 0. 6605 |
| 2015 年 4 月 | - 0. 7867 | 0. 2978 | 1. 7545 | - 0. 5764 | 0. 2962 | - 0. 3627 |
| 2015 年 5 月 | - 0. 8624 | 0. 7115 | 1. 7820 | - 0. 4646 | 0. 2889 | - 0. 4507 |

| 时间 | $F_1$ | $F_2$ | $F_3$ | $F_4$ | $F_5$ | $F_6$ |
|---|---|---|---|---|---|---|
| 2015 年 6 月 | - 0. 6270 | 0. 1992 | 1. 6049 | - 0. 7658 | - 0. 0046 | 0. 1148 |
| 2015 年 7 月 | - 0. 6378 | 0. 1934 | 2. 0412 | - 0. 6560 | - 0. 2504 | - 0. 7915 |
| 2015 年 8 月 | - 0. 7822 | 0. 1923 | 2. 3453 | - 0. 7936 | 0. 4569 | - 0. 0529 |
| 2015 年 9 月 | - 0. 5699 | 0. 1038 | 1. 9554 | - 0. 6192 | - 0. 2271 | - 0. 6731 |
| 2015 年 10 月 | - 0. 6166 | 0. 1064 | 2. 1460 | - 0. 6283 | - 0. 0487 | - 0. 1623 |
| 2015 年 11 月 | - 0. 5153 | - 0. 0104 | 1. 8933 | - 0. 4820 | - 0. 9975 | - 0. 4615 |
| 2015 年 12 月 | - 0. 4460 | 0. 3278 | 1. 4475 | - 0. 6771 | - 1. 5797 | 0. 4731 |
| 2016 年 1 月 | - 0. 3886 | 0. 4949 | - 1. 2380 | - 0. 5965 | 2. 0729 | 3. 0670 |
| 2016 年 2 月 | - 0. 3990 | 0. 4720 | - 0. 5432 | - 0. 5535 | 1. 9929 | 2. 7368 |
| 2016 年 3 月 | - 0. 5700 | 0. 1247 | 0. 6206 | - 0. 5388 | 0. 7704 | 3. 9638 |
| 2016 年 4 月 | - 0. 3808 | 0. 2894 | 0. 5097 | - 0. 5623 | 0. 2010 | 1. 2907 |
| 2016 年 5 月 | - 0. 0109 | 0. 2253 | 1. 5941 | - 0. 4807 | 0. 3562 | - 0. 7109 |
| 2016 年 6 月 | - 0. 0260 | - 0. 1578 | 0. 7662 | - 0. 5743 | 0. 1621 | 0. 6787 |
| 2016 年 7 月 | - 0. 1398 | 0. 1732 | 0. 8600 | - 0. 4868 | - 0. 1738 | 0. 2373 |
| 2016 年 8 月 | - 0. 0627 | 0. 2170 | 0. 7337 | - 0. 5225 | 0. 3396 | 0. 3335 |
| 2016 年 9 月 | - 0. 0009 | 0. 1864 | 0. 7057 | - 0. 4852 | - 0. 0041 | - 0. 4733 |
| 2016 年 10 月 | 0. 0075 | 0. 1402 | 0. 7039 | - 0. 3129 | - 0. 1959 | - 1. 0996 |
| 2016 年 11 月 | - 0. 0429 | - 0. 0004 | - 0. 0297 | - 0. 3718 | - 0. 0731 | - 0. 0464 |
| 2016 年 12 月 | 0. 0743 | 0. 5147 | - 0. 9256 | - 0. 3915 | - 0. 6705 | 0. 1528 |
| 2017 年 1 月 | 1. 1212 | 0. 7410 | - 0. 4132 | - 0. 4423 | 1. 0288 | - 3. 7863 |
| 2017 年 2 月 | 0. 8203 | 0. 1520 | - 1. 1010 | - 0. 0780 | 1. 0167 | - 1. 1709 |
| 2017 年 3 月 | 0. 8017 | 0. 0778 | - 1. 0882 | - 0. 2446 | 0. 3130 | 0. 6074 |
| 2017 年 4 月 | 1. 0707 | 0. 1142 | - 0. 7684 | - 0. 3202 | 0. 2045 | - 0. 5644 |
| 2017 年 5 月 | 0. 9053 | - 0. 1894 | - 1. 0872 | - 0. 1513 | - 0. 0039 | 0. 9055 |
| 2017 年 6 月 | 1. 1397 | 0. 2833 | - 0. 3133 | - 0. 5234 | - 1. 2692 | 0. 1040 |
| 2017 年 7 月 | 1. 1560 | 0. 2378 | - 0. 8593 | - 0. 3659 | - 0. 2485 | - 0. 4049 |
| 2017 年 8 月 | 1. 0470 | 0. 1138 | - 1. 3589 | - 0. 2239 | - 0. 0653 | 0. 4696 |
| 2017 年 9 月 | 1. 1851 | 0. 2899 | - 0. 3349 | - 0. 5054 | - 0. 5612 | 0. 1441 |

续表

| 时间 | $F_1$ | $F_2$ | $F_3$ | $F_4$ | $F_5$ | $F_6$ |
|---|---|---|---|---|---|---|
| 2017 年 10 月 | 1.1386 | 0.0823 | − 0.3603 | − 0.4023 | − 0.1445 | 0.1067 |
| 2017 年 11 月 | 1.1154 | 0.1980 | − 0.1557 | − 0.4716 | − 0.0513 | − 0.4039 |
| 2017 年 12 月 | 1.2425 | 0.0916 | 0.4556 | − 0.6234 | − 1.7939 | 0.4503 |
| 2018 年 1 月 | 1.2865 | − 0.2644 | 0.2287 | − 0.1243 | 1.5802 | − 1.1729 |
| 2018 年 2 月 | 1.2454 | − 0.4045 | − 0.1050 | − 0.0232 | 1.5923 | − 0.5549 |
| 2018 年 3 月 | 1.4333 | − 0.1027 | 0.5104 | − 0.2531 | 0.7980 | 0.0250 |
| 2018 年 4 月 | 1.4774 | − 0.1856 | 0.2910 | − 0.2074 | 0.8044 | 0.1148 |
| 2018 年 5 月 | 1.5810 | − 0.2367 | 0.1962 | − 0.2219 | 0.4393 | 0.2023 |
| 2018 年 6 月 | 1.7122 | − 0.0391 | 1.1489 | − 0.7517 | − 0.8047 | 1.2025 |
| 2018 年 7 月 | 1.5846 | − 0.3279 | 0.6687 | − 0.5099 | 0.2905 | 1.2725 |
| 2018 年 8 月 | 1.6053 | − 0.4723 | 0.5493 | − 0.4460 | 0.3911 | 1.2525 |
| 2018 年 9 月 | 1.7874 | − 0.3806 | 0.5908 | − 0.0611 | − 2.6675 | − 0.3093 |
| 2018 年 10 月 | 1.7617 | − 0.6071 | − 0.3059 | − 0.2300 | − 0.3401 | − 0.0860 |
| 2018 年 11 月 | 1.7750 | − 0.7214 | − 0.3940 | − 0.1745 | − 0.1543 | − 0.1725 |
| 2018 年 12 月 | 1.7635 | − 0.7854 | − 0.3824 | − 0.1366 | 0.1597 | − 0.4526 |

　　根据上文对 6 个因子的命名，我们在此将 6 个因子的时间趋势图（见图 4 - 13 至图 4 - 18）做具体分析，以期发现中国资源型企业综合竞争力影响因素及其力度。

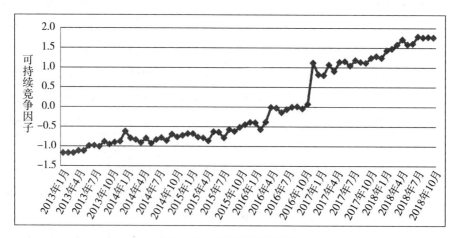

图 4 - 13　可持续竞争因子

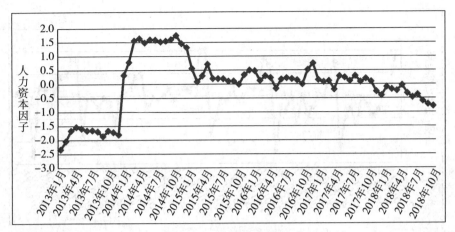

图 4-14 人力资本因子

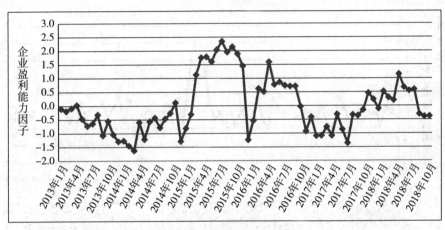

图 4-15 企业盈利能力因子

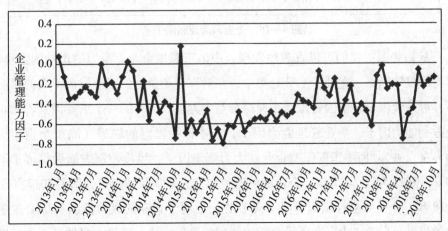

图 4-16 企业管理能力因子

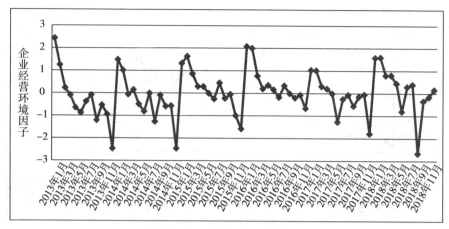

图 4-17　企业经营环境因子

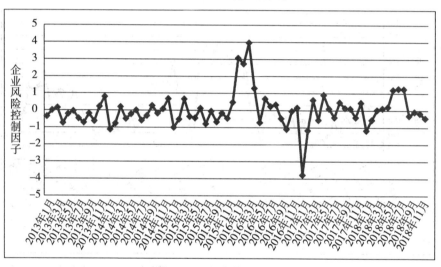

图 4-18　企业风险控制因子

从趋势图中我们可以直观地发现，中国资源型企业竞争力的影响因素里，可持续发展因子一直处于上升趋势中，在对综合竞争力的影响权重不变的情况下，可持续因子是中国资源型企业综合竞争力得以提升的一个重要因素。而企业盈利能力因子、企业管理能力因子，基本保持稳定的趋势（除了个别年份的异常点外）。而中国资源型企业在人力资本因子、风险控制方面做得似乎不够好，2013 年至 2017 年，企业的风险控制能力基本保持稳定，到了 2017 年至 2018 年，企业风险控制因子呈下降趋势，不利于企业的风险控制和综合竞争力的提升。企业人力资本因子呈现出相同的发展趋势。值得一提的是企业经营环境因子出现了剧烈的波动，但并没有形成明显的上升或下降趋势，这是中国资源型企业所面临的国际国内环境中的多方力量多回合博弈的结果。

最后，我们以各因子的信息贡献率作为权重计算中国资源型跨国企业的因子综合得分，公式如下：

$$Y = \frac{48.926F_1 + 9.129F_2 + 8.627F_3 + 8.283F_4 + 7.690F_5 + 7.201F_6}{89.856} \quad (4.2)$$

按照式（4.2），我们很容易得出中国资源型企业的综合竞争力指数（见表 4 - 14、图 4 - 19）。

表 4 - 14　中国资源型企业的综合竞争力指数

| 2013 年 1 月 | 2013 年 2 月 | 2013 年 3 月 | 2013 年 4 月 | 2013 年 5 月 | 2013 年 6 月 | 2013 年 7 月 | 2013 年 8 月 | 2013 年 9 月 | 2013 年 10 月 | 2013 年 11 月 | 2013 年 12 月 |
|---|---|---|---|---|---|---|---|---|---|---|---|
| - 0.5 | - 0.56 | - 0.61 | - 0.66 | - 0.71 | - 0.67 | - 0.66 | - 0.65 | - 0.69 | - 0.65 | - 0.64 | - 0.76 |
| 2014 年 1 月 | 2014 年 2 月 | 2014 年 3 月 | 2014 年 4 月 | 2014 年 5 月 | 2014 年 6 月 | 2014 年 7 月 | 2014 年 8 月 | 2014 年 9 月 | 2014 年 10 月 | 2014 年 11 月 | 2014 年 12 月 |
| - 0.4 | - 0.46 | - 0.55 | - 0.56 | - 0.58 | - 0.62 | - 0.51 | - 0.63 | - 0.48 | - 0.44 | - 0.44 | - 0.69 |
| 2015 年 1 月 | 2015 年 2 月 | 2015 年 3 月 | 2015 年 4 月 | 2015 年 5 月 | 2015 年 6 月 | 2015 年 7 月 | 2015 年 8 月 | 2015 年 9 月 | 2015 年 10 月 | 2015 年 11 月 | 2015 年 12 月 |
| - 0.45 | - 0.3 | - 0.24 | - 0.29 | - 0.28 | - 0.23 | - 0.28 | - 0.22 | - 0.24 | - 0.19 | - 0.27 | - 0.23 |
| 2016 年 1 月 | 2016 年 2 月 | 2016 年 3 月 | 2016 年 4 月 | 2016 年 5 月 | 2016 年 6 月 | 2016 年 7 月 | 2016 年 8 月 | 2016 年 9 月 | 2016 年 10 月 | 2016 年 11 月 | 2016 年 12 月 |
| 0.11 | 0.03 | - 0.18 | - 0.11 | 0.12 | 0.08 | 0.01 | 0.1 | 0.03 | - 0.04 | - 0.06 | - 0.06 |
| 2017 年 1 月 | 2017 年 2 月 | 2017 年 3 月 | 2017 年 4 月 | 2017 年 5 月 | 2017 年 6 月 | 2017 年 7 月 | 2017 年 8 月 | 2017 年 9 月 | 2017 年 10 月 | 2017 年 11 月 | 2017 年 12 月 |
| 0.25 | 0.32 | 0.37 | 0.44 | 0.4 | 0.45 | 0.46 | 0.44 | 0.54 | 0.53 | 0.53 | 0.53 |
| 2018 年 1 月 | 2018 年 2 月 | 2018 年 3 月 | 2018 年 4 月 | 2018 年 5 月 | 2018 年 6 月 | 2018 年 7 月 | 2018 年 8 月 | 2018 年 9 月 | 2018 年 10 月 | 2018 年 11 月 | 2018 年 12 月 |
| 0.7 | 0.69 | 0.76 | 0.77 | 0.78 | 0.83 | 0.76 | 0.76 | 0.59 | 0.67 | 0.67 | 0.66 |

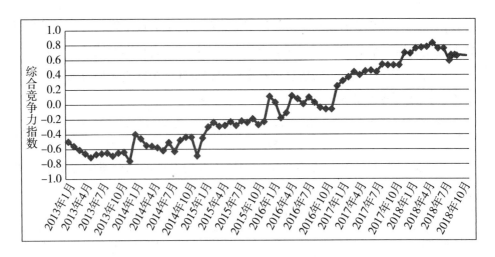

**图4-19　中国资源型跨国企业综合竞争力指数**

# 5 资源型跨国企业创新能力完备评价指标体系的构建

## 5.1 开放条件下的企业创新能力评价体系构建原则

评价体系的构建需要遵循科学性、导向性、可比性、可操作性、渐进性原则。

基于上述原则，开放条件下的企业创新能力评价指标体系构建应分两步走。第一步：在现有研究的基础上，以科学性、导向性、渐近性原则为导向，放松可比性和可操作性原则，构建充分非必要条件下企业完备评价指标体系，尽可能全面地收集可用的指标，以供下一阶段的筛选；第二步，以企业现实数据为基础，通过专家审议，模型筛选，约简重构指标体系，得到充分必要条件下的企业创新能力评价指标体系。

## 5.2 开放条件下的企业创新能力完备评价指标体系

企业的创新能力是企业内生性创新要素和外部创新环境要素交互作用的结果。企业内生性创新能力包含企业自主创新能力和企业外源性创新能力。企业外部创新环境，包括地理空间、经济空间和人文空间。再往下具体到要素上就是人才、信息、自然资源、资本、管理、技术，以及环境资源、地理气候、经济活力、经济发展、经济结构、政治环境、文化环境要素，见图 5-1。

图 5-1 是企业创新能力评价指标体系的结构基础。一级指标层即为企业

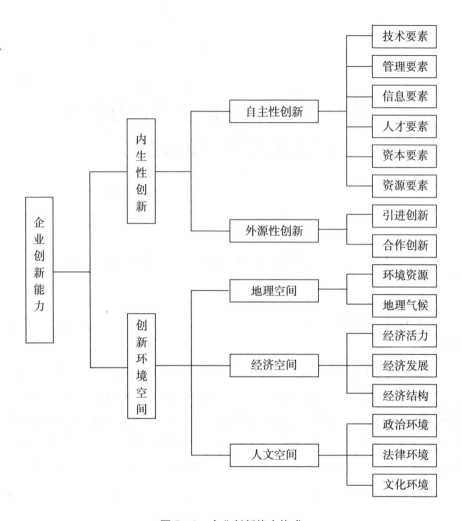

图 5 – 1    企业创新能力构成

创新能力，体现的是一种综合能力，定义为综合层；二级指标层为企业内生性创新和企业创新环境空间，体现的是构建指标体系的核心结构思想，定义为结构层；三级指标层为企业自主性创新、企业外源性创新、地理空间、经济空间、人文空间，更多涉及企业能力层面，所以定义为能力层指标；四级指标层为各要素指标，定义为要素层；五级指标层为要素指标层的具体观测指标。在遴选五级观测指标时有四个指标来源：第一，国家、地方、机构的现有统计指标；第二，学者文献中所提及的指标；第三，专家及企业家座谈过程中他们认为比较重要的指标；第四，我们在研究中认为比较重要的指标。

## 5.2.1 资源型跨国企业内生创新能力指标体系构成

（1）资源型跨国企业内生创新能力具体指标确定

资源型跨国企业创新能力的内生要素指标，可以分成若干级指标，二级指标包括在企业自主创新能力指标和企业外源性创新能力，三级指标包括技术、管理、信息、劳动力、资本、自然资源等。从我国企业的现状，以及现存的一些指标体系入手进行分析，对这些三级指标再进行细分，分出四级指标，见表5-1。

表 5-1　资源型跨国企业内生创新能力指标体系

| 一级指标 | 二级指标 | 三级指标 | 四级指标 | 序号 |
|---|---|---|---|---|
| 结构层 | 能力层 | 要素层 | 观测指标层 | |
| 内生创新能力（A） | 自主性创新能力（A₁） | 技术要素（A₁₁） | 专利及科技成果相对数 | IA-01 |
| | | | 获奖成果相对数 | IA-02 |
| | | | 千人研发人员拥有专利数量 | IA-03 |
| | | | 千人研发人员拥有论文数量 | IA-04 |
| | | | 企业科技机构相对数 | IA-05 |
| | | | 企业仪器设备采购强度 | IA-06 |
| | | | 企业 R&D 项目相对数 | IA-07 |
| | | | 新产品销售收入占比 | IA-08 |
| | | | 理论与技术导入能力*（新聘员工培训时间） | IA-09ˣ |
| | | | 技术设备国际接轨情况* | IA-10 |
| | | | 工艺技术手段完备情况*（企业外包业务环节比重） | IA-11ˣ |
| | | | 自动化生产水平*（生产线员工比重） | IA-12ˣ |
| | | | 技术标准化通用化水平* | IA-13 |
| | | 管理要素（A₁₂） | 企业创新激励机制建设水平*（研发人员劳务支出比重） | IA-14 |
| | | | 管理工具和管理手段的创新情况* | IA-15 |
| | | | 企业管理费用比重 | IA-16 |
| | | | 企业创新战略目标的清晰程度*（新产品研发成功率） | IA-17 |

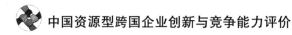 

续表

| 一级指标 | 二级指标 | 三级指标 | 四级指标 | 序号 |
|---|---|---|---|---|
| 结构层 | 能力层 | 要素层 | 观测指标层 | |
| 内生创新能力（A） | 自主性创新能力（A₁） | 管理要素（A₁₂） | 企业组织结构与创新战略的匹配程度* | IA－18 |
| | | | 创新战略有效性*（新产品企业市场份额） | IA－19 |
| | | | 创新机制的有效性*（新产品销售收入比重） | IA－20 |
| | | | 科技体系与创新载体情况*（负责创新的部门或机构经费比重） | IA－21 |
| | | | 管理人员创新意识*（企业管理制度改革频度） | IA－22 |
| | | | 信息采集和管理能力*（企业管理信息系统费用支出比重） | IA－23 |
| | | | 创新战略管理能力* | IA－24 |
| | | | 企业文化氛围* | IA－25 |
| | | | 领导层创新欲望* | IA－26 |
| | | 信息化要素（A₁₃） | 企业人均邮电业务量 | IA－27 |
| | | | 企业人均移动电话数量 | IA－28 |
| | | | 宽带覆盖率 | IA－29 |
| | | | 微机覆盖率 | IA－30 |
| | | | 信息技术投入增长率 | IA－31 |
| | | | 情报部门投入经费比重 | IA－32 |
| | | 人才要素（A₁₄） | 企业工程技术员工比重 | IA－33 |
| | | | 企业大学本科以上学历比重 | IA－34 |
| | | | 企业科技活动人员比重 | IA－35 |
| | | | 员工培训和学习频度 | IA－36 |
| | | | 研发人员的年总收入增长率 | IA－37 |
| | | | 员工的信息技术水平* | IA－38 |
| | | | 研发人员观念素质*（本科学历人员比重） | IA－39 |
| | | | 研发人员忠诚度*（年离职率，反向指标） | IA－40ˣ |
| | | | 员工学习能力* | IA－41 |

| 一级指标 | 二级指标 | 三级指标 | 四级指标 | 序号 |
|---|---|---|---|---|
| 结构层 | 能力层 | 要素层 | 观测指标层 | |
| 内生创新能力（A） | 自主性创新能力（$A_1$） | 人才要素（$A_{14}$） | 员工满意度*（年收入增长率） | IA－42 |
| | | | 研发人员晋升制度的完善程度*（管理层人员由企业自身培养的研发人员比重） | IA－43 |
| | | | 员工激励程度* | IA－44 |
| | | 资本要素（$A_{15}$） | 企业研发支出经费比率 | IA－45 |
| | | | 资本创新效率（专利产出效率） | IA－46 |
| | | | 研发人员投入比重 | IA－47 |
| | | | 研发设备投入比重 | IA－48 |
| | | | 外部科研经费筹集能力 | IA－49 |
| | | 自然资源要素（$A_{16}$） | 企业资源的国家控制程度*（国有或者集体股份比重） | IA－50× |
| | | | 企业自然资源禀赋优势*（企业自然资源占国家该资源总量的比重） | IA－51× |
| | | | 市场准入门槛*（进入该资源市场所需政府批文数量） | IA－52× |
| | | | 资源替代品多寡*（根据很容易被替代、容易被替代、不容易被替代，分别赋以1、0.5、0） | IA－53× |
| | | | 企业国际资源获取门槛*（资源进口单价年增长率） | IA－54× |
| | 外源性创新能力（$A_2$） | 引进创新能力（$A_{21}$） | 企业技术引进费用占比 | IA－55 |
| | | | 企业国内技术购买费用占比 | IA－56 |
| | | | 企业技术引进合同金额占比 | IA－57 |
| | | 合作创新能力（$A_{21}$） | 企业消化吸收经费占比 | IA－58 |
| | | | 产、学、研合作比率 | IA－59 |

*为定性指标；×为反向指标。

（2）企业内生创新能力具体指标说明

企业内生创新能力的具体指标选取的目的、含义及计算方法如下。

专利及科技成果相对数：正向指标，属于成果性指标，反映企业研发的产品或技术得到社会认可的程度。专利及科技成果相对数 = 专利及科技成果数/企业总资产。

获奖成果相对数：正向指标，属于成果性指标，反映企业技术研究成果获得的奖项数量，企业研发的产品或技术成果的现实重要性和社会认可程度。

千人研发人员拥有专利数量：正向指标，属于成果性指标，反映企业人均创新成果存量。千人研发人员拥有专利数量 = 专利数量/研发人员 × 1000。

千人研发人员拥有论文数量：正向指标，属于成果性指标，反映企业科学研究与技术开发创新的覆盖面与理论性。千人研发人员拥有论文数量 = 论文数量/研发人员 × 1000。

企业科技机构相对数：正向指标，属于条件性指标，反映企业对于科技的重视度，以及企业技术创新的组织条件。企业科技机构相对数 = 企业科技机构数/企业总资产。

企业仪器设备采购强度：正向指标，属于条件性指标，反映企业对于技术设备的投入强度。企业仪器设备采购强度 = 企业仪器设备采购额/企业总资产。

企业 R&D 项目相对数：正向指标，属于条件性指标，反映企业的技术创新过程完备性。企业 R&D 项目相对数 = 企业 R&D 项目数/企业总资产。

新产品销售收入占比：正向指标，属于成果性指标，反映企业技术创新成果的市场化情况。

理论与技术导入能力：正向指标，软指标，属于条件性指标，考察企业的技术学习能力。企业理论与技术导入能力越强，其新聘员工培训时间相对越短，因此为了保证数据的可得性，以新聘员工培训时间度量。

技术设备国际接轨情况：正向指标，属于条件指标，考察企业的技术设备是否与国际接轨，以及与国际水平的差距。

工艺技术手段完备情况：正向指标，软指标，属于条件指标，反映企业工艺技术手段等的先进水平，数据不可直接获得。工艺技术手段越完备，其外包业务环节就越少，因此以外包环节占企业生产工序比重进行替代，且为逆向指标。

自动化生产水平：正向指标，软指标，属于条件指标，反映企业现代化生产条件的应用情况，数据不可得。企业自动化生产水平越高，其一线车间生产线员工就会越少，因此以生产线员工占总员工比例进行替代，且为逆向指标。

技术标准化通用化水平：正向指标，属于条件指标，反映企业技术的标准化和通用化水平。

企业创新激励机制建设水平：正向指标，软指标，属于条件指标，考察企业是否建立了鼓励创新的激励机制，数据不可得。创新激励机制建设水平与研发人员劳务支出存在正相关关系，创新激励机制越健全，研发人员劳务支出就会越多。以研发人员劳务支出比例替代原指标。研发人员劳务支出比例＝研发人员劳务支出/企业研发支出。

管理工具和管理手段的创新情况：正向指标，属于条件指标，在管理上是否采用先进的管理工具和管理手段（如 BOSS、EPR、OA 系统等）。

企业管理费用比重：正向指标，属于条件指标。

创新战略有效性：正向指标，软指标，属于成果性指标，考察企业创新战略制定并实施后，对企业的创新的成效如何，能否真正指导创新的实现，以新产品市场份额替代。新产品市场份额＝本企业新产品销售额/市场同类产品销售额。

创新机制的有效性：正向指标，软指标，属于成果性指标，考察企业创新机制制定并实施后，对企业创新的保障如何，能否真正保障创新的实现，以企业新产品销售收入比重替代。企业新产品销售收入比重＝企业新产品销售收入/企业销售收入总额。

科技体系与创新载体情况：正向指标，软指标，属于条件指标，考察企业是否具备或者拥有完善的科技体系与创新载体，以企业负责创新的部门或机构的经费支出比重替代。企业负责创新的部门或机构的经费支出比例＝企业负责创新的部门或机构的经费支出/企业营业收入。

管理人员创新意识：正向指标，软指标，属于条件指标，反映企业员工整体的创新主管需求程度，以及对企业创新的关心程度、重视程度，以企业管理制度改革频度表示。

信息采集和管理能力：正向指标，软指标，属于条件指标，反映企业对信息的敏感性，以及对信息的管理能力，以企业信息管理系统费用支出比重替代。企业信息管理系统费用支出比重＝企业信息管理系统费用支出/企业管理费用。

创新战略管理能力：正向指标，属于条件指标，考察企业有没有真正意义上的创新战略，以及与此匹配的组织结构、人员配备等状况，通过企业自评获取。

企业文化氛围：正向指标，属于条件指标，考察企业文化氛围对企业创新的重要影响，着重考察企业是否存在适合创新的文化氛围，或者这种文化氛围的强弱，通过企业自评获取。

领导层创新欲望：正向指标，属于条件指标。

企业人均邮电业务量：正向指标，属于条件性指标，反映企业信息化水平，与企业创新的信息条件相关。企业人均邮电业务量 = 企业邮电业务总量/企业员工总量。

企业人均移动电话数量：正向指标，属于条件性指标，反映企业信息化水平，与企业创新的信息条件相关。企业人均移动电话数量 = 企业移动电话数量/企业员工总量。

宽带覆盖率：正向指标，属于条件性指标，反映企业信息化水平。宽带覆盖率 = 接入宽带的微机数量/企业微机总量。

微机覆盖率：正向指标，属于条件性指标，反映企业信息化水平。微机覆盖率 = 企业微机总量/企业员工总数。

信息技术投入增长率：正向指标，属于条件性指标。

情报部门投入经费比重：正向指标，属于条件性指标，反映企业信息渠道、信息技术保障力、信息载体和信息存储管理以及对信息的分析利用能力的建设情况。情报部门投入经费比重 = 情报部门投入经费/企业管理费用。

企业工程技术员工比重：正向指标，属于条件性指标，工程技术员工是企业技术创新的基层组成，工程技术员工的比重直接影响到企业创新的效率和规模。企业工程技术员工比重 = 企业工程技术员工数量/总员工数量。

企业大学本科以上学历比重：正向指标，属于条件性指标，一般而言，学历越高，学习能力越强，从而创新能力越强。

企业科技活动人员比重：正向指标，属于条件性指标，是企业技术创新的基层组成，其比重直接影响到企业创新的效率。企业科技活动人员比重 = 企业科技活动人员数量/总员工数量。

员工培训和学习频度：正向指标，属于条件指标，员工的再学习是其掌握学习新技术、新知识的主要途径，用企业员工年度脱产学习和培训次数来反映。

研发人员的年总收入增长率：正向指标，属于条件性指标，研发人员是企业创新的主体和核心，研发人员收入增长是对研发人员最大的激励，该指标主要考察创新激励的程度。研发人员的年总收入增长率＝研发人员年收入增长额/上年度研发人员收入总额。

员工的信息技术水平：正向指标，属于条件性指标。员工的信息技术水平直接影响其在创新过程中的作用，是其创新效率的具体体现之一，企业自评。

研发人员观念素质：正向指标，软指标，属于条件性指标，与企业创新存在正向关系，考察企业员工的整体素质，由本科学历人员比重来表示。

研发人员忠诚度：正向指标，软指标，属于条件性指标，考察企业员工的认可、归宿和忠诚。一般由企业员工年离职率来体现，而且是逆向指标。研发人员年离职率＝年度离职研发人员数/研发人员总数。

员工学习能力：正向指标，属于条件性指标，与企业创新存在正向关系，学习能力越强则创新能力越强，通过企业自评获取。

员工满意度：正向指标，软指标，属于条件性指标，反映企业员工对企业的认可和归宿感。稳定的收入增长是员工对企业满意与否的主要影响因素。因此，由员工的年收入增长率替代。员工的年收入增长率＝员工的年收入增长额/员工上年度收入。

研发人员晋升制度的完善程度：正向指标，软指标，属于条件性指标，考察企业是否拥有员工晋升制度，以及这种制度的完善性。可由管理层人员中由企业研发人员自身培养的比重来表示。管理层中由企业自身培养的研发人员比重＝管理层中由企业自身培养的研发人员人数/企业管理层总人数。

员工激励程度：正向指标，属于条件性指标，是企业发展具有活力的保障，与企业创新存在正向关系，考察企业对员工的整体激励力度和效果，通过企业自评获取。

企业研发支出经费比率：正向指标，属于条件性指标。R&D 经费投入占比＝R&D 经费/企业营业收入。

资本创新效率：正向指标，属于成果性指标。资本创新效率＝授权专利总数/研发经费支出。

研发人员投入比重：正向指标，属条件性指标。研发人员投入比重＝企业研发人员投入经费/R&D 经费。

研发设备投入比重：正向指标，属于条件性指标。研发设备投入占比＝研发设备投入经费/R&D 经费。

外部科研经费筹集能力：正向指标，属于条件性指标，企业向组织外部筹措科研经费的能力。

企业资源的国家控制程度：反向指标，软指标，国家对于企业的生产资源的重视程度和控制程度，属于条件性指标。国家对资源的控制程度越高，国有股份所占比重就会越高，创新机制越不灵活。国有股份所占比重＝国有股份额/企业股份总额。

企业自然资源禀赋优势：反向指标，软指标，属于条件性指标，反映企业在资源上的话语权或者控制力。控制力越弱，企业寻求创新的动力越强。由企业资源占国家该资源总量的比重代替。企业资源占国家该资源总量的比重＝企业拥有的资源总额/国家该资源总额。

市场准入门槛：反向指标，软指标，属于条件性指标，反映该行业的进入门槛高低。进入门槛高，行业竞争不充分，创新少。进入门槛高，则所需批文更多。因此，由进入行业所需政府批文数量替代。

资源替代品多寡：反向指标，软指标，属于条件性指标，考察短期内企业生产的资源品有没有替代品，或者被替代的可能性。该指标由企业自身判定，选项有很容易被替代、容易被替代、不容易被替代。越是容易被替代的资源，则产品差异更重要，从而创新的动力越强。很容易被替代赋值 1，容易被替代赋值 0.5，不容易被替代赋值 0。

企业国际资源获取门槛：反向指标，软指标，属于条件性指标，考察企业在国际市场上获取资源的难易程度。国际资源获取门槛越高，则资源获取成本高，不利于创新，由资源进口单价年增长率替代。资源进口单价年增长率＝资源进口单价年增长额/上年度资源进口单价。

企业技术引进费用占比：正向指标，属于条件性指标。企业技术引进费用占比＝企业技术引进费用/R&D 经费。

企业国内技术购买费用占比：正向指标。企业国内技术购买费用占比＝企业国内技术购买费用/R&D 经费。

企业技术引进合同金额占比：正向指标，属于条件性指标。企业技术引进合同金额占比 = 企业技术引进合同金额/R&D 经费。

企业消化吸收经费占比：正向指标，属于条件性指标。企业消化吸收经费占比 = 企业消化吸收经费/R&D 经费。

产、学、研合作比率：正向指标，属于条件性指标。产学研合作比率 = 企业投入产学研 R&D 经费/企业 R&D 经费总额。

### 5.2.2　企业创新三维空间指标体系构成

（1）企业创新三维空间具体指标确定

企业创新三维空间指标体系主要包括企业环境的经济空间、人文空间和地理空间，可以分成若干级指标，从我国现存的一些指标体系入手进行分析，我们可对这些指标进行细分，得到三级指标、四级指标等，见表 5 - 2。

表 5 - 2　企业创新三维空间指标体系

| 一级指标 | 二级指标 | 三级指标 | 四级指标 | 序号 |
|---|---|---|---|---|
| 结构层 | 能力层 | 要素层 | 观测指标层 | |
| 企业创新三维空间（B） | 经济空间（B₁) | 经济发展（B₁₁) | 地区人均国内生产总值 | IB - 01 |
| | | | 地区规模以上工业增加值增速 | IB - 02 |
| | | | 地区人均可支配收入 | IB - 03 |
| | | | 地区经济发展全国排名 | IB - 04 |
| | | | 地区经济发展潜力*（GDP 增长率） | IB - 05 |
| | | 经济活力（B₁₂) | 地区人均居民消费水平 | IB - 06 |
| | | | 地区全社会固定资产投资与 GDP 之比 | IB - 07 |
| | | | 地区对外直接投资与 GDP 之比 | IB - 08 |
| | | | 地区实际使用外资与 GDP 之比 | IB - 09 |
| | | | 地区生产资料价格指数 | IB - 10 |
| | | | 地区金融机构资金信贷合计与 GDP 之比 | IB - 11 |
| | | | 地区股票筹集资金与 GDP 之比 | IB - 12 |

续表

| 一级指标 | 二级指标 | 三级指标 | 四级指标 | 序号 |
|---|---|---|---|---|
| 结构层 | 能力层 | 要素层 | 观测指标层 | |
| 企业创新三维空间（B） | 经济空间（B₁） | 经济活力（B₁₂） | 地区企业债券发行额与GDP之比 | IB－13 |
| | | | 地区上市公司数量 | IB－14 |
| | | | 地区社会零售商品总额与GDP之比 | IB－15 |
| | | | 单位地区生产总值能耗 | IB－16 |
| | | | 地区创新型企业的发展程度*（高新技术企业产出占GDP比重） | IB－17 |
| | | | 地区创新产品市场容量 | IB－18 |
| | | 经济结构（B₁₃） | 地区第二产业、第三产业比重 | IB－19* |
| | | | 地区城乡居民收入比 | IB－20* |
| | | | 地区市场集中程度*（反向指标，各产业GDP贡献的离散程度，方差表示） | IB－21* |
| | | | 地区贫富差距*（反向指标，基尼系数） | IB－22* |
| | | | 地区经济规模效应*（GDP贡献最大的行业在GDP中的比重） | IB－23 |
| | 地理空间（B₂） | 地理结构（B₂₁） | 地区人均公路里程 | IB－24 |
| | | | 地区人均铁路营业里程 | IB－25 |
| | | | 地区城市建设用地比重 | IB－26 |
| | | | 地区高速公路比重 | IB－27 |
| | | | 地区每万人拥有公共交通数量 | IB－28 |
| | | | 地区城镇化发展水平 | IB－29 |
| | | | 地区地理区位优势*（所处地区档次分为东部、中部、西部，不同档次区位将被赋予3、2、1的数值） | IB－30 |
| | | 环境资源（B₂₂） | 地质灾害次数 | IB－31 |
| | | | 地区突发环境事件次数 | IB－32 |
| | | | 地区森林覆盖率 | IB－33 |
| | | | 地区电力生产消费比 | IB－34 |
| | | | 地区资源丰度（根据地区资源禀赋由课题组确定全国各省份资源丰度，以3、2、1量化表示） | IB－35 |

| 一级指标 | 二级指标 | 三级指标 | 四级指标 | 序号 |
|---|---|---|---|---|
| 结构层 | 能力层 | 要素层 | 观测指标层 | |
| 企业创新三维空间（B） | 地理空间（B₂） | 环境资源（B₂₂） | 地区人居自然环境*（人口密度） | IB－36 |
| | | | 地区金融支持环境*（地区贷款余额与GDP之比） | IB－37 |
| | 人文空间（B₃） | 政策环境（B₃₁） | 地区人均行政诉讼案件数 | IB－38 |
| | | | 地区人均税收收入 | IB－39 |
| | | | 地区人均财政支出 | IB－40 |
| | | | 地区金融机构贷款总额与GDP之比 | IB－41 |
| | | | 地区政府廉洁水平*（"三公"经费比重） | IB－42 × |
| | | 法律环境（B₃₂） | 地区法院人均收案 | IB－43 |
| | | | 地区刑事犯罪人数比重 | IB－44 |
| | | | 地区万人拥有律师数 | IB－45 |
| | | | 地区技术创新成果保护法的完善与实施情况*（知识产权案件占民事收案数比重） | IB－46 |
| | | 文化环境（B₃₃） | 地区万人高校在校生人数 | IB－47 |
| | | | 地区万人科研机构数 | IB－48 |
| | | | 地区教育经费占财政支出比重 | IB－49 |
| | | | 当地人居社会环境情况*（一般公共服务经费支出占财政支出比重） | IB－50 |
| | | | 地区创新的文化发育程度*（地区研发资金支出比重） | IB－51 |
| | | | 地区文明程度*（每万人犯罪数） | IB－52 × |

\* 为定性指标；× 为反向指标。

（2）企业创新三维空间具体指标说明

表5-2已经将企业创新三维空间的具体指标列出。根据可操作性与数据可得性的原则，对指标选取的目的、含义及计算方法阐述如下：

地区人均国内生产总值、地区规模以上工业增加值增速、地区人均可支配收入、地区经济发展全国排名：均为正向指标，各指标含义参考国家统计局统计指标解释，主要考察地区经济发展规模。

地区经济发展潜力：正向指标，用GDP增长率表示。

地区人均居民消费水平、地区全社会固定资产投资与GDP之比、地区对外直接投资与GDP之比、地区实际使用外资与GDP之比、地区生产资料价格指数、地区金融机构资金信贷合计与GDP之比、地区股票筹集资金与GDP之比、地区企业债券发行额与GDP之比、地区上市公司数量、地区社会零售商品总额与GDP之比、地区单位生产总值能耗等指标来自中国统计局，均为正向指标，各指标含义和数据可参考国家统计局，主要从量化的角度考察地区经济发展的活力。

地区创新型企业的发展程度、地区创新产品市场容量指标来自现有学者的研究成果和课题组专家的建议。

地区创新型企业的发展程度：正向指标，反映一个地区创新型企业的发展程度，可通过该指标考察一个地区的创新型企业环境，用高新技术企业产出占GDP比重来表示。

地区创新产品市场容量：正向指标。创新产品市场容量＝新产品销售额/产品销售总额。

地区第二产业、第三产业比重，地区城乡居民收入比等指标可从国家统计局得到，反映地区经济结构的基本面。

地区经济集中程度：正向指标，反映地区经济、产业的规模性和集群性。可以用各产业GDP贡献的离散程度，即方差表示，方差为反向指标。

地区贫富差距：反向指标，反映地区收入分配的不平衡程度，用地区基尼系数表示。

地区经济规模效应：正向指标，反映地区经济的规模性，以GDP贡献最大的行业在GDP中的比重表示。

地区人均公路里程、地区人均铁路营业里程、地区城市建设用地比重、地区高速公路比重、地区每万人拥有公共交通数量、地区城镇化发展水平：来自各地统计年鉴，用来反映地方与创新相关的地理结构。

地区地理区位优势：正向指标，软指标，反映地区创新的地理区位环境。所处地区分为东部、中部、西部，分别被赋予3、2、1的数值。

地质灾害次数、地区突发环境事件次数、地区森林覆盖率、地区电力生产消费比：来自各地统计年鉴。

地区资源丰度：正向指标，资源储量是地区经济的发展基础，关系到地区的整个经济、金融、人居等环境。

地区人居自然环境：正向指标，软指标，包括气候、海拔、污染等适宜人居住的自然环境要素。人居环境越好则地区人口聚集效应越大，因此可以用人口密度替代。

地区金融支持环境：正向指标，软指标，反映政策环境是否有利于企业的创新活动，或者支持力度有多大，以地区贷款余额与 GDP 之比来测度。

地区人均行政诉讼案件数、地区人均财政收入、地区人均财政支出、地区金融机构资金贷款总额与 GDP 之比：来源于国家统计局。其中地区人均行政诉讼案件为反向指标，反映地区的法制环境；地区人均财政收入为反向指标，反映地区的政策环境优劣；地区人均财政支出为正向指标，反映地区的政策环境优劣。地区金融机构贷款总额与 GDP 之比：地区金融机构贷款总额，指至某一节点日期位置，借款人尚未偿还的地方金融机构贷款总额。其与 GDP 之比反映地区政策环境的是否有利于企业创新，为正向指标。

地区政府廉洁水平：反向指标，以"三公"经费比重替代。

地区法院人均收案、地区刑事犯罪人数比重、地区万人拥有律师数：来自国家统计局，均为反向指标，用来反映地区的法制环境。

地区技术创新成果保护法的完善与实施情况：正向指标，反映当地对于知识产权保护的重视程度，以知识产权案件占民事收案的比重替代。

地区万人高校在校生人数、地区万人科研机构数、地区教育经费占财政支出比重：来自国家统计局，反映地区的文化创新的人才、机构等条件。

当地人居社会环境情况：正向指标，软指标，包括人居社会治安、尊重知识尊重人才的风气、幸福指数等方面，考察当地是否具备适宜创新的人居环境，以公共事业经费支出比重替代。

地区创新的文化发育程度：正向指标，软指标，考察当地是否拥有适宜创新的文化氛围，以地区研发资金支出比重表示。

地区文明程度：反映地区是否具备适宜创新的文明环境，反向指标，以犯罪率替代。

## 5.3 粗糙集约简企业创新能力完备评价指标体系

在现有文献研究的基础上，结合国家统计部门的指标设计，以及相关专家的建议，我们构建了企业创新能力完备评价指标体系。之所以称之为"完备"评价指标体系，是因为其全面性、系统系、完整性和充分性。它尽可能全面地包含企业创新能力的方方面面。正是由于这种完备性，企业创新能力完备评价指标体系的具体操作性大打折扣。首先，整个指标体系所包含的具体指标太过繁杂，部分指标之间存在较强的相关性；其次，企业在进行评价应用的时候，会发现部分指标的数据可得性较差。因此，企业创新能力完备评价指标体系的可操作性不强。

如果把资源型跨国企业创新能力完备评价指标体系的具体指标看成一个集合的话，那么真正意义上的资源型跨国企业创新能力评价指标体系应该是资源型跨国企业创新能力完备评价指标体系的一个子集，即从评价结果来看，资源型跨国企业创新能力完备评价指标体系是资源型跨国企业创新能力评价指标体系的充分非必要条件。我们需要对资源型跨国企业创新能力完备评价指标体系进行化简，将其中多重共性较大、数据可得性较差等指标合并、删除、重组。为了达到这样一个目的，我们引入了粗糙集理论方法。

### 5.3.1 粗糙集理论简述

通过前期的研究，我们发现企业创新能力评价指标体系的构建，满足粗糙集理论工具使用的条件，应用粗糙集方法可以解决上述指标体系不确定性问题。

（1）知识与划分

根据粗糙集理论，若给定一组数据（集合）$U$、核心知识库 $\phi$ 和等价关系集合 $R$，在等价关系集合 $R$ 下对数据集合 $U$ 形成的划分，被称为知识，记为 $U/R$。一个划分 $\iota$ 定义为

$$\iota = \{X_1, X_2, \cdots, X_n\}; X_i \subseteq U, X_i, X_i \cap X_j = \phi,$$

对于

$$i \neq j, \ i, \ j = 1, \ 2, \ \cdots, \ n; \ \bigcup_{i=1}^{n} X_i = U_{\circ}$$

$U$ 上的一簇划分（对 $U$ 的分类）称为关于 $U$ 的知识库，表示为 $K = (U, R)$。其中 $K$ 也可以理解为一个关系系统，$U$ 为论域，$R$ 是 $U$ 上的一簇等价关系，根据这些等价关系可以对 $U$ 进行不同的划分，每种划分把 $U$ 分为不同的子集。

（2）知识表达系统

本书用 $S = [U, R, V, f]$（有时用省略式 $S = [U, R]$）来表示知识表达系统，其中 $U$ 是论域，$R$ 是属性集合，$V$ 是属性值的集合，$f: U \times R \rightarrow V$，称为信息函数，它为每个对象的每个属性赋予一个信息值，即 $\forall r \in R, \ x \in U$, $f(x, r) \in V_r$, $V_r$ 为属性值。

若 $R = C \cup D$，属性子集 $C$ 和 $D$ 分别是条件属性集和决策属性集，则称知识表达系统 $S = [U, R, V, f]$ 为决策信息系统，决策信息系统是知识表达系统的一种特殊情况，对应的二维数据表称为决策表。

（3）属性约简与属性核

令 $R$ 为一簇等价关系，$r \in R$，如果 $\text{ind}(R) = \text{ind}(R - \{r\})$，则称 $r$ 为 $R$ 中不必要的；否则称 $r$ 为 $R$ 中必要的。如果每一个 $r$ 都为 $R$ 中必要的，则称 $R$ 为独立的；否则称 $R$ 为可约简的。

$R$ 中所有绝对必要属性组成的集合称为 $R$ 的属性核，即 $\text{core}(R)$。

令 $R$ 为所有的等价关系构成的集合，$P$ 为 $R$ 的一个子集，$P \subseteq R$，如果满足：

（1）$\text{ind}(P) = \text{ind}(R)$

（2）$P$ 是独立的

则称 $P$ 是 $R$ 的一个约简，记为 $\text{Red}(P)$。

指标集约简的过程实际上就是粗糙集理论中的属性约简过程。本书所应用的软件是 ROSSET2.0。

## 5.3.2　样本选取

对完备指标体系进行约简的一个条件就是，必须在具有代表性意义的样本数据的基础上进行，否则将无法约简。严格意义上的样本应以所有中国资源型跨国企业作为研究的对象。但目前中国资源型企业数目庞大，在实际操作过程中这一点很难做到，也不现实。实际研究中，在资源型跨国企业创新能力未知的情况下，选择哪些企业进入我们的样本，且这样一个精简的样本又能够代表中国资源型跨国企业，是我们在研究过程中面临的一大难题。在样本企业选择时，我们以 A 股上市资源型跨国企业作为代表，主要考虑到这些企业的规模，及其海外业务的多样性。所选样本能够对全集信息达到全覆盖，是样本选择的基本原则。这个大样本企业仍有精简的可能，基于以下假设，我们进行精简，以便操作。

（1）假设企业创新能力与其利润率存在正相关关系

在该假设基础上将企业按照利润率进行排序，并均匀选择若干企业，则所选的样本企业的创新能力也能够近似均匀分布，达到覆盖全集信息的要求。这种选择样本企业的方法是可信的，选出来的企业能在一定意义上代表整个 A 股上市公司中的资源型跨国企业。问题回到企业创新能力与其利润率存在正相关关系这一假设的论证。

目前还没有一个成熟可靠，且为各界通用的企业创新能力综合指标（本项目宗旨就是构建这样一个综合评价体系）。企业创新能力与其利润率之间关系的考察需要从不同层面的单指标进行分析。从本项目研究的一般性思维出发，我们将企业创新能力的测度指标分为条件性指标和成果性指标。条件性指标反映企业为获取创新能力提供的条件；结果性指标反映企业通过创新投入得到的创新结果。严格意义上，构成创新的条件应包含前面所提到的企业内生性创新的 6 个构成要素，但从知识生产函数的构成要素来看，又可以将条件指标归为人力和资本的投入。创新的成果也就是创新的产出，从价值角度看就是企业创新资产的累积沉淀，即专利权；从实物角度看就是创新产品和技术成果。根据数据可得性和可比较原则，我们选择企业无形资产中的专利权作为企业创新的成果。相关数据见表 5 - 3。

表 5 – 3　A 股上市企业 2012 年创新投入、产出及利润表

| 公司代码 | 利润总额（万元） | 创新投入 | | 产出 | |
|---|---|---|---|---|---|
| | | 研发投入（万元） | 研发人员（人） | 专利权增加值（万元） | 专利数（项） |
| C000552 | 56177.12 | 0.00 | 825 | 10.00 | 7 |
| C000655 | 27768.99 | 7813.00 | 304 | 6.68 | 46 |
| C000758 | 29644.51 | 1365.11 | 660 | 180.52 | 422 |
| C000762 | – 18359.70 | 184.00 | 73 | 7.59 | 4 |
| C000937 | 318014.50 | 17740.00 | 3100 | 1878.42 | 3 |
| C000968 | – 21515.60 | 389.03 | 1711 | 268.16 | 50 |
| C000983 | 280861.50 | 29590.00 | 1224 | 518.41 | 8 |
| C002128 | 182074.70 | 0.00 | 198 | 6.68 | 7 |
| C002155 | 62944.59 | 16873.12 | 459 | 52.14 | 12 |
| C002207 | 1401.27 | 2880.43 | 123 | 0.39 | 6 |
| C002340 | 16009.28 | 7159.00 | 335 | 1426.87 | 212 |
| C002353 | 75479.25 | 13294.95 | 592 | 24.27 | 40 |
| C002554 | 11375.93 | 2512.30 | 187 | 48.18 | 35 |
| C002629 | 9852.34 | 2637.64 | 435 | 12.06 | 22 |
| C002683 | 10191.28 | 5002.00 | 235 | 39.40 | 40 |
| C300084 | 1099.64 | 895.00 | 64 | 6.82 | 25 |
| C300157 | 15000.77 | 7065.00 | 439 | 1203.05 | 14 |
| C300191 | 9922.72 | 2162.00 | 105 | 2381.52 | 2 |
| C300309 | 12610.16 | 1202.00 | 54 | 7.59 | 36 |
| C600028 | 9010700.00 | 5840000.00 | 11829 | 643200.00 | 15050 |
| C600121 | 76184.63 | 338.00 | 2490 | 7.59 | 31 |
| C600123 | 230614.10 | 1684.00 | 7531 | 38638.48 | 102 |
| C600139 | 25505.85 | 1266.00 | 57 | 7.66 | 18 |
| C600259 | 13764.37 | 335.00 | 110 | 986.24 | 59 |
| C600348 | 314985.10 | 15664.00 | 734 | 7.66 | 5 |
| C600381 | – 17386.80 | 20.00 | 120 | 1.50 | 3 |

续表

| 公司代码 | 利润总额<br>（万元） | 创新投入 | | 产出 | |
|---|---|---|---|---|---|
| | | 研发投入<br>（万元） | 研发人员<br>（人） | 专利权增加值<br>（万元） | 专利数<br>（项） |
| C600395 | 180291.40 | 5093.00 | 967 | 336.87 | 113 |
| C600403 | 240320.70 | 23594.00 | 2079 | 936.25 | 110 |
| C600489 | 288237.80 | 3185.00 | 2042 | 250.63 | 2 |
| C600497 | 41637.19 | 3234.00 | 903 | 196.49 | 78 |
| C600508 | 125298.20 | 9456.00 | 1777 | 7.66 | 211 |
| C600546 | 225919.80 | 6182.00 | 655 | 192.83 | 26 |
| C600547 | 291516.20 | 12958.00 | 1410 | 541.77 | 1 |
| C600583 | 104923.20 | 43863.00 | 2627 | 1038.55 | 9 |
| C600714 | 2678.63 | 103.00 | 62 | 16.00 | 3 |
| C600971 | 96473.09 | 28404.00 | 1590 | 16.00 | 167 |
| C600997 | 71126.61 | 5770.00 | 1077 | 648.05 | 22 |
| C601001 | 153359.40 | 49.45 | 986 | 16.00 | 20 |
| C601088 | 6724800.00 | 75500.00 | 8044 | 31700.00 | 1518 |
| C601101 | 123952.50 | 19091.00 | 835 | 478.00 | 6 |
| C601168 | -12714.50 | 1108.00 | 1345 | 4652.43 | 55 |
| C601666 | 144164.90 | 59421.00 | 3861 | 344.33 | 2 |
| C601699 | 300532.10 | 79997.00 | 4980 | 0.37 | 1518 |
| C601808 | 543680.80 | 600800.00 | 5074 | 1355.92 | 88 |
| C601857 | 18427600.00 | 947293.40 | 65977 | 306400.00 | 7107 |
| C601898 | 1356246.00 | 105100.00 | 8967 | 7991.30 | 2 |
| C601899 | 855605.90 | 11395.82 | 3439 | 77.26 | 96 |
| C601918 | 183940.30 | 2346.00 | 1689 | 140.86 | 7 |
| C601958 | 63273.64 | 6056.51 | 483 | 77.26 | 139 |
| C603993 | 151191.70 | 11269.00 | 584 | 55.86 | 124 |

注：表中研发投入、研发技术人员数据来自 2012 年公司年报；专利权原始数据、利润总额来源于 RESSET 数据库，经计算得到 2012 年专利权增加值；专利数来源于中国专利查询系统。

根据上表数据，通过计算各指标之间的相关系数（见表5－4）发现，企业创新投入和产出与企业利润之间存在明显的正相关关系，其中研发投入与企业利润之间的相关系数为0.5291，研发人员与企业利润之间的相关系数为0.9265，专利权增加值与企业利润之间的相关系数为0.7413，专利数与企业利润之间的相关系数为0.7471。也就是说企业创新能力越强，其盈利能力就越强。可见，我们的假设是成立的。如此，我们在选择企业样本可以近似地以企业利润率作为其创新能力的排序标准，进而选择具有代表性的企业进入样本，降低研究过程中企业实地考察的难度。

表5－4　企业创新能力与企业利润相关系数

| 变量 | 利润 | 研发人员 | 专利权 | 研发投入 | 专利 |
|------|------|----------|--------|----------|------|
| 利润 | 1.0000 | 0.9265 | 0.7413 | 0.5291 | 0.7471 |
| 研发人员 | 0.9265 | 1.0000 | 0.5474 | 0.2917 | 0.5427 |
| 专利权 | 0.7413 | 0.5474 | 1.0000 | 0.9514 | 0.9930 |
| 研发投入 | 0.5291 | 0.2917 | 0.9514 | 1.0000 | 0.9487 |
| 专利 | 0.7471 | 0.5427 | 0.9930 | 0.9487 | 1.0000 |

（2）假设企业的创新能力的规模效应不变

企业创新的规模效应一直是一个非常复杂的问题，目前还没有一个一致性的认识。在不同的环境中，不同企业的创新规模效应表现出异质性特点，有的企业的创新表现出规模效应递增，有的企业则表现出相反的特点。为了简化本项目的研究过程，我们假定企业的创新规模效应不变。也只有在假定企业的创新规模效应不变的情况下，我们根据上述样本企业的选择方法所选择出来的企业才能真正代表整个企业。这是一个近似，或者相对正确的假定。

和假设（1）一样，由于不存在可行的综合查询能力评价指标，我们仍然使用单指标分析，单指标构成与假设（1）一致。不同的是我们要测度不同企业规模下，企业各创新指标所表现出来的趋势性。若表现出递增的趋势性则可近似认为存在规模递增；若表现出递减的趋势性则可近似认为存在规模递减；若表现出横向震荡趋势则可近似认为存在规模不变或者无法确定其规模效应。

我们首先对企业规模大小进行排序，用以表示企业规模的指标为企业总资产，见表5－5；其次，通过数理统计分析，考察各不同规模企业的创新指标的表现状态；最后得出各创新指标的趋势性。

表5-5　A股上市企业2012年人均创新指标及总资产（按总资产大小排序）

| 公司代码 | 总资产（万元） | 研发投入（万元） | 研发人员（人） | 专利权（万元） | 专利（项） |
|---|---|---|---|---|---|
| C002207 | $6.758 \times 10^8$ | 2880 | 123 | 0.393 | 6 |
| C300084 | $8.196 \times 10^8$ | 895 | 64 | 6.822 | 25 |
| C002629 | $1.011 \times 10^9$ | 2638 | 435 | 12.058 | 22 |
| C300191 | $1.154 \times 10^9$ | 2162 | 105 | 2381.519 | 2 |
| C300309 | $1.301 \times 10^9$ | 1202 | 54 | 7.586 | 36 |
| C600714 | $1.320 \times 10^9$ | 103 | 62 | 16.000 | 3 |
| C002554 | $1.573 \times 10^9$ | 2512 | 187 | 48.178 | 35 |
| C002683 | $2.069 \times 10^9$ | 5002 | 235 | 39.402 | 40 |
| C600139 | $2.073 \times 10^9$ | 1266 | 57 | 7.655 | 18 |
| C300157 | $2.254 \times 10^9$ | 7065 | 439 | 1203.047 | 14 |
| C600259 | $2.513 \times 10^9$ | 335 | 110 | 986.236 | 59 |
| C000762 | $2.517 \times 10^9$ | 184 | 73 | 7.586 | 4 |
| C000655 | $3.336 \times 10^9$ | 7813 | 304 | 6.680 | 46 |
| C600381 | $4.052 \times 10^9$ | 20 | 120 | 1.500 | 3 |
| C002155 | $4.367 \times 10^9$ | 16873 | 459 | 52.140 | 12 |
| C002353 | $4.684 \times 10^9$ | 13295 | 592 | 24.270 | 40 |
| C000552 | $5.083 \times 10^9$ | 0 | 825 | 10.000 | 7 |
| C002340 | $6.350 \times 10^9$ | 7159 | 335 | 1426.872 | 212 |
| C002128 | $8.988 \times 10^9$ | 0 | 198 | 6.680 | 7 |
| C000968 | $9.454 \times 10^9$ | 389 | 1711 | 268.161 | 50 |
| C600121 | $9.767 \times 10^9$ | 338 | 2490 | 7.586 | 31 |
| C600508 | $1.130 \times 10^{10}$ | 9456 | 1777 | 7.655 | 211 |
| C601101 | $1.159 \times 10^{10}$ | 19091 | 835 | 478.000 | 6 |
| C600971 | $1.345 \times 10^{10}$ | 28404 | 1590 | 16.000 | 167 |
| C600395 | $1.396 \times 10^{10}$ | 5093 | 967 | 336.875 | 113 |

| 公司代码 | 总资产（万元） | 研发投入（万元） | 研发人员（人） | 专利权（万元） | 专利（项） |
|---|---|---|---|---|---|
| C601958 | $1.478 \times 10^{10}$ | 6057 | 483 | 77.265 | 139 |
| C000758 | $1.560 \times 10^{10}$ | 1365 | 660 | 180.516 | 422 |
| C603993 | $1.575 \times 10^{10}$ | 11269 | 584 | 55.862 | 124 |
| C600403 | $1.655 \times 10^{10}$ | 23594 | 2079 | 936.255 | 110 |
| C600547 | $1.746 \times 10^{10}$ | 12958 | 1410 | 541.774 | 1 |
| C600583 | $2.037 \times 10^{10}$ | 43863 | 2627 | 1038.555 | 9 |
| C600123 | $2.037 \times 10^{10}$ | 1684 | 7531 | 38638.480 | 102 |
| C601666 | $2.086 \times 10^{10}$ | 59421 | 3861 | 344.331 | 2 |
| C600997 | $2.105 \times 10^{10}$ | 5770 | 1077 | 648.050 | 22 |
| C600489 | $2.150 \times 10^{10}$ | 3185 | 2042 | 250.628 | 2 |
| C601001 | $2.152 \times 10^{10}$ | 49 | 986 | 16.000 | 20 |
| C601857 | $2.169 \times 10^{10}$ | 947293 | 65977 | 306400.000 | 7107 |
| C600497 | $2.222 \times 10^{10}$ | 3234 | 903 | 196.486 | 78 |
| C601918 | $2.509 \times 10^{10}$ | 2346 | 1689 | 140.862 | 7 |
| C601168 | $2.615 \times 10^{10}$ | 1108 | 1345 | 4652.429 | 55 |
| C600348 | $3.150 \times 10^{10}$ | 15664 | 734 | 7.655 | 5 |
| C601699 | $3.961 \times 10^{10}$ | 79997 | 4980 | 0.370 | 1518 |
| C000937 | $4.011 \times 10^{10}$ | 17740 | 3100 | 1878.422 | 3 |
| C000983 | $4.513 \times 10^{10}$ | 29590 | 1224 | 518.410 | 8 |
| C600546 | $4.534 \times 10^{10}$ | 6182 | 655 | 192.833 | 26 |
| C601899 | $6.735 \times 10^{10}$ | 11396 | 3439 | 77.265 | 96 |
| C601808 | $7.471 \times 10^{10}$ | 600800 | 5074 | 1355.917 | 88 |
| C601898 | $1.839 \times 10^{11}$ | 105100 | 8967 | 7991.300 | 2 |
| C601088 | $4.533 \times 10^{11}$ | 75500 | 8044 | 31700.000 | 1518 |
| C600028 | $1.247 \times 10^{12}$ | 5840000 | 11829 | 643200.000 | 15050 |

注：表中研发投入、研发技术人员数据来自2012年公司年报；专利权原始数据、总资产来源于RESSET数据库，经计算得到2012年专利权增加值；专利数来源于中国专利查询系统。

通过数据分析，我们发现，企业的创新指标，如研发人员、研发支出、专利权增加值、专利数等与企业规模（总资产）存在正相关关系，但是这种正相关关系并不表现出某种趋势性，更普遍的状态是各创新指标以某种一般水平为中心进行震荡。根据前文的论述，我们可以得出企业的创新规模效应无法确定的结论，或者可以近似地认为是规模效应不变。

　　在两个假设条件成立的条件下，我们以 A 股资源型上市公司作为中国企业的代表，将它们按照净利润率进行排名，并按照业绩的"优、良、中、差"等级进行区分（其净利润率排名在前 1/4 的企业为优质企业；排名在 1/4 ~ 2/4 的企业为良质企业；排名在 2/4 ~ 3/4 的企业为中等企业；排名在最后 1/4 的企业为绩效较差企业），在各等级企业中再按照均匀分布选择 4 家企业作为该层次中国企业的分析样本。因此，我们一共筛选出 16 家企业，见表 5 - 6。

表 5 - 6　资源型跨国样本企业一览（2012）

| 代码 | 名称 | 净利润率（%） |
|---|---|---|
| 600193 | 创兴资源 | 139.58 |
| 000697 | 炼石有色 | 22:01 |
| 601101 | 昊华能源 | 16.14 |
| 300340 | 科恒股份 | 12.12 |
| 000937 | 冀中能源 | 7.92 |
| 601958 | 金钼股份 | 6.09 |
| 601857 | 中国石油 | 5.25 |
| 600295 | 鄂尔多斯 | 3.38 |
| 600997 | 开滦股份 | 2.56 |
| 002221 | 东华能源 | 1.68 |
| 600546 | 山煤国际 | 0.89 |
| 002182 | 云海金属 | 0.58 |
| 000709 | 河北钢铁 | 0.42 |
| 002075 | 沙钢股份 | - 0.11 |
| 601600 | 中国铝业 | - 5.51 |
| 600432 | 吉恩镍业 | - 25.10 |

　　数据来源：RESSET 数据库。

需要注意的是，随着样本的不同，我们最终约简得到的指标体系将会有所不同。理论上，我们应该以中国所有企业作为分析对象，但由于工作量大，以及数据收集的困难性，我们按照上述方法筛选出一个替代样本，即上述的 16 家企业作为样本，在很大程度上已可以约简得到可用的指标体系，所以这样做是相对科学的。我们接下来的一个工作就是以指标体系为基础开发一个软件，供企业使用，届时我们将获取足够多的样本数据，对我们的指标体系进行微调。

获得样本企业之后，我们需要采集样本企业的创新能力完备评价指标体系的原始数据，原始数据的采集我们应用如下方法：

（1）企业内生性创新数据通过向企业管理层发放问卷，以及在公开信息中寻找获得。其中量化指标以年度实际发生额体现，软指标通过其替代指标获得。

（2）企业外部环境指标数据来源于统计机构数据。对于量化指标数据，我们根据企业所处地区，通过查询地方统计年鉴得到（若企业为集团公司，其子公司及业务涉及全国，则通过查询中国统计年鉴获得原始数据）。

（3）为了方便起见，对 16 家企业进行无量纲处理，采用的方法是归一法，即：$a_{ij} = \dfrac{a'_{ij} - \min|a'_{ij}|}{\max|a'_{ij}| - \min|a'_{ij}|}$。$a'_{ij}$ 为第 $i$ 家企业第 $j$ 项指标的原值；$a_{ij}$ 为标准化之后的数值。

（4）对于反向指标，需进行反向处理，即先在数据前加负号，然后再按照上式进行标准化处理。

### 5.3.3  企业创新能力完备评价指标信息表的设定

在模型构建之前，我们将评价指标及其指标值汇总到一个信息表里，为下一步的约简奠定基础。汇总的信息表格式如下表所示，见表 5 - 7。

表 5 - 7  汇总的信息表

| 企业指标 | $x_1$ | $x_2$ | ... | ... | ... | $x_i$ |
|---|---|---|---|---|---|---|
| $r_1$ | | | | | | |
| $r_2$ | | | | | | |

| 企业指标 | $x_1$ | $x_2$ | ... | ... | ... | $x_i$ |
|---|---|---|---|---|---|---|
| ... | | | | | | |
| ... | | | | | | |
| $r_j$ | | | | | | |

表中所列为样本对象和对象的各属性值，行为属性及各样本的属性值。$x_i$ 为第 $i$ 个企业；$r_j$ 为第 $j$ 个指标。

上述的信息表用四元组 $S = \{U, R, V, f\}$ 来表示，其中：

$U$：论域，$U = \{x_1, x_2, \cdots, x_n\}$，在企业创新能力评价中指的是样本企业的集合。

$R$：为属性集合，$R = \{r_1, r_2, \cdots, r_n\}$，在本研究中，具体模型里的指标和属性理解为一个概念。

$V$：属性 $r$ 的值域。

$f$：是一个信息函数，它为每个属性赋予一个信息值。

### 5.3.4 数据离散

根据初始指标数据信息，我们进行无量纲化处理，根据无量纲化后的标准化数据进行离散化处理。之所以这样做，是因为指标体系约简只能对离散化数据进行运算，对于连续性数据无能为力。因此，按照惯例，我们将所有指标数值按照等距离法划分为 4 个等级，分别赋值为 1、2、3、4，见表 5 - 8。

表 5 - 8　离散后处理信息表

| 序号 | 创兴资源 | 炼石有色 | 昊华能源 | 科恒股份 | 冀中能源 | 金钼股份 | 中国石油 | 鄂尔多斯 | 开滦股份 | 东华能源 | 山煤国际 | 云海金属 | 河北钢铁 | 沙钢股份 | 中国铝业 | 吉恩镍业 |
|---|---|---|---|---|---|---|---|---|---|---|---|---|---|---|---|---|
| IA - 01 | 1 | 1 | 1 | 1 | 1 | 1 | 4 | 1 | 1 | 1 | 1 | 1 | 2 | 1 | 3 | 1 |
| IA - 02 | 1 | 1 | 2 | 1 | 1 | 1 | 4 | 1 | 1 | 1 | 1 | 2 | 2 | 4 | 3 | 1 |
| IA - 03 | 2 | 0 | 0 | 4 | 2 | 1 | 1 | 1 | 1 | 1 | 1 | 1 | 1 | 1 | 1 | 1 |
| IA - 04 | 1 | 2 | 4 | 4 | 3 | 3 | 3 | 1 | 2 | 2 | 2 | 1 | 2 | 1 | 1 | 1 |

续表

| 序号 | 创兴资源 | 炼石有色 | 昊华能源 | 科恒股份 | 冀中能源 | 金钼股份 | 中国石油 | 鄂尔多斯 | 开滦股份 | 东华能源 | 山煤国际 | 云海金属 | 河北钢铁 | 沙钢股份 | 中国铝业 | 吉恩镍业 |
|---|---|---|---|---|---|---|---|---|---|---|---|---|---|---|---|---|
| IA－05 | 1 | 1 | 1 | 1 | 1 | 1 | 4 | 1 | 1 | 1 | 1 | 1 | 2 | 1 | 1 | 1 |
| IA－06 | 1 | 1 | 1 | 1 | 2 | 1 | 2 | 1 | 1 | 1 | 1 | 1 | 4 | 1 | 4 | 1 |
| IA－07 | 1 | 1 | 2 | 1 | 1 | 1 | 4 | 1 | 1 | 1 | 1 | 1 | 1 | 1 | 1 | 1 |
| IA－08 | 1 | 1 | 1 | 1 | 1 | 1 | 1 | 2 | 1 | 1 | 1 | 1 | 1 | 1 | 4 | 1 |
| IA－09× | 4 | 2 | 4 | 4 | 3 | 3 | 4 | 3 | 2 | 3 | 3 | 3 | 2 | 1 | 1 | 2 |
| IA－10 | 3 | 1 | 4 | 4 | 3 | 1 | 4 | 3 | 1 | 1 | 1 | 1 | 1 | 1 | 1 | 3 |
| IA－11× | 3 | 2 | 4 | 3 | 3 | 2 | 4 | 3 | 2 | 2 | 3 | 2 | 1 | 2 | 2 | 2 |
| IA－12× | 3 | 3 | 4 | 3 | 3 | 3 | 3 | 2 | 2 | 2 | 2 | 2 | 2 | 2 | 2 | 1 |
| IA－13 | 3 | 1 | 3 | 3 | 3 | 3 | 4 | 3 | 1 | 1 | 3 | 3 | 1 | 1 | 1 | 1 |
| IA－14 | 1 | 1 | 1 | 1 | 1 | 1 | 4 | 1 | 1 | 1 | 1 | 1 | 1 | 1 | 1 | 1 |
| IA－15 | 3 | 1 | 4 | 4 | 2 | 2 | 2 | 2 | 2 | 1 | 1 | 2 | 3 | 1 | 2 | 2 |
| IA－16 | 1 | 1 | 1 | 1 | 1 | 1 | 4 | 1 | 1 | 1 | 1 | 1 | 1 | 1 | 1 | 1 |
| IA－17 | 4 | 2 | 4 | 4 | 3 | 3 | 3 | 3 | 2 | 2 | 3 | 2 | 2 | 1 | 2 | 3 |
| IA－18 | 4 | 2 | 4 | 4 | 3 | 4 | 3 | 2 | 2 | 2 | 3 | 2 | 2 | 1 | 2 | 3 |
| IA－19 | 4 | 3 | 4 | 4 | 4 | 3 | 4 | 3 | 3 | 3 | 3 | 3 | 1 | 1 | 1 | 1 |
| IA－20 | 4 | 3 | 4 | 4 | 4 | 4 | 4 | 3 | 3 | 4 | 3 | 3 | 4 | 1 | 1 | 4 |
| IA－21 | 4 | 2 | 4 | 4 | 3 | 3 | 3 | 3 | 2 | 2 | 3 | 2 | 2 | 2 | 1 | 1 |
| IA－22 | 4 | 2 | 4 | 4 | 3 | 3 | 3 | 3 | 2 | 2 | 3 | 2 | 2 | 1 | 1 | 2 |
| IA－23 | 3 | 3 | 3 | 3 | 3 | 3 | 3 | 2 | 2 | 2 | 3 | 2 | 2 | 1 | 1 | 3 |
| IA－24 | 3 | 3 | 4 | 3 | 3 | 3 | 3 | 1 | 1 | 3 | 3 | 3 | 3 | 1 | 1 | 1 |
| IA－25 | 4 | 3 | 4 | 4 | 4 | 4 | 4 | 3 | 3 | 4 | 4 | 4 | 3 | 3 | 3 | 1 |
| IA－26 | 4 | 4 | 4 | 4 | 4 | 4 | 4 | 4 | 3 | 4 | 4 | 4 | 4 | 1 | 3 | 3 |
| IA－27 | 4 | 3 | 4 | 4 | 3 | 3 | 3 | 3 | 3 | 3 | 3 | 3 | 3 | 1 | 2 | 3 |
| IA－28 | 4 | 3 | 4 | 4 | 3 | 3 | 3 | 3 | 3 | 3 | 3 | 3 | 3 | 1 | 2 | 2 |
| IA－29 | 1 | 1 | 1 | 1 | 4 | 1 | 4 | 1 | 4 | 1 | 1 | 1 | 4 | 1 | 4 | 1 |
| IA－30 | 3 | 1 | 3 | 3 | 2 | 4 | 2 | 4 | 2 | 4 | 2 | 3 | 1 | 4 | 1 | 1 |
| IA－31 | 4 | 1 | 4 | 4 | 4 | 4 | 4 | 4 | 4 | 4 | 4 | 4 | 4 | 4 | 4 | 4 |

续表

| 序号 | 创兴资源 | 炼石有色 | 昊华能源 | 科恒股份 | 冀中能源 | 金钼股份 | 中国石油 | 鄂尔多斯 | 开滦股份 | 东华能源 | 山煤国际 | 云海金属 | 河北钢铁 | 沙钢股份 | 中国铝业 | 吉恩镍业 |
|---|---|---|---|---|---|---|---|---|---|---|---|---|---|---|---|---|
| IA－32 | 4 | 3 | 4 | 4 | 4 | 4 | 4 | 4 | 4 | 4 | 4 | 4 | 4 | 2 | 4 | 1 |
| IA－33 | 3 | 1 | 3 | 4 | 2 | 2 | 2 | 2 | 1 | 2 | 2 | 1 | 1 | 1 | 1 | 2 |
| IA－34 | 3 | 2 | 4 | 3 | 2 | 3 | 2 | 2 | 2 | 2 | 3 | 2 | 1 | 1 | 1 | 3 |
| IA－35 | 3 | 4 | 4 | 4 | 4 | 3 | 4 | 3 | 3 | 3 | 3 | 3 | 3 | 3 | 3 | 1 |
| IA－36 | 3 | 2 | 4 | 4 | 3 | 3 | 3 | 3 | 3 | 3 | 1 | 3 | 3 | 1 | 1 | 1 |
| IA－37 | 3 | 2 | 4 | 3 | 2 | 2 | 2 | 2 | 2 | 2 | 3 | 2 | 2 | 2 | 1 | 2 |
| IA－38 | 4 | 1 | 4 | 4 | 2 | 2 | 3 | 2 | 2 | 2 | 3 | 2 | 3 | 1 | 3 | 1 |
| IA－39 | 4 | 2 | 4 | 3 | 2 | 3 | 2 | 4 | 1 | 2 | 1 | 2 | 1 | 1 | 1 | 4 |
| IA－40× | 4 | 3 | 3 | 4 | 3 | 3 | 4 | 3 | 2 | 2 | 3 | 2 | 3 | 1 | 4 | 1 |
| IA－41 | 2 | 2 | 4 | 3 | 2 | 2 | 2 | 2 | 2 | 1 | 1 | 1 | 1 | 1 | 1 | 1 |
| IA－42 | 4 | 2 | 4 | 3 | 2 | 3 | 3 | 2 | 1 | 2 | 1 | 2 | 1 | 1 | 1 | 1 |
| IA－43 | 3 | 1 | 4 | 3 | 3 | 3 | 3 | 1 | 1 | 1 | 1 | 3 | 1 | 1 | 1 | 3 |
| IA－44 | 4 | 1 | 4 | 4 | 4 | 1 | 4 | 4 | 1 | 1 | 4 | 1 | 1 | 1 | 1 | 1 |
| IA－45 | 3 | 3 | 4 | 3 | 2 | 3 | 2 | 3 | 2 | 2 | 2 | 2 | 1 | 2 | 2 | 2 |
| IA－46 | 2 | 3 | 3 | 4 | 2 | 2 | 2 | 2 | 2 | 2 | 2 | 2 | 1 | 1 | 2 | 1 |
| IA－47 | 3 | 2 | 4 | 4 | 2 | 2 | 2 | 3 | 2 | 2 | 2 | 2 | 2 | 2 | 1 | 1 |
| IA－48 | 3 | 3 | 4 | 3 | 3 | 3 | 3 | 3 | 2 | 3 | 2 | 3 | 1 | 3 | 3 | 2 |
| IA－49 | 3 | 3 | 4 | 4 | 3 | 3 | 3 | 3 | 3 | 1 | 3 | 3 | 1 | 1 | 3 | 3 |
| IA－50× | 4 | 4 | 4 | 4 | 4 | 3 | 4 | 3 | 4 | 3 | 3 | 3 | 3 | 1 | 3 | 3 |
| IA－51× | 3 | 3 | 4 | 3 | 3 | 3 | 3 | 3 | 4 | 3 | 3 | 3 | 3 | 3 | 3 | 1 |
| IA－52* | 3 | 3 | 4 | 4 | 2 | 2 | 2 | 3 | 2 | 2 | 2 | 2 | 1 | 1 | 1 | 2 |
| IA－53* | 1 | 1 | 1 | 1 | 1 | 1 | 4 | 1 | 1 | 1 | 1 | 1 | 3 | 1 | 1 | 1 |
| IA－54* | 4 | 1 | 3 | 4 | 3 | 3 | 3 | 3 | 1 | 2 | 2 | 3 | 2 | 3 | 1 | 4 |
| IA－55 | 1 | 1 | 1 | 1 | 1 | 1 | 4 | 1 | 1 | 1 | 1 | 1 | 2 | 1 | 1 | 1 |
| IA－56 | 4 | 1 | 4 | 4 | 4 | 1 | 3 | 2 | 2 | 1 | 3 | 1 | 2 | 4 | 1 | 1 |
| IA－57 | 4 | 1 | 4 | 3 | 3 | 3 | 3 | 3 | 2 | 3 | 1 | 2 | 3 | 2 | 3 | 2 |
| IA－58 | 2 | 1 | 4 | 2 | 1 | 1 | 1 | 2 | 1 | 1 | 1 | 1 | 1 | 1 | 1 | 1 |

| 序号 | 创兴资源 | 炼石有色 | 昊华能源 | 科恒股份 | 冀中能源 | 金钼股份 | 中国石油 | 鄂尔多斯 | 开滦股份 | 东华能源 | 山煤国际 | 云海金属 | 河北钢铁 | 沙钢股份 | 中国铝业 | 吉恩镍业 |
|---|---|---|---|---|---|---|---|---|---|---|---|---|---|---|---|---|
| IA – 59 | 4 | 3 | 4 | 4 | 3 | 3 | 3 | 3 | 3 | 3 | 4 | 3 | 3 | 1 | 1 | 3 |
| IB – 01 | 1 | 1 | 1 | 1 | 1 | 1 | 4 | 1 | 1 | 1 | 1 | 1 | 2 | 1 | 1 | 1 |
| IB – 02 | 3 | 3 | 4 | 3 | 2 | 3 | 3 | 2 | 1 | 1 | 3 | 1 | 2 | 1 | 2 | 1 |
| IB – 03 | 1 | 1 | 3 | 1 | 1 | 1 | 4 | 2 | 2 | 1 | 2 | 1 | 4 | 1 | 4 | 1 |
| IB – 04 | 3 | 3 | 4 | 4 | 4 | 4 | 4 | 3 | 3 | 3 | 4 | 3 | 3 | 1 | 3 | 3 |
| IB – 05 | 3 | 3 | 4 | 4 | 3 | 4 | 3 | 4 | 1 | 3 | 3 | 3 | 3 | 1 | 1 | 1 |
| IB – 06 | 3 | 3 | 4 | 3 | 3 | 3 | 3 | 2 | 3 | 2 | 2 | 2 | 2 | 2 | 1 | 2 |
| IB – 07 | 2 | 2 | 3 | 4 | 2 | 3 | 2 | 3 | 2 | 3 | 2 | 2 | 2 | 1 | 1 | 2 |
| IB – 08 | 1 | 3 | 3 | 4 | 1 | 1 | 1 | 3 | 1 | 3 | 1 | 3 | 1 | 1 | 1 | 1 |
| IB – 09 | 3 | 4 | 4 | 4 | 3 | 4 | 3 | 3 | 3 | 3 | 3 | 3 | 3 | 1 | 3 | 3 |
| IB – 10 | 4 | 4 | 4 | 4 | 4 | 4 | 4 | 3 | 4 | 3 | 4 | 3 | 3 | 3 | 1 | 3 |
| IB – 11 | 1 | 1 | 1 | 1 | 1 | 1 | 1 | 1 | 1 | 1 | 1 | 1 | 1 | 1 | 1 | 1 |
| IB – 12 | 1 | 1 | 1 | 1 | 1 | 1 | 4 | 1 | 1 | 1 | 1 | 1 | 2 | 1 | 2 | 1 |
| IB – 13 | 1 | 1 | 1 | 1 | 1 | 1 | 4 | 1 | 1 | 1 | 1 | 1 | 3 | 1 | 1 | 1 |
| IB – 14 | 1 | 1 | 1 | 1 | 1 | 1 | 1 | 1 | 1 | 1 | 1 | 1 | 2 | 1 | 1 | 1 |
| IB – 15 | 4 | 3 | 4 | 4 | 3 | 4 | 3 | 3 | 1 | 3 | 4 | 3 | 3 | 1 | 1 | 3 |
| IB – 16 | 3 | 2 | 3 | 4 | 2 | 3 | 2 | 2 | 1 | 2 | 2 | 2 | 2 | 1 | 1 | 1 |
| IB – 17 | 3 | 2 | 3 | 4 | 3 | 3 | 3 | 3 | 2 | 2 | 3 | 2 | 2 | 1 | 2 | 2 |
| IB – 18 | 4 | 3 | 4 | 4 | 3 | 3 | 3 | 4 | 3 | 3 | 4 | 4 | 3 | 1 | 3 | 3 |
| IB – 19* | 3 | 2 | 3 | 4 | 2 | 2 | 2 | 3 | 1 | 2 | 3 | 3 | 2 | 2 | 1 | 2 |
| IB – 20* | 4 | 4 | 4 | 4 | 4 | 4 | 4 | 4 | 1 | 1 | 4 | 1 | 1 | 1 | 1 | 1 |
| IB – 21* | 3 | 3 | 3 | 4 | 3 | 3 | 3 | 2 | 2 | 2 | 3 | 2 | 1 | 2 | 1 | 1 |
| IB – 22* | 4 | 4 | 4 | 4 | 4 | 4 | 4 | 4 | 1 | 1 | 4 | 3 | 4 | 1 | 1 | 1 |
| IB – 23 | 3 | 3 | 3 | 4 | 3 | 3 | 3 | 3 | 3 | 3 | 3 | 3 | 3 | 1 | 1 | 1 |
| IB – 24 | 1 | 1 | 1 | 1 | 1 | 1 | 4 | 1 | 1 | 1 | 1 | 1 | 1 | 1 | 4 | 1 |
| IB – 25 | 1 | 1 | 1 | 1 | 1 | 1 | 4 | 1 | 1 | 1 | 1 | 1 | 1 | 1 | 1 | 1 |
| IB – 26 | 1 | 1 | 1 | 1 | 1 | 1 | 4 | 1 | 1 | 1 | 1 | 1 | 1 | 1 | 4 | 1 |

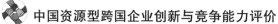

续表

| 序号 | 创兴资源 | 炼石有色 | 昊华能源 | 科恒股份 | 冀中能源 | 金钼股份 | 中国石油 | 鄂尔多斯 | 开滦股份 | 东华能源 | 山煤国际 | 云海金属 | 河北钢铁 | 沙钢股份 | 中国铝业 | 吉恩镍业 |
|---|---|---|---|---|---|---|---|---|---|---|---|---|---|---|---|---|
| IB－27 | 4 | 1 | 4 | 2 | 1 | 1 | 3 | 1 | 1 | 2 | 2 | 2 | 1 | 2 | 3 | 1 |
| IB－28 | 1 | 3 | 1 | 1 | 2 | 3 | 3 | 1 | 2 | 1 | 4 | 1 | 2 | 1 | 3 | 2 |
| IB－29 | 4 | 1 | 4 | 4 | 3 | 1 | 1 | 1 | 3 | 3 | 1 | 3 | 3 | 3 | 1 | 1 |
| IB－30 | 4 | 1 | 4 | 4 | 3 | 1 | 3 | 1 | 3 | 3 | 1 | 3 | 3 | 3 | 3 | 1 |
| IB－31 | 4 | 1 | 4 | 4 | 1 | 1 | 2 | 1 | 2 | 2 | 2 | 2 | 1 | 2 | 2 | 1 |
| IB－32 | 1 | 1 | 1 | 1 | 1 | 1 | 4 | 1 | 1 | 1 | 1 | 1 | 1 | 1 | 4 | 1 |
| IB－33 | 1 | 1 | 1 | 1 | 1 | 1 | 4 | 1 | 1 | 1 | 1 | 1 | 1 | 1 | 4 | 1 |
| IB－34 | 1 | 1 | 1 | 1 | 1 | 1 | 4 | 1 | 1 | 2 | 1 | 2 | 1 | 2 | 4 | 1 |
| IB－35 | 3 | 4 | 1 | 1 | 2 | 4 | 2 | 4 | 3 | 4 | 3 | 2 | 3 | 2 | 3 | 3 |
| IB－36 | 1 | 1 | 1 | 2 | 1 | 1 | 4 | 1 | 1 | 1 | 1 | 1 | 1 | 1 | 4 | 1 |
| IB－37 | 4 | 1 | 1 | 1 | 1 | 1 | 1 | 1 | 1 | 1 | 1 | 1 | 1 | 1 | 1 | 1 |
| IB－38 | 1 | 1 | 1 | 1 | 1 | 1 | 4 | 1 | 1 | 1 | 1 | 1 | 1 | 1 | 4 | 1 |
| IB－39 | 1 | 1 | 1 | 1 | 1 | 1 | 4 | 1 | 1 | 1 | 1 | 2 | 1 | 1 | 4 | 1 |
| IB－40 | 1 | 1 | 1 | 1 | 1 | 1 | 4 | 1 | 1 | 1 | 1 | 1 | 1 | 1 | 4 | 1 |
| IB－41 | 3 | 1 | 4 | 4 | 1 | 1 | 1 | 3 | 1 | 3 | 3 | 3 | 1 | 3 | 1 | 1 |
| IB－42* | 3 | 1 | 4 | 4 | 1 | 1 | 1 | 3 | 1 | 3 | 3 | 3 | 1 | 3 | 1 | 1 |
| IB－43 | 3 | 2 | 4 | 4 | 2 | 2 | 2 | 3 | 2 | 3 | 2 | 3 | 2 | 3 | 2 | 1 |
| IB－44 | 3 | 1 | 4 | 4 | 3 | 1 | 3 | 3 | 3 | 3 | 1 | 3 | 3 | 3 | 3 | 1 |
| IB－45 | 3 | 1 | 4 | 4 | 1 | 1 | 1 | 3 | 1 | 3 | 3 | 3 | 1 | 3 | 1 | 1 |
| IB－46 | 3 | 2 | 4 | 3 | 3 | 2 | 3 | 3 | 3 | 3 | 1 | 3 | 3 | 3 | 3 | 1 |
| IB－47 | 1 | 2 | 1 | 1 | 4 | 2 | 4 | 1 | 4 | 1 | 1 | 1 | 4 | 1 | 4 | 2 |
| IB－48 | 3 | 4 | 1 | 3 | 2 | 4 | 1 | 3 | 2 | 4 | 4 | 4 | 2 | 4 | 1 | 4 |
| IB－49 | 3 | 1 | 4 | 2 | 1 | 2 | 1 | 3 | 1 | 2 | 1 | 2 | 1 | 2 | 2 | 1 |
| IB－50 | 1 | 4 | 1 | 4 | 2 | 4 | 3 | 1 | 2 | 1 | 1 | 1 | 2 | 1 | 3 | 1 |
| IB－51 | 2 | 4 | 1 | 3 | 2 | 4 | 4 | 2 | 2 | 2 | 3 | 2 | 2 | 2 | 4 | 1 |
| IB－52* | 3 | 1 | 3 | 4 | 1 | 1 | 1 | 3 | 1 | 3 | 1 | 3 | 1 | 3 | 1 | 3 |

注：最左边一列为企业创新能力完备指标体系中的具体指标序号，其中带"＊"的是定向指标，带"×"的是反向指标。

数据来源：在原始数据基础上，通过 Rosetta2.0 计算得到。

### 5.3.5 基于属性重要度的约简

设 $S = (U,R)$ 为一知识表达系统，对于等价关系 $P \subseteq R$ 有分类 $U/\text{ind}(P) = \{X_1, X_2, \cdots, X_n\}$，则 $P$ 的信息量记为

$$I(P) = \sum_{i=1}^{n} \frac{|X_i|}{|U|} \Big[1 - \frac{|X_i|}{|U|}\Big] = 1 - \frac{1}{|U|^2} \sum_{i=1}^{n} |X_i|^2 \qquad (5-1)$$

属性的重要度和属性的信息量的关系表述如下：

$$S_P(r_i) = I(P) - I(R - \{r_i\}) \qquad (5-2)$$

其中，$r_i$ 为某个属性；$P \subseteq R$ 为等价关系集 $R$ 中的一个等价子集。式 5-2 表明：$r \in R$ 在 $R$ 中的重要性由 $R$ 中去掉 $r$ 后引起的信息量变化大小来度量。$S_P(r_i)$ 值越大，说明 $R$ 中去掉属性 $r$ 的信息量变化越大，即该属性在属性集中的重要程度就越高。

经过约简，可得到指标体系的若干个核，这些核的并集则是最小的指标体系的核，用公式表示就是

$$\text{Red} = \text{Red}_1 \cup \text{Red}_2 \cup \cdots \cup \text{Red}_n \qquad (5-3)$$

约简后的指标体系，见表 5-9。

**表 5-9 约简之后的指标体系**

| 一级指标 | 二级指标 | 三级指标 | 四级指标 | 序号 |
|---|---|---|---|---|
| 结构层 | 能力层 | 要素层 | 观测指标层 | |
| 内生创新能力 | 自主性创新能力 | 技术要素 | 专利及科技成果相对数（个/亿元资产） | CA-01 |
| | | | 获奖成果相对数（个/亿元资产） | CA-02 |
| | | | 千人研发人员拥有专利数量（个/千人） | CA-03 |
| | | | 千人研发人员拥有论文数量（篇/千人） | CA-04 |
| | | | 企业科技机构相对数（个/亿元资产） | CA-05 |
| | | | 企业仪器设备采购强度（%） | CA-06 |
| | | | 企业 R&D 项目相对数（个/亿元资产） | CA-07 |
| | | | 理论与技术导入能力*（新聘员工平均培训时间）（天） | CA-08* |

续表

| 一级指标 | 二级指标 | 三级指标 | 四级指标 | 序号 |
|---|---|---|---|---|
| 结构层 | 能力层 | 要素层 | 观测指标层 | |
| 内生创新能力 | 自主性创新能力 | 技术要素 | 工艺技术手段完备情况*（企业外包业务环节比重）（%） | CA – 09* |
| | | | 自动化生产水平*（生产线员工比重）（%） | CA – 10* |
| | | 管理要素 | 企业创新激励机制建设水平（研发人员劳务支出比重）（%） | CA – 11 |
| | | | 企业管理费用比重（%） | CA – 12 |
| | | | 企业创新战略目标的清晰程度*（新产品研发成功率）（%） | CA – 13 |
| | | | 创新战略有效性*（新产品企业市场份额）（%） | CA – 14 |
| | | | 创新机制的有效性*（新产品销售收入比重）（%） | CA – 15 |
| | | | 科技体系与创新载体情况*（负责创新的部门或机构经费比重）（%） | CA – 16 |
| | | | 管理人员创新意识*（企业管理制度变化频度）（次/年） | CA – 17 |
| | | 信息化要素 | 信息采集和管理能力*（企业管理信息系统费用支出比重） | CA – 18 |
| | | | 企业人均邮电业务量（万元/年） | CA – 19 |
| | | | 企业人均移动电话数量（台/人） | CA – 20 |
| | | | 宽带覆盖率（%） | CA – 21 |
| | | | 微机覆盖率（%） | CA – 22 |
| | | | 信息技术投入增长率（%） | CA – 23 |
| | | | 情报部门投入经费比重 | CA – 24 |
| | | 人才要素 | 企业工程技术员工比重（%） | CA – 25 |
| | | | 企业科技活动人员比重（%） | CA – 26 |
| | | | 员工培训和学习频度（次/年） | CA – 27 |
| | | | 研发人员的年总收入增长率（%） | CA – 28 |
| | | | 研发人员观念素质*（本科学历人员比重）（%） | CA – 29 |

续表

| 一级指标 | 二级指标 | 三级指标 | 四级指标 | 序号 |
|---|---|---|---|---|
| 结构层 | 能力层 | 要素层 | 观测指标层 | |
| 内生创新能力 | 自主性创新能力 | 人才要素 | 研发人员忠诚度*（年离职率）（%） | CA－30* |
| | | | 员工满意度*（年收入增长率）（%） | CA－31 |
| | | | 研发人员晋升制度的完善程度*（管理层由企业自身培养的研发人员比重） | CA－32 |
| | | 资本要素 | 企业研发支出经费比率（%） | CA－33 |
| | | | 资本创新效率资本创新效率（专利产出效率）（%） | CA－34 |
| | | | 研发人员投入比重（%） | CA－35 |
| | | | 研发设备投入比重（%） | CA－36 |
| | | | 外部科研经费筹集比重（%） | CA－37 |
| | | 资源要素 | 企业的国家控制程度*（国有或者集体股份比重） | CA－38* |
| | | | 企业资源禀赋优势*（企业资源占国家该资源总量的比重） | CA－39* |
| | | | 市场准入门槛*（进入该资源市场所需政府批文数量） | CA－40* |
| | | | 资源替代品多寡*（根据很容易被替代、容易被替代、不容易被替代，分别赋以1、0.5、0） | CA－41* |
| | | | 企业国际资源获取门槛*（资源进口单价年增长率）（%） | CA－42* |
| | 外源性创新能力 | 引进创新 | 企业技术引进费用占比（%） | CA－43 |
| | | | 企业国内技术购买费用占比（%） | CA－44 |
| | | | 企业技术引进合同金额占比（%） | CA－45 |
| | | 合作创新 | 企业消化吸收经费占比（%） | CA－46 |
| | | | 产、学、研合作比率（%） | CA－47 |
| 企业创新三维空间 | 经济空间 | 经济发展 | 地区人均国内生产总值（元） | CB－01 |
| | | | 地区规模以上工业增加值增速（%） | CB－02 |
| | | | 地区人均可支配收入（元） | CB－03 |
| | | | 地区经济发展全国排名 | CB－04 |
| | | | 地区经济发展潜力*（GDP增长率）（%） | CB－05 |

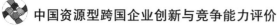
续表

| 一级指标 | 二级指标 | 三级指标 | 四级指标 | 序号 |
|---|---|---|---|---|
| 结构层 | 能力层 | 要素层 | 观测指标层 | |
| 企业创新三维空间 | 经济空间 | 经济活力 | 地区人均居民消费水平（元） | CB－06 |
| | | | 地区全社会固定资产投资占GDP比重（%） | CB－07 |
| | | | 地区实际使用外资与GDP之比（%） | CB－08 |
| | | | 地区金融机构资金信贷合计与GDP之比 | CB－09 |
| | | | 地区上市公司数量（家） | CB－10 |
| | | | 地区社会零售商品总额与GDP之比 | CB－11 |
| | | | 单位地区生产总值能耗（等价值）（吨标准煤/万元） | CB－12 |
| | | | 地区创新型企业的发展程度*（高新技术企业产出占GDP比重）（%） | CB－13 |
| | | | 地区创新产品市场容量 | CB－14 |
| | | 经济结构 | 地区第二、三产业比 | CB－15* |
| | | | 地区城乡居民收入比 | CB－16* |
| | | | 地区市场集中程度*（反向指标，各产业GDP贡献的离散程度，方差表示） | CB－17* |
| | | | 地区贫富差距*（反向指标，基尼系数） | CB－18* |
| | | | 地区经济规模效应*（税收在100万以上的企业在税收贡献中的比重）（%） | CB－19 |
| | 地理空间 | 地理结构 | 地区人均公路里程（千米/人） | CB－20 |
| | | | 地区人均铁路营业里程（千米/人） | CB－21 |
| | | | 地区高速公路比重（%） | CB－22 |
| | | | 地区每万人拥有公共交通数量（台） | CB－23 |
| | | | 地区城镇化发展水平（城镇人口比重）（%） | CB－24 |
| | | | 地区地理区位优势*（所处地区档次分为东部、中部、西部，不同档次区位将被赋予3、2、1的数值。） | CB－25 |
| | | 环境资源 | 地区电力生产消费比 | CB－26 |
| | | | 地区资源丰度（根据地区资源禀赋由课题组确定全国各省份资源丰度，以3、2、1量化表示） | CB－27 |

| 一级指标 | 二级指标 | 三级指标 | 四级指标 | 序号 |
|---|---|---|---|---|
| 结构层 | 能力层 | 要素层 | 观测指标层 | |
| 企业创新三维空间 | 地理空间 | 环境资源 | 地区人居自然环境*（人口密度）（人/平方千米） | CB－28 |
| | | | 地区金融支持环境*（地区金融机构贷款余额与GDP之比）（%） | CB－29 |
| | 人文空间 | 政策环境 | 地区人均行政诉讼案件 | CB－30 |
| | | | 地区人均财政税收（万元/人） | CB－31 |
| | | | 地区人均财政支出（万元/人） | CB－32 |
| | | | 地区政府廉洁水平*（三公经费比重） | CB－33* |
| | | 法律环境 | 地区法院人均收案（件/万人） | CB－34 |
| | | | 地区刑事犯罪人数比重（每万人发案数） | CB－35 |
| | | | 地区万人拥有律师数 | CB－36 |
| | | | 地区技术创新成果保护法的完善与实施情况*（知识产权收案占民事收案比重）（%） | CB－37 |
| | | 文化环境 | 地区万人高校在校生人数（人） | CB－38 |
| | | | 地区万人科研机构数（个/万人） | CB－39 |
| | | | 地区教育经费占财政支出比重（%） | CB－40 |
| | | | 当地人居社会环境情况*（一般公共服务经费支出占财政支出比重）（%） | CB－41 |
| | | | 地区创新的文化发育程度*（地区科技经费支出比重）（%） | CB－42 |
| | | | 地区文明程度*（每万人犯罪数） | CB－43* |

注：最后一列为约简后重新命名的指标序号，指标加"＊"号的为软指标，序号加"＊"的为反向指标。

需要注意的是指标 CA – 39：企业资源禀赋优势和指标；CB – 33*：地区政府廉洁水平（"三公"经费比重）。这两个指标目前还没有精确数据，由课题组根据实际情况进行推算得到其原始数据。我们认为这两个数据对于企业的创新能力有着非常重要的影响，不能够剔除。所以，我们建议企业及国家统计机构对这两项指标进行统计。

## 5.4 资源型跨国企业创新能力评价指标体系观测指标权重确定

### 5.4.1 熵值法的操作步骤

熵值法是一种根据各项指标观测值所提供的信息的大小来确定指标权重的方法。设 $a'_{ij}$（$i = 1, 2, \cdots, n$；$j = 1, 2, \cdots, m$）为第 $i$ 个系统中的第 $j$ 项观测数据。原矩阵为 $\boldsymbol{A}' = (a'_{ij})_{m \times n}$，（$i = 1, 2, \cdots, n$；$j = 1, 2, \cdots, m$）。

（1）标准化数据

为消除指标间量纲的影响，对 $a'_{ij}$ 进行标准化，得到各指标标准化矩阵。我们采用极值法进行数据标准化。设标准化后的矩阵为 $\boldsymbol{A} = (a_{ij})_{m \times n}$，（$i = 1, 2, \cdots n$；$j = 1, 2, \cdots m$），标准化公式为

$$a_{ij} = \frac{a'_{ij} - \min|a'_{ij}|}{\max|a'_{ij}| - \min|a'_{ij}|} \times 10 \tag{5-4}$$

（2）计算第 $j$ 项指标下，第 $i$ 个系统的特征比重 $z_{ij} = \dfrac{x_{ij}}{\displaystyle\sum_{i=1}^{n} x_{ij}}$，

这里假定 $x_{ij} \geq 0$，且 $\displaystyle\sum_{i=1}^{n} x_{ij} > 0$。

（3）计算第 $j$ 项指标的熵值 $b_j = -k \displaystyle\sum_{i=1}^{n} z_{ij} \ln(z_{ij})$，其中，$b_i > 0$，$k = \dfrac{1}{\ln n}$，如果 $x_{ij}$ 对于给定的 $j$ 全部相等，那么 $z_{ij} = \dfrac{1}{n}$，此时 $b_j = k\ln(n)$。

（4）计算第 $j$ 项指标的差异系数 $h_j = \dfrac{1 - b_j}{m - B_\varepsilon}$，其中，$B_\varepsilon = \sum\limits_{j=1}^{m} b_j$。

（5）确定权数 $w_j = \dfrac{h_j}{\sum\limits_{j=1}^{m} h_j}$，$j = 1,\ 2,\ \cdots,\ m$，很显然 $0 \leqslant w_j \leqslant 1$，$\sum\limits_{j=1}^{m} w_j = 1$。

## 5.4.2　权重确定

根据熵值法的步骤，分别计算出这 16 家企业的 90 个指标的权重。由于在选择样本企业的时候已经考虑到企业的覆盖面和代表性（它们在中国企业中服从均匀分布），因此，只需要将各企业在各具体指标上的权重进行算术平均

即：$m_j = \dfrac{\sum\limits_{i=1}^{n} w_{ij}}{16}$，$j = 1,\ 2,\ \cdots,\ m$；$i = 1,\ 2,\ \cdots,\ n$（其中 $j$ 为指标数，$i$ 为企业数），便可得到我们想要的观测层指标权重。

在观测层指标权重的基础上，按照逆向指标集结法，逆推集结获得要素层指标权重；在要素层指标权重的基础上，按照逆向指标集结法，逆推集结获得能力层指标权重；在能力层指标权重的基础上，按照逆向指标集结法，逆推集结获得结构层指标权重；在结构层指标权重的基础上，按照逆向指标集结法，逆推集结获得综合层指标权重。逐级叠加进行加权计算公式为：$\text{INDEX}_j = \sum\limits_{j=1}^{m} w_{j+1} \times x_{j+1}$，其中 $\text{INDEX}_j$ 为各级指标指数，$j$ 为指标序号。为具体权重计算结果见表 5 - 10。

表 5 - 10　资源型跨国企业创新能力评价指标体系观测指标权重

| 一级指标 | 二级指标 | 三级指标 | 四级指标 | 序号 | 权重 |
|---|---|---|---|---|---|
| 结构层 | 能力层 | 要素层 | 观测指标层 | | |
| 内生创新能力 45.05% | 自主性创新能力 39.53% | 技术要素 13.81% | 专利及科技成果相对数 | CA - 01 | 2.15% |
| | | | 获奖成果相对数 | CA - 02 | 1.13% |
| | | | 千人研发人员拥有专利数量 | CA - 03 | 1.18% |

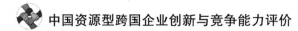

续表

| 一级<br>指标 | 二级<br>指标 | 三级<br>指标 | 四级指标 | 序号 | 权重 |
|---|---|---|---|---|---|
| 结构层 | 能力层 | 要素层 | 观测指标层 | | |
| 内生<br>创新<br>能力<br>45.05% | 自主性<br>创新<br>能力<br>39.53% | 技术<br>要素<br>13.81% | 千人研发人员拥有论文数量 | CA - 04 | 2.10% |
| | | | 企业科技机构相对数 | CA - 05 | 2.26% |
| | | | 企业仪器设备采购强度 | CA - 06 | 1.62% |
| | | | 企业 R&D 项目相对数 | CA - 07 | 0.69% |
| | | | 理论与技术导入能力*（新聘员工培训时间） | CA - 08* | 1.47% |
| | | | 工艺技术手段完备情况*（企业外包业务环节比重） | CA - 09* | 0.62% |
| | | | 自动化生产水平*（生产线员工比重） | CA - 10* | 0.59% |
| | | 管理<br>要素<br>8.23% | 企业创新激励机制建设水平（研发人员劳务支出比重） | CA - 11 | 1.26% |
| | | | 企业管理费用比重 | CA - 12 | 2.38% |
| | | | 企业创新战略目标的清晰程度*（新产品研发成功率） | CA - 13 | 1.03% |
| | | | 创新战略有效性*（新产品企业市场份额） | CA - 14 | 0.64% |
| | | | 创新机制的有效性*（新产品销售收入比重） | CA - 15 | 0.89% |
| | | | 科技体系与创新载体情况*（负责创新的部门机构经费比） | CA - 16 | 0.65% |
| | | | 管理人员创新意识*（百名管理人员关于管理改革提案数） | CA - 17 | 0.71% |
| | | | 信息采集和管理能力*（企业管理信息系统费用支出比重） | CA - 18 | 0.67% |
| | | 信息化<br>要素<br>4.40% | 企业人均邮电业务总量 | CA - 19 | 0.42% |
| | | | 企业人均移动电话数量 | CA - 20 | 0.55% |
| | | | 宽带覆盖率 | CA - 21 | 0.52% |
| | | | 微机覆盖率 | CA - 22 | 0.55% |
| | | | 信息技术投入增长率 | CA - 23 | 0.55% |
| | | | 情报部门投入经费比重 | CA - 24 | 1.81% |

| 一级指标 | 二级指标 | 三级指标 | 四级指标 | 序号 | 权重 |
|---|---|---|---|---|---|
| 结构层 | 能力层 | 要素层 | 观测指标层 | | |
| 内生创新能力 45.05% | 自主性创新能力 39.53% | 人才要素 5.41% | 企业工程技术员工比重 | CA－25 | 0.74% |
| | | | 企业科技活动人员比重 | CA－26 | 0.48% |
| | | | 员工培训和学习频度 | CA－27 | 0.53% |
| | | | 研发人员的年总收入增长率 | CA－28 | 0.74% |
| | | | 研发人员观念素质*（本科学历人员比重） | CA－29 | 0.80% |
| | | | 研发人员忠诚度*（年离职率，反向指标） | CA－30* | 0.57% |
| | | | 研发人员满意度*（年收入增长率） | CA－31 | 0.70% |
| | | | 研发人员晋升制度的完善程度*（管理层人员由企业自身培养的研发人员比重） | CA－32 | 0.85% |
| | | 资本要素 4.56% | 企业研发支出经费比率 | CA－33 | 0.94% |
| | | | 资本创新效率（专利产出效率） | CA－34 | 0.60% |
| | | | 研发人员投入比重 | CA－35 | 0.84% |
| | | | 研发设备投入比重 | CA－36 | 0.74% |
| | | | 外部科研经费筹集能力 | CA－37 | 1.44% |
| | | 资源要素 3.12% | 企业的国家控制程度*（国有或集体股份比重） | CA－38* | 0.60% |
| | | | 企业资源禀赋优势*（企业资源占国家该资源总量的比重） | CA－39* | 0.70% |
| | | | 市场准入门槛*（进入该资源市场所需政府批文数量） | CA－40* | 0.64% |
| | | | 资源替代品多寡*（根据很容易被替代、容易被替代、不容易被替代，分别赋以 1、0.5、0） | CA－41* | 0.54% |
| | | | 企业国际资源获取门槛*（资源进口单价年增长率） | CA－42* | 0.64% |

| 一级指标<br>结构层 | 二级指标<br>能力层 | 三级指标<br>要素层 | 四级指标<br>观测指标层 | 序号 | 权重 |
|---|---|---|---|---|---|
| 内生创新能力<br>45.05% | 外源性创新能力<br>5.52% | 引进创新<br>3.95% | 企业技术引进费用占比 | CA-43 | 0.55% |
| | | | 企业国内技术购买费用占比 | CA-44 | 0.73% |
| | | | 企业技术引进合同金额占比 | CA-45 | 2.67% |
| | | 合作创新<br>1.57% | 企业消化吸收经费占比 | CA-46 | 0.66% |
| | | | 产、学、研合作比率 | CA-47 | 0.91% |
| 企业创新三维空间<br>54.95% | 经济空间<br>23.11% | 经济发展<br>6.46% | 地区人均国内生产总值 | CB-01 | 0.60% |
| | | | 地区人均工业增加值 | CB-02 | 0.81% |
| | | | 地区人均可支配收入 | CB-03 | 2.82% |
| | | | 地区经济发展全国排名 | CB-04 | 0.75% |
| | | | 地区经济发展潜力*（GDP增长率） | CB-05 | 1.48% |
| | | 经济活力<br>10.44% | 地区人均居民消费水平 | CB-06 | 0.57% |
| | | | 地区全社会固定资产投资 | CB-07 | 0.89% |
| | | | 地区实际使用外资与GDP之比 | CB-08 | 0.59% |
| | | | 地区金融机构资金信贷合计与GDP之比 | CB-09 | 0.71% |
| | | | 地区上市公司比重 | CB-10 | 1.86% |
| | | | 地区社会零售商品总额与GDP之比 | CB-11 | 0.56% |
| | | | 地区能源消耗总量与GDP之比 | CB-12 | 0.55% |
| | | | 地区创新型企业的发展程度*（高新技术企业产出占GDP比） | CB-13 | 2.77% |
| | | | 地区创新产品市场容量 | CB-14 | 1.94% |
| | | 经济结构<br>6.21% | 地区第二、三产业比重 | CB-15* | 2.72% |
| | | | 地区城乡居民收入比 | CB-16* | 0.77% |
| | | | 地区市场集中程度*（反向指标，各产业GDP贡献的离散程度，方差表示） | CB-17* | 0.93% |
| | | | 地区贫富差距*（反向指标，基尼系数） | CB-18* | 0.57% |
| | | | 地区经济规模效应*（GDP贡献最大的行业在GDP中的比重） | CB-19 | 1.22% |

| 一级指标 | 二级指标 | 三级指标 | 四级指标 | 序号 | 权重 |
|---|---|---|---|---|---|
| 结构层 | 能力层 | 要素层 | 观测指标层 | | |
| 企业创新三维空间 54.95% | 地理空间 12.69% | 地理结构 7.59% | 地区人均公路里程 | CB-20 | 0.78% |
| | | | 地区人均铁路营业里程 | CB-21 | 0.55% |
| | | | 地区高速公路比重 | CB-22 | 2.12% |
| | | | 地区每万人拥有公共交通数量 | CB-23 | 2.32% |
| | | | 地区城镇化发展水平 | CB-24 | 1.06% |
| | | | 地区地理区位优势*（所处地区档次分为东部沿海城市、东部不沿海城市、中部中心城市、中部非重点城市、西部中心城市、西部非中心城市等，不同档次区位将被赋予不同的数值。） | CB-25 | 0.76% |
| | | 环境资源 5.10% | 地区电力生产消费比 | CB-26 | 1.30% |
| | | | 地区资源丰度 | CB-27 | 1.01% |
| | | | 地区人居自然环境*（人口密度） | CB-28 | 0.89% |
| | | | 地区金融支持环境*（地区金融机构贷款余额与GDP之比） | CB-29 | 1.90% |
| | 人文空间 19.15% | 政策环境 5.81% | 地区人均行政诉讼案件 | CB-30 | 1.68% |
| | | | 地区人均税收收入 | CB-31 | 0.59% |
| | | | 地区人均财政支出 | CB-32 | 1.30% |
| | | | 地区政府廉洁水平*（三公经费比重） | CB-33* | 2.24% |
| | | 法律环境 7.56% | 地区法院人均收案 | CB-34 | 1.64% |
| | | | 地区刑事犯罪人数比重 | CB-35 | 2.46% |
| | | | 地区律师数比重 | CB-36 | 2.00% |
| | | | 地区技术创新成果保护法的完善与实施情况*（知识产权案件占民事收案数比重） | CB-37 | 1.46% |
| | | 文化环境 5.78% | 地区百人本科以上人数 | CB-38 | 0.62% |
| | | | 地区万人科研机构数 | CB-39 | 0.87% |

续表

| 一级指标 | 二级指标 | 三级指标 | 四级指标 | 序号 | 权重 |
|---|---|---|---|---|---|
| 结构层 | 能力层 | 要素层 | 观测指标层 | | |
| 企业创新三维空间 54.95% | 人文空间 19.15% | 文化环境 5.78% | 地区教育经费比重 | CB – 40 | 1.46% |
| | | | 当地人居社会环境情况*（公共事业经费支出比重） | CB – 41 | 1.12% |
| | | | 地区创新的文化发育程度*（地区研发资金支出比重） | CB – 42 | 0.67% |
| | | | 地区文明程度*（犯罪率） | CB – 43* | 1.04% |

## 5.5　企业创新能力评价指标体系权重验证

美国著名经济学家罗默提出了知识生产函数：

$$\frac{A(t)}{A(t)^{\theta}} = B[a_k K(t)]^{\beta}[a_L L(t)]^{\gamma}, B > 0, \beta \geqslant 0, \gamma \geqslant 0 \qquad (5-5)$$

其中，$A(t)$ 为当期知识存量，$A(t)^{\theta}$ 为前期知识存量，$\frac{A(t)}{A(t)^{\theta}}$ 为知识增长效率，$B$ 为知识增长系数，$a_k$ 为资本产出系数，$K(t)$ 为资本投入，$a_L$ 为劳动力产出系数，$L(t)$ 为劳动力投入，$\beta \geqslant 0$，$\gamma \geqslant 0$，为产出弹性，亦可理解为产出能力系数。❶

我们所构建的企业创新能力评价指标体系，基于企业内生与外部环境创新要素而构建，与上式的创新效率有密切关系，但两者却并不完全等价。企业内生要素由企业控制，也就是企业的创新投入系统，而创新的外部环境要素则是企业创新的环境空间，对企业创新的支持或者约束系统。当企业能够充分地利用环境空间，按照环境空间的特点安排自身的要素投入，此时外部环境空间则对其创新起到支持作用；当企业无视环境空间的存在，自身的要素投入与环境

---

❶　［美］戴维·罗默. 高级宏观经济学［M］. 王根培，译. 上海：上海财经大学出版社，2004.

空间特点不匹配，此时外部环境空间则对企业的创新作用很小。因此，必须将外部环境空间作为重要变量进行考量。企业的创新环境基本不由企业控制，企业所能控制的仅是其投入系统，因此环境因子是企业的外生系统。但若以要素的观点来看待企业的创新环境，环境因子又是企业创新的不可或缺的要素。

因此根据知识生产函数的一般表达有：

$$C = E^A \times I^B \tag{5-6}$$

$C$ 为创新产出，$I$ 为内生性创新要素（在我们的指标体系中，其实创新投入就是内生性创新要素），$A$、$B$ 为创新能力，$E$ 为环境因子。若定义企业创新的内生要素函数和环境空间函数 $I$ 和 $E$。

$$I = I(h, t, c, r, i, m, y, g) \tag{5-7}$$

$$E = E(e, b, n) \tag{5-8}$$

其中，$h$ 为人才要素，$t$ 为技术要素，$c$ 为资本要素，$r$ 为自然资源要素，$i$ 为信息要素，$m$ 为管理要素，$y$ 为合作创新要素，$g$ 为引进创新要素。$e$ 为经济空间，$b$ 为地理空间，$n$ 为人文空间。

则企业创新函数可以写成

$$C = E(e, b, n)^A \times I(h, t, c, r, i, m, y, g)^B \tag{5-9}$$

本研究的创新函数亦可写成道格拉斯生产函数形式。

$C = e^{\alpha_e} \cdot b^{\alpha_b} \cdot n^{\alpha_n} \times h^{\beta_h} \cdot t^{\beta_t} \cdot c^{\beta_c} \cdot r^{\beta_r} \cdot i^{\beta_i} \cdot m^{\beta_m} \cdot y^{\beta_y} \cdot g^{\beta_g}$，其中，

$$\beta_h \geq 0, \ \beta_t \geq 0, \ \beta_c \geq 0, \ \beta_r \geq 0, \ \beta_i \geq 0, \ \beta_m \geq 0, \ \beta_y \geq 0, \ \beta_g \geq 0, \ \alpha_e \geq 0,$$
$$\alpha_b \geq 0, \ \alpha_n \geq 0 \tag{5-10}$$

需要说明的是，创新能力是一个复杂的系统，其不可能以某一数值来替代，应是一个有方向有大小的矢量，且以矩阵元素形式与各要素结合形成产出。在计算创新能力系数的时候，需要进行数学变换，最简单的方式就是取对数，即：

$$\ln C = \ln(h^{\beta_h} \cdot t^{\beta_t} \cdot c^{\beta_c} \cdot r^{\beta_r} \cdot i^{\beta_i} \cdot m^{\beta_m} \cdot y^{\beta_y} \cdot g^{\beta_g} \cdot e^{\alpha_e} \cdot b^{\alpha_b} \cdot n^{\alpha_n})$$
$$= \beta_h \ln h + \beta_t \ln t + \beta_c \ln c + \beta_r \ln r + \beta_i \ln i + \beta_m \ln m + \beta_y \ln y + \beta_g \ln g +$$
$$\alpha_e \ln e + \alpha_b \ln b + \alpha_n \ln n \tag{5-11}$$

通过多元回归分析，我们可以得到企业创新能力系数矩阵（向量）$\chi$ 的各元素。

$$\chi = \begin{bmatrix} \beta_h \\ \beta_t \\ \beta_c \\ \beta_r \\ \beta_i \\ \beta_m \\ \beta_y \\ \beta_g \\ \alpha_e \\ \alpha_b \\ \alpha_n \end{bmatrix}, \; \alpha_j \geq 0, \; j = h, \; t, \; \cdots, \; n.$$

根据式（5-11），在数据可得的情况下，我们可以计算得出创新能力系数矩阵$\chi$，该矩阵的中的元素分别代表着要素层的人才要素、技术要素、资本要素、自然资源要素、信息要素、管理要素、合作创新要素、引进创新要素，以及能力层的经济空间、地理空间、人文空间的权重。各元素的值可以代表各要素的创新贡献，也就是部分要素层和能力层指标的权重。通过回归获取创新系数（权重），从而实现对通过熵值法和指标逆向集结获得的权重进行验证。

其中，$l$、$h$、$t$、$c$、$r$、$i$、$m$、$y$、$g$、$e$、$b$、$n$分别代表样本企业新产品销售额，以及经熵值法确定的权重加权获取的样本企业人才要素、技术要素、资本要素、自然资源要素、信息要素、管理要素、合作创新、引进创新，以及经济空间、地理空间、人文空间序列。

通过多元回归分析，我们可以得到各要素的创新能力系数，见表5-11。

表5-11　多元回归结果

| 变量 | 系数 | 标准误差 | $t$检验 | $P$值 |
|---|---|---|---|---|
| $\ln(t)$ | 0.4089549 | 0.186643 | 2.191113 | 0.0477 |
| $\ln(m)$ | 0.5655029 | -0.180781 | -3.128042 | 0.0324 |
| $\ln(i)$ | 0.1932018 | -0.054682 | -3.533503 | 0.0020 |
| $\ln(h)$ | 0.3090869 | 0.120608 | 2.562750 | 0.0436 |

| 变量 | 系数 | 标准误差 | $t$ 检验 | $P$ 值 |
|------|------|---------|---------|--------|
| $\ln(c)$ | 0.2876732 | 0.057163 | 5.032806 | 0.0154 |
| $\ln(r)$ | 0.2323319 | 0.031437 | 7.390298 | 0.0062 |
| $\ln(g)$ | 0.2234044 | 0.052918 | 4.221690 | 0.0154 |
| $\ln(y)$ | 0.4796681 | 0.146059 | 3.284079 | 0.0304 |
| $\ln(e)$ | 1.3996867 | −0.408671 | −3.425019 | 0.0327 |
| $\ln(b)$ | 1.3406413 | 0.301236 | 4.450465 | 0.0105 |
| $\ln(n)$ | 1.5011017 | −0.246337 | −6.093971 | 0.0097 |
| $R$ 平方 | 0.9701813 | $F$ 检验 | 145.4375 | |
| 调整后的 $R$ 平方 | 0.9831856 | $P$ 值（$F$ 检验） | 0.000249 | |
| D－W 统计 | 3.0575277 | | | |

由此我们可以写出创新能力系数向量 $\boldsymbol{\chi}$。

$$\boldsymbol{\chi} = \begin{bmatrix} 0.3091 \\ 0.4089 \\ 0.2876 \\ 0.2323 \\ 0.1932 \\ 0.5655 \\ 0.4797 \\ 0.2234 \\ 1.3997 \\ 1.3406 \\ 1.5011 \end{bmatrix}$$

创新能力系数向量表明各要素对于创新产出的弹性系数，也就是对创新产出的贡献度，我们可以将其理解为各要素在创新中的重要性。基于这样的思考，我们可以将向量 $\boldsymbol{\chi}$ 中各元素的百分比构成作为各要素的评价权重。

$$w_j = \frac{\alpha_j}{\sum \alpha_j} \; , \; j = h, \; t, \; \cdots, \; n_\circ \; 计算的评价权重表: \; \chi_w = \begin{bmatrix} 0.0589 \\ 0.0815 \\ 0.0278 \\ 0.0446 \\ 0.0415 \\ 0.0335 \\ 0.0322 \\ 0.0691 \\ 0.2011 \\ 0.1932 \\ 0.2164 \end{bmatrix}$$

在内生创新子指标体系中，人才要素、技术要素、资本要素、自然资源要素、信息要素、管理要素、合作创新、引进创新等要素属于解释指标层。根据对回归结果的百分化处理，其权重分别为 5.89%、8.15%、2.78%、4.46%、4.15%、3.35%、3.22%、6.91%。在评价过程中我们需要得到能力层的指标权重，因此我们在要素层指标权重的基础上以逆推指标集结法，计算其上一层指标权重，得到自主创新能力和外源性创新能力的评价权重，分别为 28.79% 和 10.14%。

创新环境空间子指标体系中，经济空间、地理空间、人文空间属于能力层指标，其指标权重为 20.11%、19.32%、21.64%。对于创新三维空间子指标体系中的三级指标（经济发展、经济活力、经济结构、地理结构、地理资源、法律环境、政策环境、文化环境）的权重，按照逆推指标集结法，由观测层指标权重直接获取，这与熵值法确定权重的方法和结果一致。

表 5 - 12　多元回归计算得到的指标权重

| 一级指标 | 二级指标 | 三级指标 |
|---|---|---|
| 结构层 | 能力层 | 要素层 |
| 内生创新能力（38.91%） | 自主性创新能力（28.78%） | 人才要素（5.89%） |
|  |  | 技术要素（8.15%） |
|  |  | 资本要素（2.78%） |
|  |  | 自然资源要素（4.46%） |

续表

| 一级指标 | 二级指标 | 三级指标 |
|---|---|---|
| 结构层 | 能力层 | 要素层 |
| 内生创新能力 (38.91%) | 自主性创新能力 (28.78%) | 信息要素 (4.15%) |
| | | 管理要素 (3.35%) |
| | 外源性创新能力 (10.13%) | 合作创新 (3.22%) |
| | | 引进创新 (6.91%) |
| 企业创新三维空间 (61.07%) | 经济空间 (20.11%) | |
| | 地理空间 (19.32%) | |
| | 人文空间 (21.64%) | |

通过计算，我们发现，最终内生性创新的贡献度为 38.93%，外部环境创新要素，即创新三维空间的贡献为 61.07%。比较发现，通过多元回归获取的指标权重绝大多数与通过熵值法获取的指标权重是一致的，这也证实了通过熵值法确定指标权重的科学性和正确性。但在个别指标上，两种方法的计算结果存在较大差异，主要体现在技术要素和合作创新两个指标上。通过回归的方法获取的指标体系权重放大了合作创新的指标权重，缩小了技术要素、信息要素和地理空间的权重，从而导致了在结构层内生创新和创新三维空间的权重变成了 38.93% 和 61.07%。我们认为这种差别可能来自回归模型设立过程中的随机干扰项和计算过程中的四舍五入。从企业创新发展的规律来看，技术、信息等要素的重要性应得到充分体现，而对于企业而言，地理空间的重要性也是不言而喻的。总体而言，用熵值法确定权重既符合企业内生创新与环境之间的自由能流动规律，也符合客观赋权法的一般做法。

## 5.6  本章小结

本章以科学性、导向性、渐近性原则为导向，放松可比性和可操作性原则，构建充分非必要条件下资源型跨国企业完备评价指标体系，尽可能全面地收集可用的指标，供下一阶段筛选；其次，以实际企业数据为基础，通过专家审议，模型筛选，约简重构指标体系，得到充分必要条件下的资源型跨国企业创新能力评价指标体系。

厘清了企业创新能力的构成，即企业内生性创新能力和企业创新环境空间，具体到要素层上就是人才、信息、资源、资本、管理、技术能力、引进创新、合作创新，以及环境资源、地理气候、经济活力、经济发展、经济结构、政治环境、法律环境、文化环境要素。确定了企业的创新能力评价指标体系的指标层：一级指标层为企业创新能力，二级指标层为企业内生性创新能力和企业创新环境空间，三级指标层为企业自主性创新、企业外源性创新、地理空间、经济空间、人文空间，四级指标层为各要素指标，五级指标层为要素指标层的具体观测指标。

在遴选五级观测指标时有四个指标来源：第一，国家、地方、机构的现有统计指标；第二，学者文献中所提及的指标；第三，专家及企业家座谈过程中认为比较重要的指标；第四，我们在研究中认为比较重要的指标。甄选得到的指标集分别为企业内生创新能力指标集和企业创新环境空间指标集，共计 111 项具体观测指标。

在此基础上，致力于约简后的指标体系各指标层指标的权重计算和验证。我们采用的是客观赋权法。具体而言，又分为三种方法，即熵值法、指标逆向集结法和多元回归法。

（1）我们的样本企业是 16 家资源型上市公司，且平均分布在中国 A 股上市企业中。由于企业分布广，包含的信息较为全面，因此采用熵值法确定指标体系的权重是科学的。

（2）企业内生要素由企业控制，也就是企业的创新投入系统，而创新的外部环境要素则是企业创新的环境空间，是企业创新的支持或者约束系统。我们认为当企业能够充分地利用环境空间，按照环境空间的特点安排自身的要素投入，此时外部环境空间则对其创新起到支持作用；当企业无视环境空间的存在，自身的要素投入与环境空间特点不匹配，此时外部环境空间则对企业的创新作用很小。因此，必须将外部环境空间作为重要变量进行考量。企业的创新环境基本不由企业控制，企业所能控制的仅是其投入系统，因此环境因子是企业的外生系统。但若以要素的观点来看待企业的创新环境，环境因子又是企业创新的不可或缺的要素。因此，我们以罗默知识生产函数为基础，并加以修正，构建函数模型并进行数学变换，进行回归分析，获取企业要素创新能力贡献系数矩阵，也就是要素层指标的权重。对按熵值法确定的指标体系权重进行验证，结果显示，两种方法所确定的指标体系权重绝大多数出现高度的一致性，只有个别指标出现较大差别，究其原因，可能来自回归模型设定时的随机干扰项。

# 6 资源型跨国企业创新能力评价指标体系的应用

## 6.1 评价等级标准的确定

一般而言，对于评价指标体系需要对其评价结果进行等级划分。其综合评价结果落在某一特定区域时，我们便认定其为某等级的综合评价。在我们的研究中，将所评价的企业的创新能力水平进行定性描述，按照综合评价结果的值域，以某种特定规则划分为若干个层次。通用的有九分法、五分法、四分法、三分法等。

评价等级标准划分的步骤：

（1）综合评价值域的确定。

（2）选择某种分布函数划分值域区间。

（3）等级层次数量确定。

虽然，通过检索原始数据，可以获得每个指标上的最大值和最小值，也就是最优和最差标杆指标值，将 90 个指标合起来，便可得到模拟的理想标杆企业。但是，再往下获得综合得分和划分评价等级的时候，将遇到困难，由于各指标的单位不统一，无法获得有意义的综合得分，且等级也无从划分。因此，我们将各观测指标的数值进行标准化去量纲，最后获得综合得分，并划分等级。

原始数据标准化：

$$x_{ij} = \frac{x'_{ij} - \min|x'_{ij}|}{\max|x'_{ij}| - \min|x'_{ij}|} \times 100 \qquad (6-1)$$

显然，式（6-1）的取值范围为 $0 \leqslant x_{ij} \leqslant 100$。

本研究选择了16家企业作为样本，获取了90个指标的原始数据，见表6-1、表6-2。

表6-1　样本企业各指标最差值及其对应的企业

| 指标 | 极小值 | 企业 | 指标 | 极小值 | 企业 | 指标 | 极小值 | 企业 |
|---|---|---|---|---|---|---|---|---|
| CA-01 | 0.05 | 昊华能源 | CA-15 | 3.06 | 沙钢股份 | CA-29 | 33.07 | 吉恩镍业 |
| CA-02 | 0.01 | 中国石油 | CA-16 | 5.43 | 金钼股份 | CA-30* | 1.00 | 创兴资源/科恒股份/冀中能源/吉恩镍业 |
| CA-03 | 5.00 | 开滦股份 | CA-17 | 4.00 | 创兴资源 | CA-31 | 8.00 | 河北钢铁 |
| CA-04 | 315 | 中国铝业 | CA-18 | 1.09 | 金钼股份 | CA-32 | 12.67 | 山煤国际 |
| CA-05 | 0.01 | 吉恩镍业 | CA-19 | 0.06 | 吉恩镍业 | CA-33 | 1.89 | 沙钢股份 |
| CA-06 | 0.04 | 中国铝业 | CA-20 | 0.90 | 炼石有色/沙钢股份 | CA-34 | 105 | 中国铝业 |
| CA-07 | 0.02 | 中国石油 | CA-21 | 90.00 | 炼石有色 | CA-35 | 1.20 | 沙钢股份 |
| CA-08* | 13.40 | 创兴资源 | CA-22 | 94.00 | 炼石有色 | CA-36 | 1.00 | 吉恩镍业 |
| CA-09 | 5.00 | 中国石油 | CA-23 | 1.50 | 沙钢股份 | CA-37 | 17.00 | 云海金属 |
| CA-10 | 26.00 | 沙钢股份 | CA-24 | 2.24 | 金钼股份 | CA-38 | 10.00 | 金钼股份/东华能源/云海金属/沙钢股份/吉恩镍业 |
| CA-11 | 14.00 | 开滦股份 | CA-25 | 1.50 | 沙钢股份 | CA-39 | 0.00 | |
| CA-12 | 1.27 | 东华能源 | CA-26 | 2.80 | 沙钢股份 | CA-40 | 15.00 | 科恒股份 |
| CA-13 | 8.20 | 金钼股份 | CA-27 | 1.00 | 吉恩镍业 | CA-41 | 0.00 | 科恒股份/金钼股份/云海金属/中国铝业/吉恩镍业 |
| CA-14 | 5.19 | 创兴资源 | CA-28 | 10.00 | 科恒股份 | CA-42 | 5.10 | 冀中能源 |

续表

| 指标 | 极小值 | 企业 | 指标 | 极小值 | 企业 | 指标 | 极小值 | 企业 |
|---|---|---|---|---|---|---|---|---|
| CA-43 | 0.04 | 山煤国际 | CB-07 | 25.85 | 创兴资源 | CB-18 | 0.34 | 金钼股份 |
| CA-44 | 0.02 | 山煤国际/云海金属 | CB-08 | 0.88 | 开滦股份 | CB-19 | 10.00 | 鄂尔多斯 |
| CA-45 | 0.05 | 山煤国际 | CB-09 | 0.68 | 鄂尔多斯 | CB-20 | 0.00 | 创兴资源 |
| CA-46 | 0.01 | 山煤国际 | CB-10 | 24.00 | 鄂尔多斯 | CB-21 | 0.00 | 中国石油 |
| CA-47 | 7.00 | 东华能源 | CB-11 | 0.28 | 鄂尔多斯 | CB-22 | 1.79 | 鄂尔多斯 |
| CB-01 | 31357 | 山煤国际 | CB-12 | 0.46 | 昊华能源 | CB-23 | 4.01 | 科恒股份 |
| CB-02 | 7.30 | 昊华能源 | CB-13 | 2.27 | 鄂尔多斯 | CB-24 | 45.60 | 冀中能源/开滦股份/河北钢铁 |
| CB-03 | 15411 | 吉恩镍业 | CB-14 | / | / | CB-25 | 1.00 | 炼石有色/金钼股份/鄂尔多斯/山煤国际 |
| CB-04 | 1.00 | 创兴资源 | CB-15* | 0.30 | 昊华能源 | CB-26 | 0.57 | 冀中能源/中国石油/开滦股份/河北钢铁/中国铝业 |
| CB-05 | 8.00 | 昊华能源 | CB-16* | 2.12 | 创兴资源/东华能源/云海金属/沙钢股份 | CB-27 | 1.00 | 创兴资源/昊华能源/科恒股份/冀中能源/开滦股份/东华能源/云海金属/河北钢铁/沙钢股份 |
| CB-06 | 9551 | 冀中能源/开滦股份/河北钢铁 | CB-17* | 0.31 | 昊华能源 | CB-28 | 20.00 | 鄂尔多斯 |

| 指标 | 极小值 | 企业 | 指标 | 极小值 | 企业 | 指标 | 极小值 | 企业 |
|------|--------|------|------|--------|------|------|--------|------|
| CB－29 | 0.34 | 鄂尔多斯 | CB－34 | 39.00 | 昊华能源 | CB－39 | 0.12 | 冀中能源/鄂尔多斯/开滦股份/河北钢铁 |
| CB－30 | 0.00 | 山煤国际 | CB－35 | 11.00 | 昊华能源 | CB－40 | 11.26 | 创兴资源 |
| CB－31 | 0.24 | 冀中能源/开滦股份/河北钢铁 | CB－36 | 1.17 | 吉恩镍业 | CB－41 | 6.03 | 创兴资源 |
| CB－32 | 0.49 | 冀中能源/开滦股份/河北钢铁 | CB－37 | 0.60 | 鄂尔多斯 | CB－42 | 0.81 | 中国铝业 |
| CB－33* | — | — | CB－38 | 100 | 中国石油 | CB－43* | 14 | 昊华能源 |

注：表中数据为根据原始数据进行标准化后的数据。

表6－1模拟了最差的标杆企业（在现有数据及样本条件下）。这个最差标杆企业的指标是靠我们能够找到的若干企业的最差的一个或数个最差指标集成的，或者说是理想中的最差企业，但是又是可能存在的，当指标体系中的90个指标同时达到最差值（或者最差情况）时，这个企业就是所有企业中创新能力最差的一个，由它确定了企业创新能力的下限值。

同理，我们可以寻找最优模拟标杆企业，见表6－2。

表6－2　样本企业各指标最优值及其对应的企业

| 指标 | 极大值 | 企业 | 指标 | 极大值 | 企业 | 指标 | 极大值 | 企业 |
|------|--------|------|------|--------|------|------|--------|------|
| CA－01 | 4.54 | 科恒股份 | CA－07 | 6.83 | 炼石有色 | CA－13 | 18.05 | 河北钢铁 |
| CA－02 | 3.98 | 科恒股份 | CA－08* | 28.30 | 金钼股份 | CA－14 | 25.01 | 中国石油 |
| CA－03 | 47.00 | 科恒股份 | CA－09* | 14.00 | 吉恩镍业 | CA－15 | 14.98 | 科恒股份 |
| CA－04 | 2450.00 | 昊华能源 | CA－10* | 47.20 | 开滦股份 | CA－16 | 15.28 | 河北钢铁 |
| CA－05 | 1.20 | 科恒股份 | CA－11 | 35.00 | 科恒股份 | CA－17 | 58.00 | 中国石油 |
| CA－06 | 0.95 | 开滦股份 | CA－12 | 8.97 | 冀中能源 | CA－18 | 3.06 | 河北钢铁 |

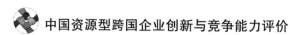

| 指标 | 极大值 | 企业 | 指标 | 极大值 | 企业 | 指标 | 极大值 | 企业 |
|---|---|---|---|---|---|---|---|---|
| CA-19 | 0.90 | 冀中能源/中国石油/中国铝业/ | CA-24 | 4.21 | 河北钢铁 | CA-29 | 61.12 | 河北钢铁 |
| CA-20 | 1.50 | 冀中能源/中国石油/开滦股份/中国铝业 | CA-25 | 5.00 | 创兴资源/昊华能源/科恒股份 | CA-30* | 4.00 | 中国石油 |
| CA-21 | 100.0 | 创兴资源/昊华能源/科恒股份/冀中能源/金钼股份/中国石油/鄂尔多斯/开滦股份/东华能源/云海金属/河北钢铁/沙钢股份/中国铝业 | CA-26 | 9.00 | 创兴资源/中国石油 | CA-31 | 15.00 | 云海金属 |
| CA-22 | 100.0 | 创兴资源/昊华能源/科恒股份/冀中能源/金钼股份/中国石油/鄂尔多斯/开滦股份/东华能源/云海金属/河北钢铁/沙钢股份/中国铝业 | CA-27 | 6.00 | 鄂尔多斯 | CA-32 | 21.65 | 中国石油 |
| CA-23 | 7.90 | 科恒股份 | CA-28 | 16.00 | 河北钢铁 | CA-33 | 8.00 | 科恒股份 |

| 指标 | 极大值 | 企业 | 指标 | 极大值 | 企业 | 指标 | 极大值 | 企业 |
|---|---|---|---|---|---|---|---|---|
| CA－34 | 268.00 | 创兴资源/昊华能源/沙钢股份 | CA－45 | 19.90 | 冀中能源 | CB－09 | 7.06 | 昊华能源 |
| CA－35 | 4.00 | 创兴资源/科恒股份 | CA－46 | 4.31 | 科恒股份 | CB－10 | 395.00 | 科恒股份 |
| CA－36 | 6.00 | 昊华能源 | CA－47 | 13.00 | 昊华能源/河北钢铁 | CB－11 | 0.42 | 昊华能源 |
| CA－37 | 36.00 | 中国石油 | CB－01 | 82560 | 创兴资源 | CB－12 | 1.76 | 山煤国际 |
| CA－38* | 100.0 | 中国石油/河北钢铁/中国铝业 | CB－02 | 19.00 | 鄂尔多斯 | CB－13 | 44.31 | 科恒股份 |
| CA－39* | | | CB－03 | 31838 | 创兴资源 | CB－14 | / | / |
| CA－40* | 26.00 | 中国石油 | CB－04 | 26.00 | 山煤国际 | CB－15* | 1.68 | 山煤国际 |
| CA－41* | 1.00 | 昊华能源/冀中能源/开滦股份/东华能源/山煤国际/河北钢铁/沙钢股份 | CB－05 | 15.00 | 鄂尔多斯 | CB－16* | 3.45 | 炼石有色/金钼股份 |
| CA－42* | 20.60 | 科恒股份 | CB－06 | 35439 | 创兴资源 | CB－17* | 0.78 | 鄂尔多斯 |
| CA－43 | 18.43 | 冀中能源 | CB－07 | 76.11 | 炼石有色/金钼股份 | CB－18* | 0.65 | 科恒股份 |
| CA－44 | 7.75 | 河北钢铁 | CB－08 | 3.66 | 东华能源/云海金属/沙钢股份 | CB－19 | 31.00 | 创兴资源 |

续表

| 指标 | 极大值 | 企业 | 指标 | 极大值 | 企业 | 指标 | 极大值 | 企业 |
|---|---|---|---|---|---|---|---|---|
| CB-29 | 3.53 | 昊华能源 | CB-34 | 50.00 | 科恒股份 | CB-39 | 2.87 | 昊华能源 |
| CB-30 | 0.0112 | 创兴资源 | CB-35 | 22.00 | 科恒股份 | CB-40 | 15.97 | 开滦股份 |
| CB-31 | 1.49 | 昊华能源 | CB-36 | 11.10 | 冀中能源/开滦股份/河北钢铁 | CB-41 | 12.03 | 科恒股份/东华能源/沙钢股份 |
| CB-32 | 1.67 | 创兴资源 | CB-37 | 1.15 | 科恒股份 | CB-42 | 5.64 | 昊华能源 |
| CB-33* | — | — | CB-38 | 291.24 | 昊华能源 | CB-43* | 25.00 | 科恒股份 |

注：表中数据为根据原始数据进行标准化后的数据。

表6-2模拟了最优的标杆企业（在现有数据及样本条件下）。这个最优标杆企业的指标是靠我们能够找到的若干企业的最好的一个或数个最好指标集成的，或者说是理想中的最优企业，但是这个理想状态又是可能实现的：当指标体系中的90个指标同时达到最大值（或者最好情况）时，这个企业就是所有企业中创新能力最强的一个，由它确定了企业创新能力的上限值。

采用归一法将原始数据标准化去量纲（放大100倍）。因此，表6-1中的极小值均为0；表6-2中的极大值均为100。所有企业的原始数据通过标准化处理，变成可比较的序列，在单个指标上，各企业的标准化数据是连续的。对于极小值"0"，意味着在可比较情况下，某企业在该指标的数值最小，从而被抽象为在该指标上没有影响，这只是模拟标杆企业过程中的抽象处理，对于模拟标杆企业的构建具有积极意义（现实中，所有指标的数值均为0，或者大部分数值为0的企业并不存在，若真的存在，这样的企业的创新能力也没有必要去评价了）。

将标准化后的数据表与表5-10的指标体系权重表结合起来，便可以获得企业创新能力各级指标的综合指数极值。

## 6.1.1 观测层评价等级标准划分

若 $x_{ij}$ 为某企业第 $j$ 项内生性创新指标的标准化值，按照标准化数据的处理，已知各指标的取值范围为：$0 \leqslant x_{ij} \leqslant 100$，即最大值为 100，最小值为 0，见表 6 – 3。

表 6 – 3   观测层指标值域

| 四级指标<br>观测指标层 | 序号 | 权重 | 值域 |
|---|---|---|---|
| 专利及科技成果相对数 | CA – 01 | 2.15% | 0 ~ 100 |
| 获奖成果相对数 | CA – 02 | 1.13% | 0 ~ 100 |
| 千人研发人员拥有专利数量 | CA – 03 | 1.18% | 0 ~ 100 |
| 千人研发人员拥有论文数量 | CA – 04 | 2.10% | 0 ~ 100 |
| 企业科技机构相对数 | CA – 05 | 2.26% | 0 ~ 100 |
| 企业仪器设备采购强度 | CA – 06 | 1.62% | 0 ~ 100 |
| 企业 R&D 项目相对数 | CA – 07 | 0.69% | 0 ~ 100 |
| 理论与技术导入能力*（新聘员工培训时间） | CA – 08* | 1.47% | 0 ~ 100 |
| 工艺技术手段完备情况*（企业外包业务环节比重） | CA – 09* | 0.62% | 0 ~ 100 |
| 自动化生产水平*（生产线员工比重） | CA – 10* | 0.59% | 0 ~ 100 |
| 企业创新激励机制建设水平（研发人员劳务支出比重） | CA – 11 | 1.26% | 0 ~ 100 |
| 企业管理费用比重 | CA – 12 | 2.38% | 0 ~ 100 |
| 企业创新战略目标的清晰程度*（新产品研发成功率） | CA – 13 | 1.03% | 0 ~ 100 |
| 创新战略有效性*（新产品企业市场份额） | CA – 14 | 0.64% | 0 ~ 100 |
| 创新机制的有效性*（新产品销售收入比重） | CA – 15 | 0.89% | 0 ~ 100 |
| 科技体系与创新载体情况*（负责创新的部门机构经费比） | CA – 16 | 0.65% | 0 ~ 100 |
| 管理人员创新意识*（百名管理人员关于管理改革提案数） | CA – 17 | 0.71% | 0 ~ 100 |
| 信息采集和管理能力*（企业管理信息系统费用支出比重） | CA – 18 | 0.67% | 0 ~ 100 |
| 企业人均邮电业务总量 | CA – 19 | 0.42% | 0 ~ 100 |
| 企业人均移动电话数量 | CA – 20 | 0.55% | 0 ~ 100 |

| 四级指标<br>观测指标层 | 序号 | 权重 | 值域 |
|---|---|---|---|
| 宽带覆盖率 | CA－21 | 0.52% | 0～100 |
| 微机覆盖率 | CA－22 | 0.55% | 0～100 |
| 信息技术投入增长率 | CA－23 | 0.55% | 0～100 |
| 情报部门投入经费比重 | CA－24 | 1.81% | 0～100 |
| 企业工程技术员工比重 | CA－25 | 0.74% | 0～100 |
| 企业科技活动人员比重 | CA－26 | 0.48% | 0～100 |
| 员工培训和学习频度 | CA－27 | 0.53% | 0～100 |
| 研发人员的年总收入增长率 | CA－28 | 0.74% | 0～100 |
| 研发人员观念素质*（本科学历人员比重） | CA－29 | 0.80% | 0～100 |
| 研发人员忠诚度*（年离职率，反向指标） | CA－30* | 0.57% | 0～100 |
| 研发人员满意度*（年收入增长率） | CA－31 | 0.70% | 0～100 |
| 研发人员晋升制度的完善程度*（管理层人员由企业自身培养的研发人员比重） | CA－32 | 0.85% | 0～100 |
| 企业研发支出经费比率 | CA－33 | 0.94% | 0～100 |
| 资本创新效率（专利产出效率） | CA－34 | 0.60% | 0～100 |
| 研发人员投入比重 | CA－35 | 0.84% | 0～100 |
| 研发设备投入比重 | CA－36 | 0.74% | 0～100 |
| 外部科研经费筹集能力 | CA－37 | 1.44% | 0～100 |
| 企业的国家控制程度*（国有或集体股份比重） | CA－38* | 0.60% | 0～100 |
| 企业资源禀赋优势*（企业资源占国家该资源总量的比重） | CA－39* | 0.70% | 0～100 |
| 市场准入门槛*（进入该资源市场所需政府批文数量） | CA－40* | 0.64% | 0～100 |
| 资源替代品多寡*（根据很容易被替代、容易被替代、不容易被替代，分别赋以1、0.5、0） | CA－41* | 0.54% | 0～100 |
| 企业国际资源获取门槛*（资源进口单价年增长率） | CA－42* | 0.64% | 0～100 |
| 企业技术引进费用占比 | CA－43 | 0.55% | 0～100 |
| 企业国内技术购买费用占比 | CA－44 | 0.73% | 0～100 |
| 企业技术引进合同金额占比 | CA－45 | 2.67% | 0～100 |

| 四级指标 | 序号 | 权重 | 值域 |
|---|---|---|---|
| 观测指标层 | | | |
| 企业消化吸收经费占比 | CA－46 | 0.66% | 0～100 |
| 产、学、研合作比率 | CA－47 | 0.91% | 0～100 |
| 地区人均国内生产总值 | CB－01 | 0.60% | 0～100 |
| 地区人均工业增加值 | CB－02 | 0.81% | 0～100 |
| 地区人均可支配收入 | CB－03 | 2.82% | 0～100 |
| 地区经济发展全国排名 | CB－04 | 0.75% | 0～100 |
| 地区经济发展潜力*（GDP 增长率） | CB－05 | 1.48% | 0～100 |
| 地区人均居民消费水平 | CB－06 | 0.57% | 0～100 |
| 地区全社会固定资产投资 | CB－07 | 0.89% | 0～100 |
| 地区实际使用外资与 GDP 之比 | CB－08 | 0.59% | 0～100 |
| 地区金融机构资金信贷合计与 GDP 之比 | CB－09 | 0.71% | 0～100 |
| 地区上市公司比重 | CB－10 | 1.86% | 0～100 |
| 地区社会零售商品总额与 GDP 之比 | CB－11 | 0.56% | 0～100 |
| 地区能源消耗总量与 GDP 之比 | CB－12 | 0.55% | 0～100 |
| 地区创新型企业的发展程度*（高新技术企业产出占 GDP 比） | CB－13 | 2.77% | 0～100 |
| 地区创新产品市场容量 | CB－14 | 1.94% | 0～100 |
| 地区第二、三产业比重 | CB－15* | 2.72% | 0～100 |
| 地区城乡居民收入比 | CB－16* | 0.77% | 0～100 |
| 地区市场集中程度*（反向指标，各产业 GDP 贡献的离散程度，方差表示） | CB－17* | 0.93% | 0～100 |
| 地区贫富差距*（反向指标，基尼系数） | CB－18* | 0.57% | 0～100 |
| 地区经济规模效应*（GDP 贡献最大的行业在 GDP 中的比重） | CB－19 | 1.22% | 0～100 |
| 地区人均公路里程 | CB－20 | 0.78% | 0～100 |
| 地区人均铁路营业里程 | CB－21 | 0.55% | 0～100 |
| 地区高速公路比重 | CB－22 | 2.12% | 0～100 |

| 四级指标<br>观测指标层 | 序号 | 权重 | 值域 |
|---|---|---|---|
| 地区每万人拥有公共交通数量 | CB – 23 | 2.32% | 0 ~ 100 |
| 地区城镇化发展水平 | CB – 24 | 1.06% | 0 ~ 100 |
| 地区地理区位优势*（所处地区档次分为东部沿海城市、东部不沿海城市、中部中心城市、中部非重点城市、西部中心城市、西部非中心城市等，不同档次区位将被赋予不同的数值。） | CB – 25 | 0.76% | 0 ~ 100 |
| 地区电力生产消费比 | CB – 26 | 1.30% | 0 ~ 100 |
| 地区资源丰度 | CB – 27 | 1.01% | 0 ~ 100 |
| 地区人居自然环境*（人口密度） | CB – 28 | 0.89% | 0 ~ 100 |
| 地区金融支持环境*（地区金融机构贷款余额与GDP之比） | CB – 29 | 1.90% | 0 ~ 100 |
| 地区人均行政诉讼案件 | CB – 30 | 1.68% | 0 ~ 100 |
| 地区人均税收收入 | CB – 31 | 0.59% | 0 ~ 100 |
| 地区人均财政支出 | CB – 32 | 1.30% | 0 ~ 100 |
| 地区政府廉洁水平*（三公经费比重） | CB – 33* | 2.24% | 0 ~ 100 |
| 地区法院人均收案 | CB – 34 | 1.64% | 0 ~ 100 |
| 地区刑事犯罪人数比重 | CB – 35 | 2.46% | 0 ~ 100 |
| 地区律师数比重 | CB – 36 | 2.00% | 0 ~ 100 |
| 地区技术创新成果保护法的完善与实施情况*（知识产权案件占民事收案数比重） | CB – 37 | 1.46% | 0 ~ 100 |
| 地区百人本科以上人数 | CB – 38 | 0.62% | 0 ~ 100 |
| 地区万人科研机构数 | CB – 39 | 0.87% | 0 ~ 100 |
| 地区教育经费比重 | CB – 40 | 1.46% | 0 ~ 100 |
| 当地人居社会环境情况*（公共事业经费支出比重） | CB – 41 | 1.12% | 0 ~ 100 |
| 地区创新的文化发育程度*（地区研发资金支出比重） | CB – 42 | 0.67% | 0 ~ 100 |
| 地区文明程度*（犯罪率） | CB – 43* | 1.04% | 0 ~ 100 |

　　按照惯例，我们将各创新能力指标划分为4个档次，即优、良、中、差，

并且假设各档次在企业创新能力指数值域上服从均匀分布。将企业创新能力指数值域划分为四个区间，落在第四个区间（75，100］的为优，落在第三个区间（50，75］的为良，落在第二个区间（25，50］的为中，落在第一个区间（0，25］的为差，划分标准见表6-4。

表6-4　观测层指标等级划分

| 四级指标<br>观测指标层 | 序号 | 差 | 中 | 良 | 优 |
|---|---|---|---|---|---|
| 专利及科技成果相对数 | CA-01 | 0~25 | 25~50 | 50~75 | 75~100 |
| 获奖成果相对数 | CA-02 | 0~25 | 25~50 | 50~75 | 75~100 |
| 千人研发人员拥有专利数量 | CA-03 | 0~25 | 25~50 | 50~75 | 75~100 |
| 千人研发人员拥有论文数量 | CA-04 | 0~25 | 25~50 | 50~75 | 75~100 |
| 企业科技机构相对数 | CA-05 | 0~25 | 25~50 | 50~75 | 75~100 |
| 企业仪器设备采购强度 | CA-06 | 0~25 | 25~50 | 50~75 | 75~100 |
| 企业 R&D 项目相对数 | CA-07 | 0~25 | 25~50 | 50~75 | 75~100 |
| 理论与技术导入能力*（新聘员工培训时间） | CA-08* | 0~25 | 25~50 | 50~75 | 75~100 |
| 工艺技术手段完备情况*（企业外包业务环节比重） | CA-09* | 0~25 | 25~50 | 50~75 | 75~100 |
| 自动化生产水平*（生产线员工比重） | CA-10* | 0~25 | 25~50 | 50~75 | 75~100 |
| 企业创新激励机制建设水平（研发人员劳务支出比重） | CA-11 | 0~25 | 25~50 | 50~75 | 75~100 |
| 企业管理费用比重 | CA-12 | 0~25 | 25~50 | 50~75 | 75~100 |
| 企业创新战略目标的清晰程度*（新产品研发成功率） | CA-13 | 0~25 | 25~50 | 50~75 | 75~100 |
| 创新战略有效性*（新产品企业市场份额） | CA-14 | 0~25 | 25~50 | 50~75 | 75~100 |
| 创新机制的有效性*（新产品销售收入比重） | CA-15 | 0~25 | 25~50 | 50~75 | 75~100 |
| 科技体系与创新载体情况*（负责创新的部门机构经费比） | CA-16 | 0~25 | 25~50 | 50~75 | 75~100 |

| 四级指标 / 观测指标层 | 序号 | 差 | 中 | 良 | 优 |
|---|---|---|---|---|---|
| 管理人员创新意识*（百名管理人员关于管理改革提案数） | CA-17 | 0~25 | 25~50 | 50~75 | 75~100 |
| 信息采集和管理能力*（企业管理信息系统费用支出比重） | CA-18 | 0~25 | 25~50 | 50~75 | 75~100 |
| 企业人均邮电业务总量 | CA-19 | 0~25 | 25~50 | 50~75 | 75~100 |
| 企业人均移动电话数量 | CA-20 | 0~25 | 25~50 | 50~75 | 75~100 |
| 宽带覆盖率 | CA-21 | 0~25 | 25~50 | 50~75 | 75~100 |
| 微机覆盖率 | CA-22 | 0~25 | 25~50 | 50~75 | 75~100 |
| 信息技术投入增长率 | CA-23 | 0~25 | 25~50 | 50~75 | 75~100 |
| 情报部门投入经费比重 | CA-24 | 0~25 | 25~50 | 50~75 | 75~100 |
| 企业工程技术员工比重 | CA-25 | 0~25 | 25~50 | 50~75 | 75~100 |
| 企业科技活动人员比重 | CA-26 | 0~25 | 25~50 | 50~75 | 75~100 |
| 员工培训和学习频度 | CA-27 | 0~25 | 25~50 | 50~75 | 75~100 |
| 研发人员的年总收入增长率 | CA-28 | 0~25 | 25~50 | 50~75 | 75~100 |
| 研发人员观念素质*（本科学历人员比重） | CA-29 | 0~25 | 25~50 | 50~75 | 75~100 |
| 研发人员忠诚度*（年离职率，反向指标） | CA-30* | 0~25 | 25~50 | 50~75 | 75~100 |
| 研发人员满意度*（年收入增长率） | CA-31 | 0~25 | 25~50 | 50~75 | 75~100 |
| 研发人员晋升制度的完善程度*（管理层人员由企业自身培养的研发人员比重） | CA-32 | 0~25 | 25~50 | 50~75 | 75~100 |
| 企业研发支出经费比率 | CA-33 | 0~25 | 25~50 | 50~75 | 75~100 |
| 资本创新效率（专利产出效率） | CA-34 | 0~25 | 25~50 | 50~75 | 75~100 |
| 研发人员投入比重 | CA-35 | 0~25 | 25~50 | 50~75 | 75~100 |
| 研发设备投入比重 | CA-36 | 0~25 | 25~50 | 50~75 | 75~100 |
| 外部科研经费筹集能力 | CA-37* | 0~25 | 25~50 | 50~75 | 75~100 |

| 四级指标<br>观测指标层 | 序号 | 差 | 中 | 良 | 优 |
|---|---|---|---|---|---|
| 企业的国家控制程度*（国有或集体股份比重） | CA－38* | 0～25 | 25～50 | 50～75 | 75～100 |
| 企业资源禀赋优势*（企业资源占国家该资源总量的比重） | CA－39* | 0～25 | 25～50 | 50～75 | 75～100 |
| 市场准入门槛*（进入该资源市场所需政府批文数量） | CA－40* | 0～25 | 25～50 | 50～75 | 75～100 |
| 资源替代品多寡*（根据很容易被替代、容易被替代、不容易被替代，分别赋以1、0.5、0） | CA－41* | 0～25 | 25～50 | 50～75 | 75～100 |
| 企业国际资源获取门槛*（资源进口单价年增长率） | CA－42* | 0～25 | 25～50 | 50～75 | 75～100 |
| 企业技术引进费用占比 | CA－43 | 0～25 | 25～50 | 50～75 | 75～100 |
| 企业国内技术购买费用占比 | CA－44 | 0～25 | 25～50 | 50～75 | 75～100 |
| 企业技术引进合同金额占比 | CA－45 | 0～25 | 25～50 | 50～75 | 75～100 |
| 企业消化吸收经费占比 | CA－46 | 0～25 | 25～50 | 50～75 | 75～100 |
| 产、学、研合作比率 | CA－47 | 0～25 | 25～50 | 50～75 | 75～100 |
| 地区人均国内生产总值 | CB－01 | 0～25 | 25～50 | 50～75 | 75～100 |
| 地区人均工业增加值 | CB－02 | 0～25 | 25～50 | 50～75 | 75～100 |
| 地区人均可支配收入 | CB－03 | 0～25 | 25～50 | 50～75 | 75～100 |
| 地区经济发展全国排名 | CB－04 | 0～25 | 25～50 | 50～75 | 75～100 |
| 地区经济发展潜力*（GDP增长率） | CB－05 | 0～25 | 25～50 | 50～75 | 75～100 |
| 地区人均居民消费水平 | CB－06 | 0～25 | 25～50 | 50～75 | 75～100 |
| 地区全社会固定资产投资 | CB－07 | 0～25 | 25～50 | 50～75 | 75～100 |
| 地区实际使用外资与GDP之比 | CB－08 | 0～25 | 25～50 | 50～75 | 75～100 |
| 地区金融机构资金信贷合计与GDP之比 | CB－09 | 0～25 | 25～50 | 50～75 | 75～100 |
| 地区上市公司比重 | CB－10 | 0～25 | 25～50 | 50～75 | 75～100 |
| 地区社会零售商品总额与GDP之比 | CB－11 | 0～25 | 25～50 | 50～75 | 75～100 |

续表

| 四级指标<br>观测指标层 | 序号 | 差 | 中 | 良 | 优 |
|---|---|---|---|---|---|
| 地区能源消耗总量与 GDP 之比 | CB－12 | 0～25 | 25～50 | 50～75 | 75～100 |
| 地区创新型企业的发展程度*（高新技术企业产出占 GDP 比） | CB－13 | 0～25 | 25～50 | 50～75 | 75～100 |
| 地区创新产品市场容量 | CB－14 | 0～25 | 25～50 | 50～75 | 75～100 |
| 地区第二、三产业比重 | CB－15* | 0～25 | 25～50 | 50～75 | 75～100 |
| 地区城乡居民收入比 | CB－16* | 0～25 | 25～50 | 50～75 | 75～100 |
| 地区市场集中程度*（反向指标，各产业 GDP 贡献的离散程度，方差表示） | CB－17* | 0～25 | 25～50 | 50～75 | 75～100 |
| 地区贫富差距*（反向指标，基尼系数） | CB－18* | 0～25 | 25～50 | 50～75 | 75～100 |
| 地区经济规模效应*（GDP 贡献最大的行业在 GDP 中的比重） | CB－19 | 0～25 | 25～50 | 50～75 | 75～100 |
| 地区人均公路里程 | CB－20 | 0～25 | 25～50 | 50～75 | 75～100 |
| 地区人均铁路营业里程 | CB－21 | 0～25 | 25～50 | 50～75 | 75～100 |
| 地区高速公路比重 | CB－22 | 0～25 | 25～50 | 50～75 | 75～100 |
| 地区每万人拥有公共交通数量 | CB－23 | 0～25 | 25～50 | 50～75 | 75～100 |
| 地区城镇化发展水平 | CB－24 | 0～25 | 25～50 | 50～75 | 75～100 |
| 地区地理区位优势*（所处地区档次分为东部沿海城市、东部不沿海城市、中部中心城市、中部非重点城市、西部中心城市、西部非中心城市等，不同档次区位将被赋予不同的数值。） | CB－25 | 0～25 | 25～50 | 50～75 | 75～100 |
| 地区电力生产消费比 | CB－26 | 0～25 | 25～50 | 50～75 | 75～100 |
| 地区资源丰度 | CB－27 | 0～25 | 25～50 | 50～75 | 75～100 |
| 地区人居自然环境*（人口密度） | CB－28 | 0～25 | 25～50 | 50～75 | 75～100 |
| 地区金融支持环境*（地区金融机构贷款余额与 GDP 之比） | CB－29 | 0～25 | 25～50 | 50～75 | 75～100 |
| 地区人均行政诉讼案件 | CB－30 | 0～25 | 25～50 | 50～75 | 75～100 |

| 四级指标 观测指标层 | 序号 | 差 | 中 | 良 | 优 |
|---|---|---|---|---|---|
| 地区人均税收收入 | CB-31 | 0~25 | 25~50 | 50~75 | 75~100 |
| 地区人均财政支出 | CB-32 | 0~25 | 25~50 | 50~75 | 75~100 |
| 地区政府廉洁水平*（三公经费比重） | CB-33* | 0~25 | 25~50 | 50~75 | 75~100 |
| 地区法院人均收案 | CB-34 | 0~25 | 25~50 | 50~75 | 75~100 |
| 地区刑事犯罪人数比重 | CB-35 | 0~25 | 25~50 | 50~75 | 75~100 |
| 地区律师数比重 | CB-36 | 0~25 | 25~50 | 50~75 | 75~100 |
| 地区技术创新成果保护法的完善与实施情况*（知识产权案件占民事收案数比重） | CB-37 | 0~25 | 25~50 | 50~75 | 75~100 |
| 地区百人本科以上人数 | CB-38 | 0~25 | 25~50 | 50~75 | 75~100 |
| 地区万人科研机构数 | CB-39 | 0~25 | 25~50 | 50~75 | 75~100 |
| 地区教育经费比重 | CB-40 | 0~25 | 25~50 | 50~75 | 75~100 |
| 当地人居社会环境情况*（公共事业经费支出比重） | CB-41 | 0~25 | 25~50 | 50~75 | 75~100 |
| 地区创新的文化发育程度*（地区研发资金支出比重） | CB-42 | 0~25 | 25~50 | 50~75 | 75~100 |
| 地区文明程度*（犯罪率） | CB-43* | 0~25 | 25~50 | 50~75 | 75~100 |

## 6.1.2 要素层评价等级标准划分

将观测层指标的指数最大值与其权重相乘，并逆推集结便可得到其要素层指标的最大值，即，若 $x_j$ 为某企业第 $j$ 项内生性创新指标的标准化值，有

$$\max(\text{INDEX}_t) = \sum_{j=1}^{m} w_j \times x_j = 13.81, \quad j = 1, 2, \cdots, 11$$

$$\max(\text{INDEX}_m) = \sum_{j=1}^{m} w_j \times x_j = 8.23, \quad j = 12, 13, \cdots, 18$$

$$\max(\text{INDEX}_i) = \sum_{j=1}^{m} w_j \times x_j = 4.4, \quad j = 19, 20, \cdots, 24$$

$$\max(\text{INDEX}_h) = \sum_{j=1}^{m} w_j \times x_j = 5.41, \ j = 25, \ 26, \ \cdots, \ 32$$

$$\max(\text{INDEX}_c) = \sum_{j=1}^{m} w_j \times x_j = 4.56, \ j = 33, \ 34, \ \cdots, \ 37$$

$$\max(\text{INDEX}_r) = \sum_{j=1}^{m} w_j \times x_j = 3.12, \ j = 38, \ 39, \ \cdots, \ 42$$

$$\max(\text{INDEX}_g) = \sum_{j=1}^{m} w_j \times x_j = 3.95, \ j = 43, \ 44, \ 45$$

$$\max(\text{INDEX}_y) = \sum_{j=1}^{m} w_j \times x_j = 1.57, \ i = 46, \ 47$$

若 $x_i$ 为某企业第 $i$ 项外部环境创新要素指标的标准化值，有

$$\max(\text{INDEX}_{经济发展}) = \sum_{i=1}^{m} w_i \times x_i = 6.46, \ i = 1, \ 2, \ \cdots, \ 5$$

$$\max(\text{INDEX}_{经济活力}) = \sum_{i=1}^{m} w_i \times x_i = 10.44, \ i = 6, \ 7, \ \cdots, \ 14$$

$$\max(\text{INDEX}_{经济结构}) = \sum_{i=1}^{m} w_i \times x_i = 6.21, \ i = 15, \ 16, \ \cdots, \ 19$$

$$\max(\text{INDEX}_{地理结构}) = \sum_{i=1}^{m} w_i \times x_i = 7.59, \ i = 20, \ 21, \ \cdots, \ 25$$

$$\max(\text{INDEX}_{环境资源}) = \sum_{i=1}^{m} w_i \times x_i = 5.1, \ i = 26, \ 27, \ \cdots, \ 29$$

$$\max(\text{INDEX}_{政策环境}) = \sum_{i=1}^{m} w_i \times x_i = 5.81, \ i = 30, \ 31, \ \cdots, \ 33$$

$$\max(\text{INDEX}_{法律环境}) = \sum_{i=1}^{m} w_i \times x_i = 7.56, \ i = 34, \ 35, \ \cdots, \ 37$$

$$\max(\text{INDEX}_{文化环境}) = \sum_{i=1}^{m} w_i \times x_i = 5.78, \ i = 38, \ 39, \ \cdots, \ 43$$

因此，可计算要素层指标的值域，见表6-5。

表6-5　要素层指标值域

| 三级指标 | | |
| --- | --- | --- |
| 要素层指标 | 权重 | 值域 |
| 技术要素 | 13.81% | 0 ~ 13.81 |
| 管理要素 | 8.23% | 0 ~ 8.23 |
| 信息要素 | 4.4% | 0 ~ 4.4 |
| 人才要素 | 5.41% | 0 ~ 5.41 |

| 三级指标 | | |
|---|---|---|
| 要素层指标 | 权重 | 值域 |
| 资本要素 | 4.56% | 0~4.56 |
| 资源要素 | 3.12% | 0~3.12 |
| 引进创新 | 3.95% | 0~3.95 |
| 合作创新 | 1.57% | 0~1.57 |
| 经济发展 | 6.46% | 0~6.46 |
| 经济活力 | 10.44% | 0~10.44 |
| 经济结构 | 6.21% | 0~6.21 |
| 地理结构 | 7.59% | 0~7.59 |
| 环境资源 | 5.1% | 0~5.1 |
| 政策环境 | 5.81% | 0~5.81 |
| 法律环境 | 7.56% | 0~7.56 |
| 文化环境 | 5.78% | 0~5.78 |

按照惯例，我们将企业创新能力要素层指标也划分为 4 个档次，即"优""良""中""差"，并且假设各档次在要素层指数值域上服从均匀分布，划分标准见表 6-6。

**表 6-6  要素层指数等级划分**

| 要素层指标 | 三级指标 | | | |
|---|---|---|---|---|
| | 等级区分 | | | |
| | 差 | 中 | 良 | 优 |
| 技术要素 | 0~3.45 | 3.45~6.91 | 6.91~10.36 | 10.36~13.81 |
| 管理要素 | 0~2.06 | 2.06~4.12 | 4.12~6.17 | 6.17~8.23 |
| 信息要素 | 0~1.10 | 1.10~2.20 | 2.20~3.30 | 3.30~4.40 |
| 人才要素 | 0~1.35 | 1.35~2.71 | 2.71~4.06 | 4.06~5.41 |
| 资本要素 | 0~1.14 | 1.14~2.28 | 2.28~3.42 | 3.42~4.56 |
| 资源要素 | 0~0.78 | 0.78~1.56 | 1.56~2.34 | 2.34~3.12 |
| 引进创新 | 0~0.99 | 0.99~1.98 | 1.98~2.96 | 2.96~3.95 |

续表

| 要素层指标 | 三级指标 | | | |
|---|---|---|---|---|
| | 等级区分 | | | |
| | 差 | 中 | 良 | 优 |
| 合作创新 | 0～0.39 | 0.39～0.79 | 0.79～1.18 | 1.18～1.57 |
| 经济发展 | 0～1.62 | 1.62～3.23 | 3.23～4.85 | 4.85～6.46 |
| 经济活力 | 0～2.61 | 2.61～5.22 | 5.22～7.83 | 7.83～10.44 |
| 经济结构 | 0～1.55 | 1.55～3.11 | 3.11～4.66 | 4.66～6.21 |
| 地理结构 | 0～1.90 | 1.90～3.80 | 3.80～5.69 | 5.69～7.59 |
| 环境资源 | 0～1.28 | 1.28～2.55 | 2.55～3.83 | 3.83～5.10 |
| 政策环境 | 0～1.45 | 1.45～2.91 | 2.91～4.36 | 4.36～5.81 |
| 法律环境 | 0～1.89 | 1.89～3.78 | 3.78～5.67 | 5.67～7.56 |
| 文化环境 | 0～1.45 | 1.45～2.89 | 2.89～4.34 | 4.34～5.78 |

对于技术要素，落在区间（10.36，13.81］的为"优"，落在区间（6.91，10.36］的为"良"，落在区间（3.45，6.91］的为"中"，落在区间（0，3.45］的为"差"；

对于管理要素，落在区间（6.17，8.23］的为"优"，落在区间（4.12，6.17］的为"良"，落在区间（2.06，4.12］的为"中"，落在区间（0，2.06］的为"差"；

对于信息要素，落在区间（3.30，4.40］的为"优"，落在区间（2.20，3.30］的为"良"，落在区间（1.10，2.20］的为"中"，落在区间（0，1.10］的为"差"；

对于人才要素，落在区间（4.06，5.41］的为"优"，落在区间（2.71，4.06］的为"良"，落在区间（1.35，2.71］的为"中"，落在区间（0，1.35］的为"差"；

对于资本要素，落在区间（3.42，4.56］的为"优"，落在区间（2.28，3.42］的为"良"，落在区间（1.14，2.28］的为"中"，落在区间（0，1.14］的为"差"；

对于资源要素，落在区间（2.34，3.12］的为"优"，落在区间（1.56，

2.34〕的为"良",落在区间（0.78，1.56〕的为"中",落在区间（0，0.78〕的为"差";

对于引进创新,落在区间（2.96，3.95〕的为"优",落在区间（1.98，2.96〕的为"良",落在区间（0.99，1.98〕的为"中",落在区间（0，0.99〕的为"差";

对于合作创新,落在区间（1.18，1.57〕的为"优",落在区间（0.79，1.18〕的为"良",落在区间（0.39，0.79〕的为"中",落在区间（0，0.39〕的为"差";

对于经济发展,落在区间（4.85，6.46〕的为"优",落在区间（3.23，4.85〕的为"良",落在区间（1.62，3.23〕的为"中",落在区间（0，1.62〕的为"差";

对于经济活力,落在区间（7.83，10.44〕的为"优",落在区间（5.22，7.83〕的为"良",落在区间（2.61，5.22〕的为"中",落在区间（0，2.61〕的为"差";

对于经济结构,落在区间（4.66，6.21〕的为"优",落在区间（3.11，4.66〕的为"良",落在区间（1.55，3.11〕的为"中",落在区间（0，1.55〕的为"差";

对于地理结构,落在区间（5.69，7.59〕的为"优",落在区间（3.80，5.69〕的为"良",落在区间（1.90，3.80〕的为"中",落在区间（0，1.90〕的为"差";

对于环境资源,落在区间（3.83，5.10〕的为"优",落在区间（2.55，3.83〕的为"良",落在区间（1.28，2.55〕的为"中",落在区间（0，1.28〕的为"差";

对于政策环境,落在区间（4.36，5.81〕的为"优",落在区间（2.91，4.36〕的为"良",落在区间（1.45，2.91〕的为"中",落在区间（0，1.45〕的为"差";

对于法律环境,落在区间（5.67，7.56〕的为"优",落在区间（3.78，5.67〕的为"良",落在区间（1.89，3.78〕的为"中",落在区间（0，1.89〕的为"差";

对于文化环境,落在区间（4.34，5.78〕的为"优",落在区间（2.89，

4.34］的为"良"，落在区间（1.45，2.89］的为"中"，落在区间（0 ~ 1.45］的为"差"。

### 6.1.3　能力层指标评价等级标准划分

将要素层指标的指数最大值与其权重相乘，并逆推集结便可得到其能力层指标的最大值：

$$\max(INDEX_{自主性创新}) = [INDEX_t, INDEX_m, INDEX_i, INDEX_h, INDEX_c, INDEX_r] \times$$

$$\begin{bmatrix} 0.1381 \\ 0.0823 \\ 0.0440 \\ 0.0541 \\ 0.0456 \\ 0.0312 \end{bmatrix} = 3.38$$

$$\max(INDEX_{外源性创新}) = [INDEX_g, INDEX_y] \times \begin{bmatrix} 0.0395 \\ 0.0157 \end{bmatrix} = 0.18$$

$$\max(INDEX_e) = [INDEX_{经济发展}, INDEX_{经济活力}, INDEX_{经济结构}] \times \begin{bmatrix} 0.0646 \\ 0.1044 \\ 0.0621 \end{bmatrix} = 1.89$$

$$\max(INDEX_b) = [INDEX_{地理结构}, INDEX_{资源环境}] \times \begin{bmatrix} 0.0759 \\ 0.0510 \end{bmatrix} = 0.84$$

$$\max(INDEX_n) = [INDEX_{法律环境}, INDEX_{政策环境}, INDEX_{文化环境}] \times \begin{bmatrix} 0.0581 \\ 0.0756 \\ 0.0578 \end{bmatrix} = 1.24$$

因此，可计算能力层指标的值域，见表6 - 7。

表6-7　能力层指标值域

二级指标

| 能力层 | 权重 | 值域 |
|---|---|---|
| 自主性创新能力 | 28.79% | 0~3.38 |
| 外源性创新能力 | 10.14% | 0~0.18 |
| 经济空间 | 20.11% | 0~1.89 |
| 地理空间 | 19.32% | 0~0.84 |
| 人文空间 | 21.64% | 0~1.24 |

同要素层一样，将企业创新能力层指标也划分为 4 个档次，即"优""良""中""差"，并且假设各档次在能力层指数值域上服从均匀分布，划分标准见表6-8。

表6-8　能力层指数等级划分

二级指标

| 能力层指标 | 等级划分 | | | |
|---|---|---|---|---|
| | 差 | 中 | 良 | 优 |
| 自主性创新能力 | 0~0.84 | 0.84~1.69 | 1.69~2.53 | 2.53~3.38 |
| 外源性创新能力 | 0~0.05 | 0.05~0.09 | 0.09~0.14 | 0.14~0.18 |
| 经济空间 | 0~0.47 | 0.47~0.95 | 0.95~1.42 | 1.42~1.89 |
| 地理空间 | 0~0.21 | 0.21~0.42 | 0.42~0.63 | 0.63~0.84 |
| 人文空间 | 0~0.31 | 0.31~0.62 | 0.62~0.93 | 0.93~1.24 |

对于自主性创新能力，落在区间（2.53，3.38]的为"优"，落在区间（1.69，2.53]的为"良"，落在区间（0.84，1.69]的为"中"，落在区间（0，0.84]的为"差"；

对于外源性创新能力，落在区间（0.14，0.18]的为"优"，落在区间（0.09，0.14]的为"良"，落在区间（0.05，0.09]的为"中"，落在区间（0，0.05]的为"差"；

对于经济空间，落在区间（1.42，1.89]的为"优"，落在区间（0.95，1.42]的为"良"，落在区间（0.47，0.95]的为"中"，落在区间（0，

0.47]的为"差";

对于地理空间，落在区间（0.63，0.84]的为"优"，落在区间（0.42，0.63]的为"良"，落在区间（0.21，0.42]的为"中"，落在区间（0，0.21]的为"差";

对于人文空间，落在区间（0.93，1.24]的为"优"，落在区间（0.62，0.93]的为"良"，落在区间（0.31，0.62]的为"中"，落在区间（0，0.31]的为"差"。

### 6.1.4 结构层指标评价等级标准划分

已知能力层指标值域见表6-5，再向上逆推一层可得到内生性创新和创新三维空间两个指标的最大值：

$$\max(INDEX_{内生性创新}) = [INDEX_{自主性创新}, INDEX_{外源性创新}] \times \begin{bmatrix} 0.3953 \\ 0.0552 \end{bmatrix} = 1.34$$

$$\max(INDEX_{创新三维空间}) = [INDEX_{经济空间}, INDEX_{地理空间}, INDEX_{人文空间}] \times \begin{bmatrix} 0.2311 \\ 0.1269 \\ 0.1915 \end{bmatrix} = 0.76$$

因此，企业内生性创新指数值域为；[0，1.34]企业创新三维空间指数值域为[0，0.76]。

同要素层一样，将企业创新能力结构层指标也划分为4个档次，即"优""良""中""差"，并且假设各档次在结构层指数值域上服从均匀分布，可以将企业创新能力指标体系的结构层指标值域划分为四个区间，如下：

企业内生性创新指数等级区分：[0，0.34]、（0.34，0.67]、（0.67，1.01]、（1.01，1.34]。

企业创新三维空间指数等级区分：[0，0.20]、（0.20，0.39]、（0.39，0.59]、（0.59，0.78]。

落在第四个区间的为"优"，落在第三个区间的为"良"，落在第二个区间的为"中"，落在第一个区间的为"差"。

### 6.1.5 创新能力综合指数评价等级标准划分

创新能力综合指数是我们需要的最终结果，用来将不同企业的在创新能力进行比较，反映出来的最终结果就是一个指数。不同层级上的指标指数，具有综合汇集性质。企业创新能力综合指数同样具有这样的性质，我们可以按照前面不同层级指标指数等级区分的方法确定综合指数的评价等级标准。

已知企业内生性创新指数值域为 $[0, 1.34]$，以及企业创新三维空间指数值域为 $[0, 0.76]$，我们可以计算出企业创新能力综合指数的最大值：

$$\max \left( \text{INDEX}_{资源型企业创新指数} \right) = \left[ \text{INDEX}_{内生性创新}, \text{INDEX}_{创新三维空间} \right] \times \begin{bmatrix} 0.4505 \\ 0.5495 \end{bmatrix}$$

$$= 1.04$$

另，企业在各指标上的最低得分为 0，因此，企业创新能力指数的值域为 $[0, 1.04]$。将企业创新能力综合指数划分为 4 个档次，即"优""良""中""差"，并且假设各档次在综合指数值域上服从均匀分布。企业创新能力综合指数值域被区分为四个区间：$[0, 0.26]$、$(0.26, 0.52]$、$(0.52, 0.78]$、$(0.78, 1.04]$，落在第四个区间的为"优"，落在第三个区间的为"良"，落在第二个区间的为"中"，落在第一个区间的为"差"。

### 6.1.6 基于逆推集结的等级区分验证

在指标体系权重设定时，我们在获取观测层指标的基础上，按照逆向集结的办法获取各指标层的上层指标权重。根据这个思路，各指标层的等级划分也应可通过逆向集结的办法得以实现。表 6-4 给出了观测指标优、良、中、差四个等级的量化区分。在表 6-4 的基础上，通过加权，逆推获取要素层指标的优、良、中、差四个等级的量化区分结果与表 6-6 一致；在表 6-6 的基础上，通过加权，逆推获取要能力层指标的优、良、中、差四个等级的量化区分结果与表 6-8 结果一致。通过用不同的方法进行等级划分测算，从侧面证实了我们的等级划分方法的科学性。

# 6.2 企业创新能力评价指标体系应用与验证

为了检验企业创新能力评价指标体系的实用性、科学性、可操作性、可比较性等性能，我们将本研究中所采集的企业样本作为评价对象，进行企业创新能力评价指标体系应用验证。企业创新能力评价指标体系实践应用分为三个步骤。

## 6.2.1 企业样本数据的收集和处理

在进行评价之前，首先需要做的一项工作就是采集企业指标数据。在之前的研究中，我们已经采集过 16 家资源型代表性企业的 90 个指标的原始数据。这里先对 16 家企业的基本情况进行分析。

（1）创兴资源

上海创兴资源开发股份有限公司（以下简称创兴资源）是经厦门市人民政府批准，在对厦门天农实业有限公司进行依法整体变更的基础上，于 1999 年组建的股份有限公司，同年在上交所上市。从 2011 年开始，创兴资源发展的战略思路发生重大变化，进行了一系列重大资产重组，从原来的房地产开发及销售领域，转型为以矿业投资，实业投资，货物及技术进出口为主业的企业。转型后，创兴资源注重强化在资金应用和技术研发等环节的管理，以及对资源外部环境的管控，获取了大量优质矿产资源和技术优势，创新能力和盈利能力得到迅速提升。

（2）炼石有色

陕西炼石有色资源股份有限公司（以下简称炼石有色）前身系原咸阳偏转线圈厂，1993 年进行股份制改组，1997 年上市。经过多年的转型发展和资产重组，目前炼石有色以钼、铼及其他有色金属矿产的开发、冶炼、贸易，以及新材料、冶炼新技术的研发投资为主营业务。

（3）昊华能源

2002 年，北京昊华能源股份有限公司（以下简称昊华能源）经北京市人民政府经济体制改革办公室《关于同意设立北京昊华能源股份有限公司的通知》（京政体改股函〔2002〕24号）批准，由京煤集团作为主发起人，联合中煤集团（原中国煤炭工业进出口集团公司）、首钢总公司、五矿发展（原五矿龙腾科技股份有限公司）及煤科总院等四家法人股东以发起方式共同设立，以原煤开采、洗选，电力开发，煤制品制造、加工、销售，能源产品技术开发、技术咨询、技术转让、技术引进、技术培训等为主营业务。昊华能源一贯注重有形资源与人才、资金、技术、信息、管理等内生虚拟要素的协同效率提升，注重研发资金投入，以技术创新作为企业发展的牵引力和内生动力，摆脱了企业粗放型发展的惯性路径。

（4）科恒股份

江门市科恒实业股份有限公司（以下简称科恒股份）系由江门市科恒实业有限责任公司整体变更设立的股份有限公司。2007年，科恒有限全体股东签署《江门市科恒实业股份有限公司发起人协议》，以其持有的科恒有限股权所对应的账面净资产作为对股份公司的出资，将科恒有限整体变更为股份有限公司。2012年，科恒股份在创业板上市，以化工原料及化工产品生产、销售、进出口、技术进出口为主营业务。科恒股份目前经营的产品有节能灯用稀土发光材料、新兴领域用稀土发光材料、锂电材料等。科恒股份在技术研发方面领先行业其他企业，是一家创新能力十分突出的企业。

（5）冀中能源

冀中能源股份有限责任公司（以下简称冀中能源）涉及的业务跨度非常大，包括煤炭批发，本企业自产水泥、无碱玻璃纤维及制品的销售，钢材及设备配件、五金电料的生产销售，煤炭等货物和技术的进出口业务，二氯乙烷的批发、零售，煤炭开采，水泥用石灰岩、砂岩露天开采，水泥、无碱玻璃纤维及制品、电力、蒸汽的生产，污水处理及处理后中水销售，洗选煤，机械设计与制造，矿用产品的生产、销售，批发零售建材、生铁、铁精粉、铁合金、电器、有色金属材料、金属制品、轴承、阀门、电缆、焦炭、油脂等。冀中能源是一个以经营煤炭开采、洗选及销售为主的上市公司，其煤炭储量高达3.27亿吨，其中主要煤种为1/3的优质焦煤，该煤种胶质层厚、黏结性好，是良好的炼焦用煤，主要用于冶炼、焦化工业中，市场缺口较大，特别在华北地区属短缺煤种，具有非常强的竞争力。虽然是一家老牌传统企业，但冀中能源一直注重技术创新、管理创新、横向并购、纵向延展，企业创新能力也得到了全方位的提升。

（6）金钼股份

金堆城钼业股份有限公司（以下简称金钼股份）系根据陕西省国资委出具的《关于金堆城钼业集团有限公司主钼业务重组上市方案的批复》（陕国资发〔2006〕390号），由金钼集团作为主发起人，联合太钢集团、东方集团及宝钢集团等其他三家发起人发起设立，并于2007年登记注册，2008年上市交易的股份有限公司。

（7）中国石油

中国石油天然气集团有限公司（以下简称中国石油）于1999年在国家工商总局完成注册登记，许可经营项目有石油、天然气的勘查、生产，原油的仓储、销售，成品油的仓储、销售，危险化学品的生产，炼油、石油化工、化工产品的生产、销售和仓储业务，进出口业务，石油天然气管道建设、运营，石油勘探生产和石油化工及相关工程的技术开发、咨询、服务，油气、石油化工产品、管道生产建设所需物资设备、器材的销售，润滑油、燃料油、沥青、化肥、汽车零配件、日用百货、农用物资的销售和仓储业务等，是一家超大企业。中国石油注重技术研发与管理创新，绝对创新成果领跑中国，但如果考虑到创新投入，及其背后的国家资源优势，其相对创新成果量并非最高。

（8）鄂尔多斯

经过多年的业务拓展，内蒙古鄂尔多斯资源股份有限公司（以下简称鄂尔多斯）抓住内蒙古自然资源储备丰富的天然优势，因地制宜，经过若干次成功的转型升级和资产重组，实现华丽转变，羊绒及其产品在鄂尔多斯的主营业务收入占比中已锐减为15%左右，鄂尔多斯主要利润主要来源于硅铁、电石、硅锰、煤炭、电力等行业产品。

（9）开滦股份

开滦能源化工股份有限公司（以下简称开滦股份）主营业务是能源化工的投资，煤炭的批发，钢材、木材、建材、化工产品（不含化学危险品）、五金交电、其他机械设备、土产杂品、电线电缆的批发、零售、代储、代销，煤炭及伴生资源开采，原煤洗选加工。开滦股份具有良好的资源优势、交通优势和经济优势。

（10）东华能源

2007 年，经《商务部关于同意张家港东华优尼科能源有限公司变更为外商投资股份有限公司的批复》（商资批〔2007〕292 号）批准，张家港东华优尼科能源有限公司于 2007 年 3 月整体变更为外商投资股份有限公司（以下简称东华能源）。2008 年，东华能源在深圳证券交易所中小企业板上市。东华能源主要生产低温常压液化石油气，销售公司自产产品并提供相关售后服务，以及化工品（甲醇、正丙醇、异丙醇、正丁醇、异丁醇、甲苯、二甲苯、邻二甲苯、对二甲苯、苯乙烯、乙二醇、二乙二醇、丙二醇、异辛醇、丙烷、丁烷、液化气）仓储服务。

（11）山煤国际

2009 年 12 月，山西煤炭进出口集团有限公司（以下简称"山煤集团"）以借壳方式在国内同行业率先实现了煤炭主营业务的整体上市，拥有全资及控股子公司 38 家，煤矿 14 座（保有资源储量约 18.31 亿吨），年生产能力约 2040 万吨。山煤国际能源集团股份有限公司（以下简称"山煤国际"）将按照山煤集团既定的战略定位和方针，认真贯彻"强基固本、开疆拓土"战略思想，依靠山煤集团多年来形成的煤炭贸易网络和铁路运输优势，以及丰富的市场营销经验和稳定的客户关系，创新经营理念，提升资源储备规模，大力开拓市场，增强了山煤国际的整体竞争力和影响力。

（12）云海金属

南京云海金属股份有限公司（以下简称云海金属）成立于 1990 年，是碱金属及其合金的专业生产厂家，主要产品有镁合金、金属锶、中间合金和铝合金。云海金属通过了 ISO/TS 16949 质量体系认证，并按照质量体系管理要求实现持续改进，致力于环保及可持续发展，通过了 ISO 14001 环境体系认证。云海金属具备生产高质量产品和开发新产品的能力，在质量体系、生产规模、回收利用及新技术开发方面一直处于行业领先地位。

（13）河北钢铁

河北钢铁集团有限公司（以下简称河北钢铁）产品覆盖了汽车、石油、铁路、桥梁、建筑、电力、交通、机械、造船、轻工、家电等 20 多个重要应用领域。

（14）沙钢股份

江苏沙钢股份有限公司（以下简称沙钢股份）主要经营以黑色金属产品开发、冶炼、加工及销售，自营和代理各类商品和技术的进出口业务。始终以创新为理念，以科技进步和企业管理为着力点，以经济效益为中心，实现高起点、集约化、国际化。沙钢股份按照市场需求自主组织经营，实现产品结构多元化，通过不断提高生产力水平和经济效益，实现全部资产的保值增值，是一家具有行业特色和较强竞争力的大型企业。

（15）中国铝业

中国铝业股份有限公司（以下简称中国铝业）是 2001 年成立，控股股东是中国铝业公司。中国铝业是目前中国铝行业唯一集铝土矿、煤炭、铁矿石资源勘探、开采，氧化铝、原铝和铝加工生产、销售，技术研发于一体的大型铝生产经营企业，是中国最大的氧化铝、原铝和铝加工生产商，是全球第二大氧化铝生产商、第三大原铝生产商。

（16）吉恩镍业

吉林吉恩镍业股份有限公司（以下简称吉恩镍业）立足于镍、铜、钴、钼、金银等资源优势，利用硫酸镍成熟的技术、质量、成本和品牌优势，逐步整合国内镍盐产品生产厂，以工程实验室平台为核心和依托，形成集先进羰基化金属精炼技术，现代化羰基金属生产工艺，高性能、特种功能与新型高品质金属盐于一体的现代化研究开发基地。

上述分析从宏观层面对各公司现状进行了简单描述。通过对 16 家样本企业进行指标数据梳理和处理，将这些元素数据以归一法进行无量纲处理，这样做是为了让 90 个指标数据都处于同一个可比较的标准下。无量纲处理后，每个指标数据都处于 0～100，见表 6-9。对于最小值"0"，意味着企业在某指标上的数值最小，从而被抽象为在该指标上没有影响，在评价过程中，这种极小的影响被忽略掉，并不会影响企业创新能力的综合评价（现实中，所有指标的数值均为 0，或者大部分数值为 0 的企业并不存在，若真的存在，这样的企业其创新能力也没有必要去评价了）。

表6－9 样本企业指标数据（无量纲处理后）

| 指标序号 | 创兴资源 | 炼石有色 | 昊华能源 | 科恒股份 | 冀中能源 | 金钼股份 | 中国石油 | 鄂尔多斯 | 开滦股份 | 东华能源 | 山煤国际 | 云海金属 | 河北钢铁 | 沙钢股份 | 中国铝业 | 吉恩镍业 |
|---|---|---|---|---|---|---|---|---|---|---|---|---|---|---|---|---|
| CA－01 | 15.2 | 10.0 | 0.0 | 100.0 | 3.2 | 16.3 | 1.6 | 6.7 | 8.1 | 3.9 | 3.4 | 18.0 | 10.9 | 60.1 | 20.9 | 4.2 |
| CA－02 | 29.8 | 83.7 | 13.4 | 100.0 | 1.6 | 4.9 | 0.0 | 3.3 | 1.0 | 21.0 | 0.3 | 65.6 | 1.0 | 51.7 | 1.8 | 0.6 |
| CA－03 | 35.7 | 9.5 | 59.5 | 100.0 | 26.2 | 14.3 | 23.8 | 4.8 | 0.0 | 9.5 | 21.4 | 0.0 | 14.3 | 2.4 | 19.1 | 4.8 |
| CA－04 | 22.7 | 32.1 | 100.0 | 96.7 | 69.6 | 74.2 | 69.4 | 21.0 | 27.4 | 41.5 | 48.4 | 13.4 | 31.1 | 4.0 | 0.0 | 10.5 |
| CA－05 | 45.4 | 96.9 | 10.3 | 100.0 | 11.8 | 4.0 | 0.8 | 1.7 | 7.4 | 14.9 | 0.0 | 17.4 | 5.9 | 27.1 | 3.2 | 0.4 |
| CA－06 | 37.7 | 62.6 | 86.4 | 36.9 | 17.2 | 69.6 | 50.5 | 29.9 | 100.0 | 74.2 | 1.1 | 39.0 | 57.5 | 54.1 | 0.0 | 3.0 |
| CA－07 | 34.8 | 100.0 | 19.5 | 48.7 | 1.6 | 6.0 | 0.0 | 1.6 | 0.7 | 10.3 | 0.3 | 9.8 | 1.2 | 8.4 | 0.7 | 1.0 |
| CA－08* | 0.0 | 16.1 | 74.5 | 24.8 | 85.2 | 100.0 | 67.1 | 61.1 | 92.6 | 40.9 | 82.6 | 26.2 | 87.9 | 44.3 | 42.3 | 97.3 |
| CA－09* | 88.9 | 66.7 | 77.8 | 77.8 | 55.6 | 22.2 | 0.0 | 44.4 | 77.8 | 33.3 | 66.7 | 44.4 | 55.6 | 44.4 | 88.9 | 100.0 |
| CA－10* | 34.9 | 22.6 | 40.1 | 52.4 | 94.8 | 58.0 | 44.3 | 77.8 | 100.0 | 16.5 | 92.9 | 6.1 | 49.5 | 0.0 | 26.9 | 32.6 |
| CA－11 | 28.6 | 28.6 | 42.9 | 100.0 | 23.8 | 38.1 | 66.7 | 47.6 | 0.0 | 71.4 | 14.3 | 66.7 | 28.6 | 76.2 | 33.3 | 4.8 |
| CA－12 | 2.8 | 16.0 | 57.1 | 23.9 | 100.0 | 19.7 | 33.7 | 18.9 | 36.1 | 0.0 | 18.2 | 40.5 | 31.3 | 15.5 | 3.8 | 1.7 |
| CA－13 | 20.2 | 82.6 | 74.6 | 89.2 | 69.8 | 0.0 | 79.3 | 19.7 | 18.7 | 47.1 | 49.0 | 75.3 | 100.0 | 59.5 | 90.2 | 28.8 |
| CA－14 | 0.0 | 31.0 | 47.2 | 59.5 | 49.9 | 15.2 | 100.0 | 25.0 | 19.5 | 38.6 | 9.2 | 52.6 | 64.9 | 44.8 | 60.0 | 24.4 |
| CA－15 | 1.1 | 35.8 | 20.8 | 100.0 | 0.1 | 16.3 | 42.6 | 33.4 | 65.3 | 16.5 | 88.6 | 25.1 | 0.0 | 17.0 | 8.2 |  |
| CA－16 | 20.2 | 82.6 | 74.6 | 89.2 | 69.8 | 0.0 | 79.3 | 19.7 | 18.7 | 47.1 | 49.0 | 75.3 | 100.0 | 59.5 | 90.2 | 28.8 |
| CA－17 | 0.0 | 1.9 | 7.4 | 1.9 | 7.4 | 18.5 | 100.0 | 31.5 | 20.4 | 13.0 | 18.5 | 11.1 | 42.6 | 29.6 | 44.4 | 13.0 |
| CA－18 | 20.2 | 82.6 | 74.6 | 89.2 | 69.8 | 0.0 | 79.3 | 19.7 | 18.7 | 47.1 | 49.0 | 75.3 | 100.0 | 59.5 | 90.2 | 28.8 |
| CA－19 | 14.3 | 6.0 | 20.2 | 10.7 | 100.0 | 10.7 | 100.0 | 7.1 | 78.6 | 7.1 | 6.0 | 3.6 | 88.1 | 2.4 | 100.0 | 0.0 |
| CA－20 | 66.7 | 0.0 | 66.7 | 50.0 | 100.0 | 33.3 | 100.0 | 33.3 | 100.0 | 50.0 | 50.0 | 33.3 | 50.0 | 0.0 | 100.0 | 16.7 |
| CA－21 | 100.0 | 100.0 | 100.0 | 100.0 | 100.0 | 100.0 | 100.0 | 100.0 | 100.0 | 100.0 | 30.0 | 100.0 | 100.0 | 100.0 | 100.0 | 50.0 |
| CA－22 | 100.0 | 0.0 | 100.0 | 100.0 | 100.0 | 100.0 | 100.0 | 100.0 | 100.0 | 100.0 | 66.7 | 100.0 | 100.0 | 100.0 | 100.0 | 50.0 |
| CA－23 | 68.8 | 9.4 | 73.4 | 100.0 | 46.9 | 31.3 | 46.9 | 48.4 | 15.6 | 26.6 | 35.9 | 21.9 | 20.3 | 0.0 | 15.6 | 26.6 |
| CA－24 | 20.2 | 82.6 | 74.6 | 89.2 | 69.8 | 0.0 | 79.3 | 19.7 | 18.7 | 47.1 | 49.0 | 75.3 | 100.0 | 59.5 | 90.2 | 28.8 |
| CA－25 | 100.0 | 14.3 | 100.0 | 100.0 | 42.9 | 42.9 | 71.4 | 42.9 | 42.9 | 65.7 | 40.0 | 71.4 | 71.4 | 0.0 | 71.4 | 14.3 |
| CA－26 | 100.0 | 51.6 | 67.7 | 83.9 | 67.7 | 67.7 | 100.0 | 51.6 | 35.5 | 35.5 | 51.6 | 32.3 | 51.6 | 51.6 | 83.9 | 19.4 |
| CA－27 | 60.0 | 60.0 | 80.0 | 80.0 | 60.0 | 60.0 | 100.0 | 60.0 | 20.0 | 20.0 | 40.0 | 40.0 | 40.0 | 20.0 | 0.0 |  |
| CA－28 | 0.0 | 22.2 | 33.3 | 11.1 | 50.0 | 66.7 | 50.0 | 33.3 | 66.7 | 50.0 | 27.8 | 84.4 | 100.0 | 77.8 | 55.6 | 16.7 |
| CA－29 | 20.1 | 75.6 | 64.3 | 84.8 | 57.6 | 30.9 | 70.9 | 19.3 | 21.6 | 25.8 | 28.3 | 65.3 | 100.0 | 43.2 | 86.2 | 0.0 |
| CA－30* | 0.0 | 33.3 | 66.7 | 0.0 | 0.0 | 33.3 | 100.0 | 33.3 | 33.3 | 33.3 | 33.3 | 66.7 | 66.7 | 33.3 | 66.7 | 0.0 |

| 指标序号 | 创兴资源 | 炼石有色 | 昊华能源 | 科恒股份 | 冀中能源 | 金钼股份 | 中国石油 | 鄂尔多斯 | 开滦股份 | 东华能源 | 山煤国际 | 云海金属 | 河北钢铁 | 沙钢股份 | 中国铝业 | 吉恩镍业 |
|---|---|---|---|---|---|---|---|---|---|---|---|---|---|---|---|---|
| CA-31 | 42.9 | 57.1 | 42.9 | 71.4 | 42.9 | 14.3 | 28.6 | 57.1 | 42.9 | 85.7 | 42.9 | 100.0 | 0.0 | 85.7 | 57.1 | 28.6 |
| CA-32 | 78.2 | 49.2 | 37.4 | 36.5 | 19.3 | 24.9 | 100.0 | 35.2 | 37.5 | 8.5 | 0.0 | 16.2 | 30.1 | 60.0 | 38.0 | 93.0 |
| CA-33 | 83.6 | 18.2 | 64.0 | 100.0 | 67.3 | 50.9 | 67.3 | 18.2 | 34.5 | 26.4 | 50.9 | 31.3 | 67.3 | 0.0 | 67.3 | 18.2 |
| CA-34 | 100.0 | 3.1 | 100.0 | 79.8 | 76.7 | 12.3 | 73.6 | 49.7 | 46.0 | 12.9 | 50.3 | 4.9 | 36.8 | 100.0 | 0.0 | 6.1 |
| CA-35 | 100.0 | 64.3 | 64.3 | 100.0 | 64.3 | 64.3 | 64.3 | 64.3 | 64.3 | 28.6 | 64.3 | 21.4 | 28.6 | 0.0 | 64.3 | 28.6 |
| CA-36 | 40.0 | 20.0 | 100.0 | 40.0 | 20.0 | 20.0 | 20.0 | 40.0 | 20.0 | 10.0 | 20.0 | 18.0 | 20.0 | 6.0 | 20.0 | 0.0 |
| CA-37 | 21.1 | 36.8 | 47.4 | 31.6 | 52.6 | 15.8 | 100.0 | 42.1 | 42.1 | 21.1 | 42.1 | 0.0 | 63.2 | 15.8 | 73.7 | 31.6 |
| CA-38* | 0.0 | 4.4 | 58.1 | 0.0 | 24.3 | 0.0 | 100.0 | 44.4 | 44.4 | 0.0 | 44.4 | 0.0 | 100.0 | 0.0 | 100.0 | 0.0 |
| CA-39* | | | | | | | | | | | | | | | | |
| CA-40* | 9.1 | 27.3 | 18.2 | 0.0 | 36.4 | 18.2 | 100.0 | 63.6 | 18.2 | 27.3 | 36.4 | 54.6 | 0.0 | 18.2 | 72.7 | 9.1 |
| CA-41* | 50.0 | 50.0 | 100.0 | 0.0 | 100.0 | 0.0 | 50.0 | 50.0 | 100.0 | 100.0 | 100.0 | 0.0 | 100.0 | 100.0 | 0.0 | 0.0 |
| CA-42* | 18.1 | 22.6 | 7.1 | 100.0 | 0.0 | 31.6 | 11.6 | 21.3 | 0.7 | 3.2 | 2.6 | 7.7 | 10.3 | 8.4 | 23.2 | 19.4 |
| CA-43 | 12.3 | 2.5 | 5.7 | 43.5 | 100.0 | 1.6 | 12.9 | 1.0 | 46.4 | 10.2 | 0.0 | 15.1 | 78.8 | 21.2 | 7.6 | 0.2 |
| CA-44 | 11.6 | 10.6 | 11.6 | 3.9 | 95.1 | 5.9 | 12.3 | 1.0 | 61.3 | 2.6 | 0.0 | 2.4 | 100.0 | 30.0 | 7.2 | 0.1 |
| CA-45 | 12.2 | 0.6 | 7.8 | 27.3 | 100.0 | 0.3 | 12.9 | 0.5 | 64.5 | 3.8 | 0.0 | 4.5 | 80.1 | 6.2 | 4.9 | 0.1 |
| CA-46 | 12.6 | 11.4 | 8.5 | 100.0 | 10.1 | 12.4 | 1.5 | 5.5 | 6.4 | 29.1 | 0.0 | 13.5 | 9.4 | 38.7 | 10.2 | 0.2 |
| CA-47 | 66.7 | 50.0 | 100.0 | 16.7 | 33.3 | 66.7 | 50.0 | 16.7 | 16.7 | 0.0 | 50.0 | 33.3 | 33.3 | 100.0 | 50.0 | 33.3 |
| CB-01 | 100.0 | 4.1 | 98.2 | 38.0 | 5.1 | 4.1 | 7.5 | 52.0 | 5.1 | 60.4 | 0.0 | 60.4 | 5.1 | 60.4 | 7.5 | 13.9 |
| CB-02 | 0.9 | 90.6 | 0.0 | 45.3 | 74.4 | 90.6 | 29.1 | 100.0 | 74.4 | 55.6 | 90.6 | 55.6 | 74.4 | 55.6 | 29.1 | 98.3 |
| CB-03 | 100.0 | 17.3 | 83.2 | 51.7 | 5.2 | 17.3 | 39.0 | 13.9 | 5.2 | 45.9 | 1.4 | 45.9 | 5.2 | 45.9 | 39.0 | 0.0 |
| CB-04 | 0.0 | 52.0 | 8.0 | 24.0 | 44.0 | 52.0 | 36.0 | 20.0 | 44.0 | 12.0 | 100.0 | 12.0 | 44.0 | 12.0 | 36.0 | 40.0 |
| CB-05 | 2.9 | 82.9 | 0.0 | 28.6 | 42.9 | 82.9 | 17.1 | 100.0 | 42.9 | 71.4 | 42.9 | 42.9 | 42.9 | 42.9 | 17.1 | 85.7 |
| CB-06 | 100.0 | 1.9 | 70.3 | 38.7 | 0.0 | 1.9 | 10.6 | 14.4 | 0.0 | 29.4 | 0.8 | 29.4 | 0.0 | 29.4 | 10.6 | 4.9 |
| CB-07 | 0.0 | 100.0 | 16.9 | 12.4 | 81.6 | 100.0 | 79.6 | 92.2 | 81.6 | 56.7 | 73.8 | 56.7 | 81.6 | 56.7 | 79.6 | 88.7 |
| CB-08 | 14.2 | 1.5 | 66.8 | 61.2 | 0.0 | 1.5 | 23.2 | 28.9 | 0.0 | 100.0 | 10.0 | 100.0 | 0.0 | 100.0 | 23.2 | 11.5 |
| CB-09 | 54.2 | 22.7 | 100.0 | 33.6 | 19.9 | 22.7 | 49.9 | 0.0 | 19.9 | 25.6 | 20.7 | 25.6 | 19.9 | 25.6 | 49.9 | 1.4 |
| CB-10 | 60.1 | 5.1 | 71.2 | 100.0 | 6.7 | 5.1 | 13.2 | 0.0 | 6.7 | 50.4 | 2.4 | 50.4 | 6.7 | 50.4 | 13.2 | 5.1 |
| CB-11 | 52.6 | 19.0 | 100.0 | 70.6 | 34.0 | 19.0 | 56.0 | 0.0 | 34.0 | 32.5 | 47.3 | 32.5 | 34.0 | 32.5 | 56.0 | 76.3 |
| CB-12 | 12.3 | 30.0 | 0.0 | 7.7 | 64.6 | 30.0 | 21.2 | 73.1 | 64.6 | 10.8 | 100.0 | 10.8 | 64.6 | 10.8 | 21.2 | 35.4 |
| CB-13 | 81.6 | 15.0 | 37.0 | 100.0 | 4.0 | 15.0 | 39.1 | 0.0 | 4.0 | 89.0 | 1.3 | 89.0 | 4.0 | 89.0 | 39.1 | 17.6 |
| CB-14 | | | | | | | | | | | | | | | | |

| 指标序号 | 创兴资源 | 炼石有色 | 昊华能源 | 科恒股份 | 冀中能源 | 金钼股份 | 中国石油 | 鄂尔多斯 | 开滦股份 | 东华能源 | 山煤国际 | 云海金属 | 河北钢铁 | 沙钢股份 | 中国铝业 | 吉恩镍业 |
|---|---|---|---|---|---|---|---|---|---|---|---|---|---|---|---|---|
| CB - 15* | 29.7 | 94.0 | 0.0 | 57.9 | 90.7 | 94.0 | 56.3 | 94.7 | 90.7 | 66.0 | 100.0 | 66.0 | 90.7 | 66.0 | 56.3 | 89.0 |
| CB - 16* | 0.0 | 100.0 | 6.0 | 85.0 | 75.9 | 100.0 | 91.0 | 81.2 | 75.9 | 0.0 | 28.6 | 0.0 | 75.9 | 0.0 | 91.0 | 18.8 |
| CB - 17* | 6.4 | 89.4 | 0.0 | 25.5 | 63.8 | 89.4 | 58.5 | 100.0 | 63.8 | 51.1 | 78.7 | 51.1 | 63.8 | 51.1 | 58.5 | 85.1 |
| CB - 18* | 74.2 | 0.0 | 29.0 | 100.0 | 12.9 | 0.0 | 43.2 | 32.3 | 12.9 | 61.3 | 41.9 | 61.3 | 12.9 | 61.3 | 43.2 | 3.2 |
| CB - 19 | 100.0 | 14.3 | 81.0 | 71.4 | 28.6 | 14.3 | 47.6 | 0.0 | 28.6 | 90.5 | 19.1 | 90.5 | 28.6 | 90.5 | 47.6 | 23.8 |
| CB - 20 | 0.0 | 3.0 | 1.4 | 0.2 | 1.7 | 3.0 | 100.0 | 11.5 | 1.7 | 0.3 | 2.8 | 0.3 | 1.7 | 0.3 | 100.0 | 4.1 |
| CB - 21 | 6.9 | 62.2 | 15.4 | 27.2 | 32.7 | 62.2 | 0.0 | 100.0 | 32.7 | 29.0 | 57.4 | 29.0 | 32.7 | 29.0 | 0.0 | 50.9 |
| CB - 22 | 100.0 | 14.7 | 50.9 | 17.7 | 25.5 | 14.7 | 5.8 | 0.0 | 25.5 | 18.9 | 24.3 | 18.9 | 25.5 | 18.9 | 5.8 | 13.7 |
| CB - 23 | 27.9 | 2.2 | 100.0 | 0.0 | 0.7 | 2.2 | 13.1 | 5.5 | 0.7 | 6.8 | 1.3 | 6.8 | 0.7 | 6.8 | 13.1 | 4.4 |
| CB - 24 | 100.0 | 3.9 | 92.9 | 47.8 | 0.0 | 3.9 | 12.4 | 25.2 | 0.0 | 37.3 | 9.3 | 37.3 | 0.0 | 37.3 | 12.4 | 17.8 |
| CB - 25 | 100.0 | 0.0 | 100.0 | 100.0 | 100.0 | 0.0 | 50.0 | 0.0 | 100.0 | 100.0 | 0.0 | 100.0 | 100.0 | 100.0 | 50.0 | 50.0 |
| CB - 26 | 26.2 | 81.9 | 33.8 | 14.0 | 0.0 | 81.9 | 0.0 | 26.2 | 0.0 | 29.4 | 13.9 | 29.4 | 0.0 | 29.4 | 0.0 | 100.0 |
| CB - 27 | 0.0 | 100.0 | 0.0 | 0.0 | 0.0 | 100.0 | 50.0 | 0.0 | 100.0 | 0.0 | 0.0 | 100.0 | 0.0 | 0.0 | 50.0 | 50.0 |
| CB - 28 | 100.0 | 6.3 | 26.9 | 17.6 | 12.8 | 6.3 | 4.6 | 0.0 | 12.8 | 26.9 | 7.3 | 26.9 | 12.8 | 26.9 | 4.6 | 5.0 |
| CB - 29 | 67.3 | 22.7 | 100.0 | 33.6 | 19.9 | 22.7 | 49.9 | 0.0 | 19.9 | 25.6 | 20.7 | 25.6 | 19.9 | 25.6 | 49.9 | 1.4 |
| CB - 30 | 100.0 | 45.9 | 78.7 | 18.6 | 11.1 | 45.9 | 31.9 | 33.9 | 11.1 | 18.9 | 0.0 | 18.9 | 11.1 | 18.9 | 34.5 | 33.6 |
| CB - 31 | 97.7 | 12.9 | 100.0 | 22.8 | 0.0 | 12.9 | 42.5 | 24.6 | 0.0 | 33.0 | 7.8 | 33.0 | 0.0 | 33.0 | 42.5 | 5.5 |
| CB - 32 | 100.0 | 25.0 | 94.9 | 12.8 | 0.0 | 25.0 | 27.3 | 60.7 | 0.0 | 25.4 | 14.4 | 25.4 | 0.0 | 25.4 | 27.3 | 26.5 |
| CB - 33* | | | | | | | | | | | | | | | | |
| CB - 34 | 72.7 | 63.6 | 0.0 | 100.0 | 63.6 | 63.6 | 52.0 | 72.7 | 63.6 | 18.2 | 54.6 | 18.2 | 63.6 | 18.2 | 81.0 | 54.6 |
| CB - 35 | 72.7 | 63.6 | 0.0 | 100.0 | 63.6 | 63.6 | 52.0 | 72.7 | 63.6 | 18.2 | 54.6 | 18.2 | 63.6 | 18.2 | 81.0 | 54.6 |
| CB - 36 | 46.3 | 1.1 | 98.5 | 8.9 | 100.0 | 1.1 | 36.6 | 43.2 | 100.0 | 4.9 | 2.7 | 4.9 | 100.0 | 4.9 | 36.6 | 0.0 |
| CB - 37 | 77.6 | 1.9 | 73.2 | 100.0 | 35.1 | 1.9 | 41.7 | 0.0 | 35.1 | 63.2 | 3.6 | 63.2 | 35.1 | 63.2 | 41.7 | 30.5 |
| CB - 38 | 61.6 | 82.5 | 100.0 | 23.7 | 30.7 | 82.5 | 0.0 | 28.7 | 30.7 | 57.5 | 34.2 | 57.5 | 30.7 | 57.5 | 0.0 | 54.7 |
| CB - 39 | 88.5 | 3.4 | 100.0 | 9.4 | 0.1 | 3.4 | 19.8 | 0.0 | 0.1 | 18.6 | 5.7 | 18.6 | 0.1 | 18.6 | 21.5 | 10.1 |
| CB - 40 | 0.0 | 33.9 | 97.1 | 91.3 | 100.0 | 33.9 | 64.6 | 15.6 | 100.0 | 76.2 | 78.0 | 76.2 | 100.0 | 76.2 | 64.6 | 25.9 |
| CB - 41 | 98.8 | 93.6 | 33.7 | 100.0 | 95.0 | 93.6 | 67.1 | 69.3 | 95.0 | 100.0 | 76.9 | 100.0 | 95.0 | 100.0 | 67.1 | 74.7 |
| CB - 42 | 98.8 | 3.7 | 100.0 | 46.1 | 2.7 | 3.7 | 0.0 | 2.8 | 2.7 | 54.2 | 7.0 | 54.2 | 2.7 | 54.2 | 0.0 | 3.2 |
| CB - 43* | 72.7 | 63.6 | 0.0 | 100.0 | 63.6 | 63.6 | 45.5 | 72.7 | 63.6 | 18.2 | 54.6 | 18.2 | 63.6 | 18.2 | 45.5 | 54.6 |

注：CA - 39*、CB - 14、CB - 33*，三个指标数据不可得，在计算过程中忽略不计，对最终结果的影响非常有限。

### 6.2.2　各级指标指数的计算

在前面的研究中，我们已经获得了指标体系每一层每一项指标的权重。我们的评价思路是，从观测指标开始，将指标标准化数据与其对应的权重加权求和，获取上一级指标的指数，通过这样的办法逐级向上逆推集结，最终获取企业创新能力综合指数，一般性的计算过程如下：$INDEX_{ij} = \sum_{j=1}^{m} w_j \times x_j$，$j = 1$，$2$，$\cdots$，$90$。其中，$i$ 为样本企业。

经过计算，我们可以得到除观测指标层以外的各级指标层的指数，见表 6-10、表 6-11、表 6-12。

表 6-10　要素层指标指数

| 三级指标 | 创兴资源 | 炼石有色 | 昊华能源 | 科恒股份 | 冀中能源 | 金钼股份 | 中国石油 | 鄂尔多斯 | 开滦股份 | 东华能源 | 山煤国际 | 云海金属 | 河北钢铁 | 沙钢股份 | 中国铝业 | 吉恩镍业 |
|---|---|---|---|---|---|---|---|---|---|---|---|---|---|---|---|---|
| 技术要素 | 4.56 | 6.98 | 7.08 | 12.10 | 4.87 | 5.82 | 4.70 | 3.45 | 4.99 | 4.72 | 3.72 | 4.04 | 4.43 | 5.42 | 2.52 | 2.74 |
| 管理要素 | 0.55 | 2.85 | 3.65 | 3.95 | 4.39 | 0.78 | 4.16 | 1.68 | 1.87 | 2.03 | 1.92 | 3.94 | 4.04 | 2.26 | 3.06 | 1.04 |
| 信息要素 | 2.24 | 1.57 | 3.28 | 3.55 | 3.56 | 1.47 | 3.73 | 1.91 | 2.37 | 2.37 | 1.91 | 2.75 | 3.64 | 2.16 | 3.76 | 1.29 |
| 人才要素 | 2.66 | 2.45 | 3.25 | 3.14 | 2.26 | 2.20 | 3.88 | 2.38 | 2.28 | 2.03 | 1.76 | 3.03 | 3.16 | 2.43 | 3.24 | 1.31 |
| 资本要素 | 2.83 | 1.41 | 3.16 | 3.01 | 2.54 | 1.47 | 3.20 | 1.91 | 1.89 | 0.94 | 2.07 | 0.64 | 2.15 | 0.87 | 2.38 | 0.90 |
| 资源要素 | 0.44 | 0.62 | 1.05 | 0.64 | 0.92 | 0.32 | 1.58 | 1.08 | 0.93 | 0.74 | 1.06 | 0.40 | 1.21 | 0.71 | 1.21 | 0.18 |
| 引进创新 | 0.48 | 0.11 | 0.32 | 1.00 | 3.91 | 0.06 | 0.51 | 0.00 | 2.42 | 0.10 | 0.00 | 0.22 | 3.30 | 0.00 | 0.23 | 0.00 |
| 合作创新 | 0.69 | 0.53 | 0.97 | 0.81 | 0.37 | 0.69 | 0.46 | 0.19 | 0.19 | 0.19 | 0.46 | 0.39 | 0.97 | 0.71 | 0.67 | 0.30 |
| 经济发展 | 3.47 | 2.86 | 3.00 | 2.66 | 1.74 | 2.86 | 1.90 | 3.14 | 1.74 | 2.83 | 2.58 | 2.83 | 1.74 | 2.83 | 1.90 | 2.45 |
| 经济活力 | 4.78 | 1.85 | 4.56 | 6.00 | 1.65 | 1.85 | 3.02 | 1.48 | 1.65 | 5.09 | 1.76 | 5.09 | 1.65 | 5.09 | 3.02 | 2.10 |
| 经济结构 | 2.51 | 4.33 | 1.20 | 3.91 | 4.07 | 4.33 | 3.60 | 4.32 | 4.07 | 3.72 | 4.14 | 3.72 | 4.07 | 3.72 | 3.60 | 3.67 |
| 地理结构 | 4.63 | 0.77 | 5.24 | 1.79 | 1.51 | 0.77 | 1.72 | 1.03 | 1.51 | 1.88 | 0.98 | 1.88 | 1.51 | 1.88 | 1.72 | 1.27 |
| 环境资源 | 2.51 | 2.56 | 2.58 | 0.98 | 0.49 | 2.56 | 1.35 | 0.49 | 1.11 | 1.65 | 1.11 | 0.49 | 1.11 | 1.49 | 1.88 |
| 政策环境 | 3.56 | 1.17 | 3.15 | 0.61 | 0.19 | 1.17 | 1.14 | 1.50 | 0.19 | 0.84 | 0.23 | 0.84 | 0.19 | 0.84 | 1.19 | 0.94 |
| 法律环境 | 5.04 | 2.66 | 3.04 | 5.74 | 5.12 | 2.66 | 3.47 | 3.84 | 5.12 | 1.77 | 2.35 | 1.77 | 5.12 | 1.77 | 4.66 | 2.68 |
| 文化环境 | 2.57 | 2.77 | 3.96 | 4.03 | 3.39 | 2.77 | 2.34 | 1.96 | 3.39 | 3.30 | 2.88 | 3.30 | 3.39 | 3.30 | 2.35 | 2.23 |

根据计算结果可知，要素层指标指数得分表现出较大的离散性，证明整套指标体系的构建及其评价方法等，均是有效的。从单指标分析，在技术要素方

面，得分最高的是科恒股份，得分最低的是中国铝业；在管理要素方面，得分最高的是冀中能源，得分最低的是创兴资源；信息要素方面得分最高的是中国铝业，得分最低的是吉恩镍业；人才要素方面得分最高的是中国石油，得分最低的是吉恩镍业；资本要素方面，得分最高的是中国石油，得分最低的是云海金属；资源要素方面得分最高的是中国石油，得分最低的是吉恩镍业；引进创新方面得分最高的是冀中能源，得分最低的是山煤国际（数值是 0，原因在于计算过程中的四舍五入）；合作创新方面，得分最高的是昊华能源和河北钢铁，得分最低的是鄂尔多斯、开滦股份和东华能源；剩下的企业创新三维空间的得分主要考察的是企业所处空间的真实情况，若不同企业其空间相同，则得分相同。经济发展方面得分最高的是创兴资源，得分最低的是冀中能源、开滦股份、河北钢铁；经济活力方面得分最高的是科恒股份，得分最低的是鄂尔多斯；经济结构方面得分最高的是炼石有色、金钼股份，得分最低的是昊华能源；地理结构方面得分最高的是昊华能源，得分最低的是炼石有色和金钼股份；环境资源方面得分最高的是昊华能源，得分最低的是冀中能源、开滦股份、河北钢铁；政策环境方面得分最高的是创兴资源，得分最低的是冀中能源、开滦股份、河北钢铁；法律环境方面得分最高的是科恒股份，得分最低的是东华能源、云海金属、沙钢股份；文化环境方面得分最高的是科恒股份，得分最低的是鄂尔多斯。

表 6 – 11　能力层指标指数

| 二级指标 | 创兴资源 | 炼石有色 | 昊华能源 | 科恒股份 | 冀中能源 | 金钼股份 | 中国石油 | 鄂尔多斯 | 开滦股份 | 东华能源 | 山煤国际 | 云海金属 | 河北钢铁 | 沙钢股份 | 中国铝业 | 吉恩镍业 |
|---|---|---|---|---|---|---|---|---|---|---|---|---|---|---|---|---|
| 自主性创新能力 | 1.06 | 1.48 | 1.77 | 2.48 | 1.46 | 1.13 | 1.56 | 0.95 | 1.19 | 1.10 | 0.98 | 1.21 | 1.41 | 1.22 | 1.09 | 0.64 |
| 外源性创新能力 | 0.03 | 0.01 | 0.03 | 0.05 | 0.16 | 0.01 | 0.03 | 0.00 | 0.10 | 0.01 | 0.01 | 0.01 | 0.15 | 0.03 | 0.02 | 0.00 |
| 经济空间 | 0.88 | 0.65 | 0.74 | 1.04 | 0.54 | 0.65 | 0.66 | 0.63 | 0.54 | 0.95 | 0.61 | 0.95 | 0.54 | 0.95 | 0.66 | 0.60 |
| 地理空间 | 0.48 | 0.19 | 0.53 | 0.19 | 0.14 | 0.19 | 0.21 | 0.15 | 0.14 | 0.20 | 0.16 | 0.20 | 0.14 | 0.20 | 0.21 | 0.19 |
| 人文空间 | 0.74 | 0.43 | 0.64 | 0.70 | 0.59 | 0.43 | 0.46 | 0.49 | 0.59 | 0.37 | 0.36 | 0.37 | 0.59 | 0.37 | 0.56 | 0.39 |

从单指标分析，在自主性创新能力方面，得分最高的是科恒股份，得分最低的是吉恩镍业；在外源性创新能力方面，得分最高的是冀中能源，得分最低

的是鄂尔多斯；在经济空间方面，得分最高的是科恒股份，得分最低的是冀中能源、开滦股份、河北钢铁；地理空间方面，得分最高的是昊华能源，得分最低的是冀中能源、开滦股份、河北钢铁；在人文空间方面，得分最高的是创兴资源，得分最低的是山煤国际。

表6－12  结构层与综合层指标指数

| 指标 | 结构层指标指数 | | | | | | | | | | | | | | | |
|---|---|---|---|---|---|---|---|---|---|---|---|---|---|---|---|---|
| | 创兴资源 | 炼石有色 | 昊华能源 | 科恒股份 | 冀中能源 | 金钼股份 | 中国石油 | 鄂尔多斯 | 开滦股份 | 东华能源 | 山煤国际 | 云海金属 | 河北钢铁 | 沙钢股份 | 中国铝业 | 吉恩镍业 |
| 内生创新能力 | 0.42 | 0.59 | 0.70 | 0.98 | 0.58 | 0.45 | 0.62 | 0.37 | 0.47 | 0.43 | 0.39 | 0.48 | 0.57 | 0.49 | 0.43 | 0.25 |
| 企业创新三维空间 | 0.40 | 0.26 | 0.36 | 0.40 | 0.26 | 0.26 | 0.27 | 0.26 | 0.26 | 0.32 | 0.23 | 0.32 | 0.26 | 0.32 | 0.29 | 0.24 |
| 指标 | 综合层指标指数 | | | | | | | | | | | | | | | |
| | 创兴资源 | 炼石有色 | 昊华能源 | 科恒股份 | 冀中能源 | 金钼股份 | 中国石油 | 鄂尔多斯 | 开滦股份 | 东华能源 | 山煤国际 | 云海金属 | 河北钢铁 | 沙钢股份 | 中国铝业 | 吉恩镍业 |
| 综合指数 | 0.41 | 0.41 | 0.52 | 0.66 | 0.40 | 0.34 | 0.43 | 0.31 | 0.35 | 0.37 | 0.30 | 0.39 | 0.40 | 0.39 | 0.35 | 0.24 |

内生创新能力方面得分最高的是科恒股份，得分最低的是吉恩镍业；企业创新三维空间方面得分最高的是创兴资源，得分最低的是山煤国际。最后，反映到综合创新指数上来看，综合得分最高的是科恒股份，得分最低的是吉恩镍业。

从企业得分情况来看，与我们企业调查阶段所发现的企业现实表现出很高的吻合度，能够真实地反映出企业的现实情况，因此可以说，我们的指标体系是科学的、可行的。

## 6.2.3  评价结果与等级划分

根据计算，我们已经获取了16家企业各级指标层的指数得分，根据前文中我们对要素层指标等级划分的标准，我们可以确定各样本企业要素层指标所处的等级，具体等级区分见表6－13。

表 6 – 13　样本企业要素层指标等级区分

| 要素层指标 | 创兴资源 | 炼石有色 | 昊华能源 | 科恒股份 | 冀中能源 | 金钼股份 | 中国石油 | 鄂尔多斯 | 开滦股份 | 东华能源 | 山煤国际 | 云海金属 | 河北钢铁 | 沙钢股份 | 中国铝业 | 吉恩镍业 |
|---|---|---|---|---|---|---|---|---|---|---|---|---|---|---|---|---|
| 技术要素 | 中 | 良 | 良 | 优 | 中 | 中 | 中 | 中 | 中 | 中 | 中 | 中 | 中 | 中 | 差 | 差 |
| 管理要素 | 差 | 中 | 中 | 中 | 良 | 差 | 良 | 差 | 差 | 差 | 中 | 中 | 差 | 中 | 中 | 差 |
| 信息要素 | 良 | 中 | 良 | 优 | 优 | 中 | 优 | 中 | 良 | 良 | 中 | 良 | 优 | 中 | 优 | 中 |
| 人才要素 | 中 | 良 | 中 | 良 | 中 | 中 | 中 | 中 | 中 | 中 | 中 | 良 | 中 | 良 | 中 | 差 |
| 资本要素 | 良 | 中 | 良 | 中 | 良 | 中 | 良 | 中 | 中 | 良 | 中 | 中 | 中 | 中 | 良 | 中 |
| 资源要素 | 差 | 中 | 中 | 中 | 差 | 中 | 中 | 差 | 中 | 中 | 中 | 中 | 差 | 中 | 中 | 差 |
| 引进创新 | 差 | 差 | 差 | 中 | 优 | 中 | 中 | 中 | 良 | 中 | 中 | 中 | 中 | 优 | 中 | 差 |
| 合作创新 | 中 | 中 | 良 | 中 | 中 | 中 | 差 | 中 | 中 | 中 | 中 | 中 | 良 | 中 | 中 | 中 |
| 经济发展 | 良 | 中 | 中 | 中 | 中 | 中 | 中 | 中 | 中 | 中 | 中 | 中 | 中 | 中 | 良 | 中 |
| 经济活力 | 中 | 差 | 中 | 中 | 中 | 中 | 中 | 中 | 差 | 中 | 差 | 差 | 中 | 差 | 中 | 中 |
| 经济结构 | 中 | 良 | 差 | 良 | 良 | 良 | 良 | 良 | 良 | 良 | 良 | 良 | 良 | 良 | 良 | 良 |
| 地理结构 | 良 | 差 | 中 | 中 | 中 | 中 | 中 | 中 | 中 | 中 | 中 | 中 | 中 | 中 | 中 | 良 |
| 环境资源 | 中 | 良 | 中 | 中 | 差 | 中 | 中 | 中 | 中 | 中 | 中 | 中 | 中 | 中 | 中 | 中 |
| 政策环境 | 良 | 差 | 中 | 中 | 中 | 中 | 中 | 中 | 中 | 中 | 中 | 中 | 中 | 中 | 中 | 中 |
| 法律环境 | 良 | 中 | 中 | 中 | 中 | 中 | 中 | 中 | 中 | 中 | 中 | 中 | 中 | 中 | 中 | 中 |
| 文化环境 | 中 | 中 | 良 | 中 | 中 | 中 | 中 | 中 | 中 | 中 | 中 | 中 | 中 | 良 | 中 | 中 |

根据前述我们对能力层指标等级划分的标准，我们可以确定各样本企业能力层指标所处的等级，具体等级区分见表 6 – 14。

表 6 – 14　样本企业能力层指标等级区分

| 二级指标 | 创兴资源 | 炼石有色 | 昊华能源 | 科恒股份 | 冀中能源 | 金钼股份 | 中国石油 | 鄂尔多斯 | 开滦股份 | 东华能源 | 山煤国际 | 云海金属 | 河北钢铁 | 沙钢股份 | 中国铝业 | 吉恩镍业 |
|---|---|---|---|---|---|---|---|---|---|---|---|---|---|---|---|---|
| 自主性创新能力 | 中 | 中 | 良 | 良 | 中 | 中 | 中 | 中 | 中 | 中 | 中 | 中 | 中 | 中 | 中 | 差 |
| 外源性创新能力 | 差 | 差 | 差 | 中 | 优 | 差 | 差 | 差 | 良 | 差 | 差 | 差 | 优 | 差 | 差 | 差 |
| 经济空间 | 中 | 中 | 中 | 良 | 中 | 中 | 中 | 中 | 良 | 中 | 中 | 中 | 中 | 良 | 良 | 中 |
| 地理空间 | 良 | 差 | 良 | 差 | 中 | 中 | 中 | 中 | 中 | 中 | 中 | 中 | 中 | 中 | 中 | 差 |
| 人文空间 | 良 | 中 | 良 | 良 | 中 | 中 | 中 | 中 | 中 | 中 | 中 | 中 | 中 | 良 | 中 | 中 |

根据结构层指标等级划分的标准，我们可以确定各样本企业的结构层指标

所处的等级，具体等级区分见表6－15。

表6－15 样本企业结构层指标等级区分

| 指标 | 结构层指标指数 | | | | | | | | | | | | | | | |
|---|---|---|---|---|---|---|---|---|---|---|---|---|---|---|---|---|
| | 创兴资源 | 炼石有色 | 昊华能源 | 科恒股份 | 冀中能源 | 金钼股份 | 中国石油 | 鄂尔多斯 | 开滦股份 | 东华能源 | 山煤国际 | 云海金属 | 河北钢铁 | 沙钢股份 | 中国铝业 | 吉恩镍业 |
| 内生创新能力 | 中 | 中 | 良 | 良 | 中 | 中 | 中 | 中 | 中 | 中 | 中 | 中 | 中 | 中 | 中 | 差 |
| 企业创新三维空间 | 良 | 中 | 中 | 良 | 中 | 中 | 中 | 中 | 中 | 中 | 中 | 中 | 中 | 中 | 中 | 中 |

根据结构层指标等级划分的标准，我们可以确定各样本企业创新能力综合指数的等级和排名，见表6－16。

表6－16 创新能力综合评价指数等级区分及排名

| 企业 | 综合指数 | 排名 | 等级 |
|---|---|---|---|
| 科恒股份 | 0.66 | 1 | 良 |
| 昊华能源 | 0.52 | 2 | 良 |
| 中国石油 | 0.43 | 3 | 中 |
| 创兴资源 | 0.41 | 4 | 中 |
| 炼石有色 | 0.41 | 5 | 中 |
| 冀中能源 | 0.4 | 6 | 中 |
| 河北钢铁 | 0.4 | 7 | 中 |
| 云海金属 | 0.39 | 8 | 中 |
| 沙钢股份 | 0.39 | 9 | 中 |
| 东华能源 | 0.37 | 10 | 中 |
| 开滦股份 | 0.35 | 11 | 中 |
| 中国铝业 | 0.35 | 12 | 中 |
| 金钼股份 | 0.34 | 13 | 中 |
| 鄂尔多斯 | 0.31 | 14 | 中 |
| 山煤国际 | 0.3 | 15 | 中 |
| 吉恩镍业 | 0.24 | 16 | 差 |

## 6.3    本章小结

企业创新能力考核的难点是考核标准的制定，一般情况是依据国家有关规定，制定企业的考核标准。由于国家还没有制定相关的规定，也没有相应的指标体系进行参考，本书的研究方法就是对全国的创新型典型企业进行重点调查，把企业在某些指标上能够达到的最高指标要求，作为标杆企业的最好指标。若干个企业最好指标的集合，就是理想中的最好创新型企业指标，或称为模拟的最好创新标杆企业的最高指标；同理，若干个企业最差指标的集合，就看成是考核标杆企业的最低指标。将最优企业与最差企业的总分按照等分划分成若干等级，便可将连续的得分值划分成若干个离散的档次，从而起到直观评价的目的。按照惯例，我们采取四分法，将企业创新能力分成优、良、中、差，四个等级。

这一研究成果，基于3个假设条件：企业创新能力与其利润率存在正相关关系；所选择的企业的创新能力是规模效应不变的；指标体系中的观测指标具有相对静止性。其中，企业创新能力与其利润率存在正相关关系、指标体系中的观测指标具有相对静止性，不难被证明。经过证明同样可以近似认为企业的创新能力是规模效应不变的。在满足这些假设条件的基础上，将样本企业指标原始数据进行标准化处理，从而得到样本企业在各指标上的极值，再以指标逆推集结的方法，获取综合指数的极大值和极小值，从而模拟最优和最差标杆企业。

从应用的情况看，计算得到样本企业创新能力指数的值域为 $[0,1.04]$。若将样本企业创新能力划分为"优""良""中""差"四个档次，企业创新能力指数值域被划分为四个区间：$[0,0.26]$、$(0.26,0.52]$、$(0.52,0.78]$、$(0.78,1.04]$，落在第四个区间的为"优"，落在第三个区间的为"良"，落在第二个区间的为"中"，落在第一个区间的为"差"。

从评价结果看（见表6-16），样本企业创新能力普遍偏低，所选16家企业中有2家企业的创新能力为良（科恒股份、昊华能源），1家企业的创新能力为差（吉恩镍业），其余企业为中。通过对科恒股份、昊华能源、创兴资源等16家企业进行实证分析后，可以看出此指标体系对于不同规模企业的创新能力的评价基本上都是可行的，得出的企业创新能力的分值评价基本上是符合企业创新能力的实际情况的。而且根据对企业各个要素指标的评分，可以找出企业在创新中的优势和不足，有利于改善企业的创新组织结构，提高企业创新能力。由此，可以说，此指标体系具备了科学性、导向性、可比性、可操作性和渐进性的原则，用此方法去分析评价企业创新能力是可行的，是具有现实推广意义的。

# 7   中国资源型跨国企业创新与
竞争力存在的问题

　　通过实证研究，本书对于中国资源型跨国企业的综合竞争力有了较全面的
认识。首先，从整体上看，中国资源型跨国企业的综合竞争力表现出明显的上
升趋势，其主要贡献在于中国资源型跨国企业的可持续发展因子。从企业的具
体指标上看就是市场拓展能力、人均技术装备水平、采矿业人数、资产总额、
科技活动经费筹集总额、新产品开发项目数、专利申请、人均信息和通信技术
支出、微机普及率、境外资源企业数占资源企业比重、资源企业跨国数占世界
国家比重、对外投资占资产总值比重、资源出口占资源产量比重、国际资源获
取门槛、国际资源竞争强度。这些指标主要反映的是企业规模、企业创新能力
和企业国际经营能力。由此可见，从纵向比较来看，中国资源型跨国企业在这
几方面做得还不错。其次，中国资源型跨国企业的管理能力因子表现出了
"先抑后扬"的特点，这表明，近些年，中国资源型跨国企业在全球竞争力方
面，已经意识到自身的管理弊端，并进行了有针对性的改善，但这种"后扬"
的趋势也并不明显，也就是说中国资源型跨国企业的管理仍存在诸多问题有待
解决。再次，中国资源型跨国企业的总体盈利能力并没有出现我们臆想中的持
续上涨的趋势，而只是保持了相对稳定的盈利能力。这种管理能力表现在中国
资源型跨国企业上就是国际市场地位问题。要想获得有力的竞争优势，就必须
不断提升企业的盈利能力，进而提升自身的国际市场地位。此外，通过因子分
析，我们发现还有两个因子出现了明显的减弱趋势，即企业人力资本因子和企

业风险控制因子。而在可持续发展因子中，我们提到过中国资源型跨国企业的创新能力发展不错，但是在人力资本因子中又表现出不尽如人意的地方，可见，中国资源型跨国企业的创新存在结构性失衡的问题。最后，中国资源型跨国企业的经营环境因子出现了剧烈的区间震动。

中国社会科学院（以下简称中国社科院）2009 年 12 月 25 日发布《2009 年世界经济形势分析与预测》黄皮书中称，2008 年前 3 个季度，中国企业在海外并购金额同比大增 101.9%，达 1310 亿美元，超过 2007 年全年水平，其中资源类海外并购"最为活跃"，总金额高达 389 亿美元，占 29%。

这些并购资金的绝大多数，是以"抄底"的名义出境的。由于当时金融危机的肆虐和经济的萧条，一度奇货可居的能源、矿产品价格开始暴跌，一些企业认为，这类不可再生资源的价格终究还会回升，此时"抄底"，就可在经济回暖时掌握资源制高点，为自己赢得滚滚红利；另一些一直锲而不舍谋求海外并购、控股的企业发现，金融危机消耗了那些原本占据行业垄断地位的巨头们的元气，使其不得不收缩自保，此时不"抄底"，更待何时。

然而"抄底"的成绩却实在不忍目睹。据社科院世界经济与政治研究所副所长李向阳分析，2008 年中国企业海外"抄底"造成相当程度的损失。

中国资源型跨国企业海外"抄底"，何以教训居多？我们认为问题出在中国资源型跨国企业的综合竞争能力上。

首先，许多企业的决策层只见树木，不见森林；单纯从资源、从本行业的层面看问题，而忽视了从整个投资环境和世界经济形势的角度高瞻远瞩。

虽然能源、矿产类是不可再生资源，但随着科学技术的发展、产业结构的不断优化，资源品类的价格不会一路飙升、只升不降，而是呈现波动的反复过程。以石油为例，其价格曾攀升到 147 美元/桶，但自欧佩克成立以来的大多数时间里国际石油价格一般都在 50 美元/桶上下；铁矿石的价格近几年近乎疯狂式的增长，价格几年内涨了差不多 10 倍，其主要原因是新兴国家由于经济的异常增速加之以消耗资源为代价的经济增长方式对其需求大增，另外国际资本、大型跨国公司等有实力的财团趁机炒作价格从中谋取利益，铁矿石出口国公司垄断价格囤货居奇也加速了国际铁矿石价格的上升，但近几年世界铁矿石的新探明储量却远大于需求增长。显然，资源价格不断大幅度攀升，前提必须有二，一是假定新兴国家的需求量只会大升，不会大降；二是假定风险基金持续看好，且始终有充足资金哄抬炒作。随着金融危机的深入，新兴国家对资源的需求量大跌，投机资本一方面无利可图；另一方面自身损失惨重，也不得不减少风险投机，供货商面对惨淡行市，更不得不考虑收缩，让手里的资源甚至产业尽快套现，以免陷入泥潭而不能自拔。

其次，一些企业和资本存在明显的"博傻"情结，在国际资本市场表现出"急吼吼"的暴发户心态，只求控股得手而不顾一切。

更值得深思的是，抄底的本意是逢低吸纳，但在中国资本海外资源类并购案中，许多所谓的"抄底"，付出的却是比"顶"都高的代价。"抄底"所面对的，原本就是低迷的市场氛围，是以时间换取空间的非常策略，"底"必须是"底"，必须是尽可能的低价，这是"抄底"成功最起码的前提，如果连这一前提且无法保证，何谈"抄底"成功？

其实"抄底"是国际资源产业运作的常态，目前控制能源、矿产的巨鳄，无一不是靠"抄底"起家。但他们的"抄底"，首先建立在对产业的熟悉上，往往用很小代价获得勘探权和开采优先权，等探明储量、打好基础再大举出手；其次，他们对国际和当地的政治、经济形势熟悉，对金融资本动向判若观火，能及时趋利避害，避免风险，既不会犯轻率进入热点地区开发的错误，也不会顶着可能被当地政府国有化的风险追加投资，即使犯了错，也常常能够做到及时补救，把损失降到最低。在这些方面，有些中国企业自身底蕴、实力和准备不充分，又缺乏必要的体系予以保障，"抄底"也自然少了几分把握，多了几分盲目。

相比其他海外投资，资源类投资有其鲜明的特点，即需要长期经营、长线打算，需要更好地与当地融合，更需要需求端和运输链的绝对"配套"，这些都是几十年、上百年才能完成的大计。

以曾经号称"世界铁矿奇迹"的利比里亚奉城铁矿为例，这座世界首屈一指的铁矿山 1934 年被荷兰人在找钻石矿时偶然发现，并被几名德裔犹太人购得勘探权，1957 年德国人克里斯蒂买断勘探权，并派出一支勘探队前往找矿，不久勘探队发出"我找到了全世界的铁矿资源"的著名电报，1963 年第一车矿石运往欧洲，1965 年正式投产，在此后 25 年间，奉城铁矿一直稳产高产，为克里斯蒂带来丰厚收益。

这一成功的"抄底"范例，在为人津津乐道的非洲传奇背后，却有着缜密的计算和耐心的长线经营。克里斯蒂最初的投资仅仅不到 100 欧元（购买勘探权），此后一直谨慎投入，避免大手大脚，直到第一车矿石变成钢材、效益已经切实彰显，才慷慨拍出巨资大规模投入，并拉了意大利国家矿业公司等有实力的合伙人成立奉城矿业公司（BMC）以分摊风险；为了确保生产稳定，BMC 兴建了 300 千米长的铁路专用线和全新的布坎南港，以及 3 万人口的全新奉城社区，还引进了当时世界最先进技术，成为世界第四个、非洲第一个使用全自动螺旋采矿设备的矿山，其投资不但手笔大，而且针对性强，该花的不省，该省的不花。克里斯蒂本人是德国钢铁大亨，合伙人中也有钢铁业巨子，铁矿石最初的大客户正是位于德国鲁尔区的自家产业，矿石从奉城经专用线运到布坎南，装船运至荷兰鹿特丹，就地转卸至莱茵河驳船，直达鲁尔区的钢厂，成本早已经过计算，并得到切实控制。

不仅如此，一旦发现决策错误或形势有变，国外的"抄底"企业退出相当斩截，如尼日利亚三角洲石油资源丰富，埃塞俄比亚欧加登地区同样有丰富油气蕴藏，但当两地陷入战乱后，许多跨国油企纷纷停产、弃标或干脆不参加投标，前面提到的奉城矿，当 1990 年 4 月利比里亚内战影响到该地，BMC 只用了不到 3 个半月就全面撤出并停产，用该公司代表的告别赠言来说，尽管奉城令人眷念，但不能以生命为代价，为得到铁矿石而冒险，"那样还不如拿钱在市场上买高价货"。

通过分析，我们可以将中国资源型跨国企业创新与竞争力存在的问题归纳为企业管理效率与风险控制问题、人力资源状况与创新问题、国际战略环境制约问题，并分别进行分析。

# 7.1  企业管理与风险控制问题

## 7.1.1  企业管理效率

（1）管理理念守旧

世界信息产业巨子、美国 CA 公司董事长王嘉廉认为，新的科技固然重要，但只有将其与企业、市场实际相融合增加产品附加值，才能不断实现突破与超越。中国资源型跨国公司的企业家们的思维观念多是以技术和政策为导向的。

（2）业务管理方式有待转变

在当今全球化的市场竞争环境下，中国资源型跨国企业普遍存在管理水平低下的问题，只能被动地接收市场压力，改善并提高自身管理水平的内在动力不足，其主动性尚未激发。由于起步晚、发展快，中国资源型跨国企业大多实行跟随战略，在发展模式上尚未形成自己的思路，只能在摸索中前行。另外，中国资源型跨国企业科技研发、创新能力不足，缺乏核心竞争力与可持续竞争力，这些现实问题使得中国资源型跨国企业与国外同类企业存在巨大差距。金字塔型集权分层级管理是中国资源型跨国企业分工组织的典型方式，其存在固有的缺陷，极易陷入个人武断、经验主义错误，当高层按照其个人意愿做出决策时，各部门级员工一部分执行一部分实施监管，无须思考，也不用对结果负责。这种模式的应用使企业员工丧失了其主动性和创造力，缺乏奖惩机制，继而造成效率低下。因此，在中国资源型跨国企业探索前进的过程中，有必要借鉴国外扁平化企业经验，实现管理方式向横向授权管理方式的转变。

（3）战略管理能力低下

在中国经济火热增速的背后，中国资源型跨国企业自身不断发展壮大的同时，也出现了盲目扩张的势头，部分企业在迅速获得自我膨胀之后却缺乏长远的战略管理，集团战略和业务竞争战略尤为逊色，对市场调研分析不足，缺乏其前期准备，往往不能制定切实有效的长远战略，没有明确的业务领域战略，多元化或专业化道路定位模糊，在成长过程中走了不少弯路。这一点在近几年中国资源型跨国企业的国际并购案例中可见一斑。许多中国资源型跨国企业在金融危机时期花费巨额成本频频出手，在国际市场上收购或兼并国际资源型企业，但成功的却少之又少。这是企业管理者战略能力欠缺的直接证明。中国资源型跨国企业要不断改善、整合以下几个关键点：建立明晰、有效的战略规划；提升领导力、强化团队合作与加强沟通；细化绩效管理；强化品牌建设与营销渠道管理；跨国业务流程与跨国公司管理控制；打造跨国企业文化。

（4）管理体制不灵活

中国资源型跨国企业利用"后发优势"很大程度上实现了技术、人才及资金的迅速跟进，但缺乏竞争力、生产效率低等一系列的问题也暴露出其成长背后的经营机制问题。建立符合国际规范的经营管理机制是摆在当下中国资源型跨国企业面前的一大难题，但短期内难以实现管理体制改革的突破。

（5）技术水平落后

中国资源型跨国企业的技术装备主要依赖进口，自主研发能力较弱，消化吸收再创新的能力不足，与发达国家及大型跨国公司的先进技术水平相比仍存在较大差距。由于科技研发投入少、能力弱，我国资源型跨国企业只是财政收入的主要贡献者，并不是我国科技研发的主体。而往往企业的研发投入能起到杠杆作用，支撑其可持续发展，但大型资源型跨国企业对此认识不足，缺乏研发投入的长远战略。另外，我国科技研发往往集中于高校实验室、各类研究院所等游离于企业之外的机构，科研者往往缺乏对市场的灵敏嗅觉，其科研成果往往难以实现与市场的有效对接，难以高效的转化为成果，进而制约了我国资源型跨国企业科技水平的发展。中国资源型跨国企业要提高竞争力，除了认清与世界先进技术水平的差距之外，应不断寻求与高校、科研院所的合作，将其科研成果最大化地转化为市场需求，并完善自身的科技进步机制，增加科研投入。

## 7.1.2 跨国经营风险控制

中国资源型企业在国际资源项目投资中面临的经济风险主要表现在以下几个方面：

（1）市场风险。由于资源的高收益性，加之石油、铁矿等具有战略性资源价值，所以各国采取不同的手段参与到资源的竞争中来，加剧了资源市场的复杂性和不可预测性。另外，世界资源价格的波动性和难以预测性，也加剧了市场风险。

（2）规模不经济。近几年，我国资源型企业在世界范围内的资源开发和研发投入非常大。但这些项目由于受到东道国和西方国家利益集团的阻挠和影响，致使我国资源型企业所投资的项目往往难以获得规模经济效益。

（3）融资风险。由于世界各国资源型企业对战略资源争夺异常激烈，我国资源型跨国企业的投资对象选择空间有限，有很多都集中在高风险或高债务的国家，而这些项目要在国际金融市场上获得融资，需要接受苛刻的条件，付出高额的代价，倘若筹集不到资金，就会引发资金链断裂，迫使项目停止运转，往往就会被追究合同违约责任，带来难以估量的损失。

（4）汇率风险。随着我国资源型跨国企业不断地参与国际市场以及参与程度的加深，越来越多的业务都以外币结算和交易，然而大部分资源丰富的国家经济落后，政局不稳定，目前多依赖进口，对外债务很高，在进口支付能力低的经济状况下，汇率波动较大；另外不少国家外汇管制非常严格，禁止外币现汇交易，必然给资源项目带来巨大的外汇风险。

（5）税务风险。由于东道国税率发生变动而影响中国资源型跨国企业的收益，进而影响中国资源型跨国企业的利润。例如在北非地区发生税收歧视、双重征收税收或者由于汇率的升水或者贴水而按照原来核定的货币种类和数量进行缴纳而造成的损益。

（6）合同风险。合同风险包括两个方面：一是指合同签订时，由于双方信息不对称使得合同中双方的权利和义务不对等的风险，即合同客观风险；二是指合同一方不履行合同条款而给合同另一方带来的损失，即合同主观风险，这也是人们常说的道德风险。海外资源勘探开发项目合同涉及面广，不确定因素多，由此带来的合同风险要引起高度重视。

（7）同行竞争风险。主要指由于行业内部的竞争，即从事同类业务的资源型公司之间的竞争而产生的风险。同行竞争风险包括两个方面：一是目前世界上大型的资源型企业非常多，其中相当一部分已进入到跨国勘探开发市场中，并扮演越来越重要的角色。它们坐拥资源优势，把资源潜力大、容易勘探开发的区域或区块牢牢控制在手中，不让中国资源型跨国企业介入。二是大型资源型跨国公司都具有悠久的资源勘探开发历史，如壳牌、BP、埃克森美孚，它们具有资金、设备、技术、经验、人才及市场形象等多方面的优势，在当今世界可介入的资源勘探开发项目中占据主导地位。

## 7.2 人力资源与创新问题

### 7.2.1 人力资源状况堪忧

由于西方发达国家拥有丰富的人力资源，具有很多有着丰富的跨国经营管理经验的复合型人才，并且熟知国际竞争法则，所以他们可以大力开展跨国性的经营活动。通过开展跨国性的经营活动，西方发达国家在面临国际市场的风云变幻时，能够从全球化的视角来进行恰当的决策，寻求企业未来的发展方向，使企业在国际市场的竞争力不会随着经济环境的变化而变化。要想跨国经营能适应国际化的经营环境，人力资源是关键，它直接影响到企业的生存与发展。然而，现阶段，我国的复合型人才十分短缺，对资源型跨国企业在跨国经营中的相关法律、业务、管理等多方面均存在缺失的现象，因此导致很多跨国企业对当地的法律、业务流程及管理模式不了解，对纠纷及突发事件的处理往往会显得被动，甚至束手无策，加上中国跨国企业在用人制度上存在不合理之处，以及竞争力不足而导致的人才流失等，都将直接限制我国跨国公司在境外的发展与生存。我们可以看出，人力资源是当代企业，尤其是跨国企业竞争力的核心，倘若缺乏高素质的复合型人才，那么也就注定了企业在国际竞争上毫无竞争力。

### 7.2.2 缺乏创新力

（1）没有完备的创新体系

①技术创新主体倒置，企业在其发挥的作用有限。我国科学技术的科研投入、研究、实验等过多的是以政府为主导的政策性较强的科研机构或者高校所担当，尚未形成以企业为主导的科学技术创新应用体系。

②科研体制不合理。由于企业对于科技创新不重视，科研投入较低，我国的科研成果尚主要依赖于政府主导的科研院所和高等院校，但是它们大多不能灵敏地嗅到市场的潜在需求，不能有效地经济化；另外，在这种制度下，缺乏有效的"产学研用"一体化的政策措施，使得科研成果没有发挥最大经济效用。

③有待转化高校在科技创新体系中的角色，提高其效能。随着科学教育的发展和我国对高科技人才的重视，我国高等院校的科研能力有了长足的进步，科研成果也不断涌现，但其效能却远未发挥，这也制约了我国科技创新的发展，降低了科研人员的积极性。究其原因主要是高校科研未实现理论与实际的有效结合，尚未实现与市场接轨。因此应与企业联合实现产学研用的有效结

合，打破单边靠政府拨款支持科研的机制。

④改善政府在科研创新中的角色。改革开放以来，我国政府对科学技术越来越重视，实施了一系列的科技创新举措，也涌现出了一大批国家重点科技创新项目。但总体上或者效能上与发达国家尚有差距，现阶段政府如何协调企业、科研院所、高等院校实现"产学研用"的有效衔接与转化是摆在其面前的重要课题。

⑤国家创新体系中的资源配置尚待优化。现阶段，我国尚未形成以企业为主体的科技创新体系，而以科研院所和高校在从事科研过程中，在缺乏市场引导和市场竞争的环境下，存在效率低下、科研方向盲从、机构设置臃肿、不重市场、资源利用效用低下等问题。

（2）企业创新能力不高

改革开放三十年来，我国在经济总量、经济发展速度、高新技术发展等多个方面取得了一系列骄人的成绩。但是，在经济全球化的全面竞争环境中，中国资源型跨国企业科技创新能力及其市场价值转化效率与国外大中型跨国企业相比仍有较大差距。

①中国资源型跨国企业科研创新缺乏全球化视野，限制了企业在科技创新中追赶国外企业的速度，主要表现为：我国企业在科技创新中缺乏与国外优秀企业的强强联合，没有发挥各自在科研中的比较优势，尚未形成引进、消化、吸收、再创新的良性机制。

②中国资源型跨国企业自主创新程度较低，表现为：新产品产值率偏低、过多地依赖国外技术引进，消化吸收再创新能力低下，引致自主创新动力下降。自2000年开始，中国资源行业新产品产值率呈下降趋势，而中国资源型跨国企业新产品产值率自2000年开始也有一定的下降趋势。因此，如果以新产品产值率来反映中国资源型跨国企业自主创新的创新程度，则中国资源型跨国企业自主创新程度水平较低，甚至出现逐渐恶化的趋势。

③中国资源型跨国企业消化吸收投入偏少，不能将引进技术转化为内部技术能力和创新能力，说明中国资源型跨国企业对引进技术仍然以简单模仿为重点，缺乏改进性创新。中国资源型跨国企业技术引进并消化吸收再创新能力不足，呈现出引进低端技术时尚可消化吸收、引进高端技术时只能简单模仿运用的尴尬局面，由这种趋势可以推测，中国资源型跨国企业将技术引进和消化吸

收作为平行的两种选择，没有把引进技术、消化吸收再创新作为一种投入方案的两个实施阶段来对待。

# 7.3　国际环境制约问题

## 7.3.1　全球资源状况与大国资源战略

（1）全球资源状况

当前，全球资源状况主要呈现出资源分布不均衡、资源储量有限竞争激烈、大国垄断、价格波动日益明显等现象。

①全球资源分布不均衡。全球矿产资源在世界各地分布极其不均衡，大部分矿产资源积聚在有限的区域。其中，石油剩余可开采储量主要集中在中东地区，天然气探明储量的大部分也集中分布在中东地区、俄罗斯，而我国在当今工业化、城市化飞速发展的今天对矿产资源需求巨大，却储量甚小。由于矿产资源在全球分布的不均衡性，加之其稀缺性和不可替代性，使得各国必须在全球配置资源以满足自身经济发展需要。然而，世界强权主义及部分发达国家利用大型资源型跨国公司实力垄断矿产资源开采、销售，使得资源分布的不均衡性更加突出。

②资源竞争激烈。随着世界工业化和城市化进程的快速发展，以及世界人口的迅速膨胀，人类对资源能源的需求呈井喷式上升。从世界经济发展的轨道来看，人类在步入工业化和城市化的过程中，消耗了庞大的资源能源，这从20世纪的发达国家对能源的消耗可见一斑，仅占世界人口五分之一的发达国家却消耗了同期全球消费石油的一半、天然气的三分之二以及矿产的一半以上。发达国家通过20世纪的经济发展主导了世界经济，同时也渗入到了资源能源的分配格局，以维持其经济的发展和确保其垄断世界经济脉络的优势。当前，发达国家通过对世界资源的持续争夺和不断博弈逐步确立了其垄断优势，甚至为了争夺资源的控制权不顾世界舆论的反对巧立名目发动战争。科学技术的提高使得绿色能源的利用越来越广泛，生产力的提升使得资源能源的开采业越来越容易，但由于当前传统资源能源的利用广、成本低，加之其稀缺性和不

可再生性，使得本就分布不均衡的传统资源能源争夺日趋激烈。

③发达经济体利用其大型跨国公司在全球范围内垄断资源能源。发达经济体利用其早期建立起的优势形成了许多大中型的跨国公司和有实力的财团，他们出于国家战略和企业利益利用其雄厚的资本优势和先进的管理方式在全球范围内大举联合兼并，逐步确定了在资源能源行业中的垄断优势。他们主宰并影响着世界资源能源的价格。

④资源价格波动日趋明显。随着世界经济的日趋发展，尤其是新兴发展中国家的经济迅猛发展，对世界资源能源的需求日益增加，加之发展中国家粗放式的经济发展方式，对资源能源的利用效率低、浪费严重等问题，使得需求进一步被放大。不仅如此，国际炒作资金、大型跨国公司的垄断以及发达国家政治意图使得全球资源能源类价格一路飙升，尤其表现在原油和铁矿石价格上。

（2）大国资源战略

发达国家早先确立了其在世界经济中的优势，他们更加明白资源在国家经济活动中的重要性，加之资源全球分布的不均衡和不可再生性，他们利用一切方法确立了其当前在世界资源分配格局中的垄断优势。以美国为首的发达经济体在世界资源能源需求及分布不均衡的格局中，进一步将占有资源能源上升为其国家战略的层次，并逐步深入到其与世界各国的政治、经济、外交等政策当中，甚至不惜以军事、同盟为手段控制资源能源。

美国是西方发达经济体推行资源能源全球战略的典型代表，其拥有可观的资源能源储量，诸如前述分析，任何国家都不能仅凭自身禀赋满足其经济社会发展的需要，加之资源的战略地位，其在全球配置的必要性就显得格外大。由于美国资源能源的全球配置战略，出于自身利益的需要就必须通过强大的经济、军事优势确保其在全球范围内拥有持续、稳定、价格合理的供应。首先，美国从 20 世纪 30 年代末就已经开始了其资源能源的储备，到目前已经约有百种储备品类，已经成为了储备品种最多、储备量最大的国家；其次，美国在 20 世纪中后期实施了一系列的带有附加条件的经济援助计划，试图在中东、北非等传统资源能源储量大的地区中渗入并进一步控制其资源；最后，美国利用经济手段在 20 世纪 70 年代左右大举低价掠夺了众多发展中国家的资源，并在后期利用大型跨国公司对其实施了控制。

世界资源形势与大国资源战略，使得国际资源市场的竞争日益激烈，中国资源型跨国企业作为后起之秀要想在世界资源市场上突破重围有所斩获，仅依靠其资本运作是不够的，必须提升企业的管理、科技创新等综合实力，但是这一切都必须以世界资源形势和大国资源战略为背景。

### 7.3.2　东道国民族情绪

资源能源在人类社会文明的过程中起了不可估量的作用，资源能源也是当地人类的重要产权，他们拥有强烈的占有、控制和使用权。尤其是许多发展中国家在经历被殖民的屈辱历史和残酷的经济剥削后，对国外资源能源类投资有着条件反射式的过敏，难免出现强烈的民族情绪。中国在俄罗斯、非洲、拉丁美洲等国家和地区进行资源能源类投资也经常会遇到本国少部分国民的抗议，甚至致使投资失败。这对于中国资源型跨国企业的海外并购尤其重要，是中国资源型企业综合竞争力提升的不可忽视的瓶颈。

### 7.3.3　西方大国阻力

中国企业的资源能源类境外投资时时刻刻面临着西方发达国家跨国公司竞争的阻力，必须引起我们的重视。西方发达国家的跨国公司在全球矿产资源市场中处于绝对优势地位，它们起步早、规模大，在资源能源丰富的多数东道国经营多年，已经占据了有利的地位，资源能源类跨国投资的经验丰富。中国的资源能源类境外投资在最近几年才刚刚起步，加之当前发达国家日益看重矿产资源，所以中国的资源能源类跨国投资必然要面临国外众多大型跨国公司的激烈竞争，甚或是"残酷排挤"。中国社会科学院世界经济与政治研究所研究员、世界华商研究中心主任康荣平曾指出，欧美的跨国公司属于先发展型，而中国和日本企业的跨国经营均属于后发展型，但中国企业跨国经营面临的国际竞争形势又比日本其实更为严峻。如中钢集团收购澳大利亚中西部公司的过程中，曾遭遇到美国雪佛龙公司、澳大利亚穆其申公司的激烈竞争。

# 8 中国资源型跨国企业竞争力提升途径

## 8.1 自主创新提升资源型跨国企业竞争力

企业自主创新，即企业通过技术研发突破技术难关，产生新的发现，并及时将技术运用到商品上，增获经济利润，实现自主创新获取商业利润的预期目标。它包括三个层面，首先是探索更多更新的科学知识和技术发明进行原始创新；其次通过相关产业、交叉行业的技术有机的结合，促成集成创新并拓展更有竞争力的产品和产业；最后在合理消化引进的先进技术基础上进一步创新。结合我国的经济发展现状，推进资源型跨国企业走创新之路，需要从以下几个方面着手。

### 8.1.1 确立企业创新主体地位

由于市场上存在复杂激烈的竞争，确立企业自主创新的主体地位尤为重要，坚持以市场为导向，使得技术创新与市场需求的结合更为紧密，创造企业重视以技术创新投入形成利润增长点的新思路和内源驱动力，才能有效提升科技成果的转化力度。所以要大力发展自主创新活动，形成资源型跨国企业技术创新的主体地位。

### 8.1.2 培育综合型创新人才

企业的发展，其实就是人才队伍的发展和建设，而进一步深化自主创新与复合创新性人才的培养是紧密相关的。企业，特别是资源型跨国企业的发展重点要放在专业技术人才的培养上，并且采用内源自主培养和外源人才引进两种方式，积极运用"引进来，走出去"人才培养战略，充实和增强复合型人才数量。同时要调整相关企业政策方针，建立约束激励机制，改进现有科技人才评价体系，以能力、业绩为核心作为人才考察标准，增强科技人员自主创新意识，使科研开发工作发展到新局面，为自主创新形成源源不断的动力。

### 8.1.3 创立自主创新环境

在目前国家极力为资源型跨国企业营造的运行大环境中，企业的创新环境还存在一些问题，具体表现为鼓励创新发展的政策仍需完善，创新人才政策方面缺乏有效的约束激励机制，创新成果的知识产权保护需要法律法规的支撑，对源头创新的投入不足，全民尤其是企业家缺乏科技创新的意识。为此，资源型跨国企业必须加快科技创新环境的营造速度，为自主创新提供有力支撑。

## 8.2 加快培育跨国经营人才

资源型跨国企业不仅需要经营管理型人才，而且需要专业性很强的技术人才。实际上，近几年资源产业不但和跨国经营紧密联系，与高科技开发也是紧密联系的，在培养资源型产业跨国人才方面，我们要从以下几方面入手。

### 8.2.1 了解国际资源开发的发展趋势

资源产业表面上看是一个粗放的产业部门，实际上，许多科技上的创新和突破来自资源产业，许多新型材料的利用来自资源产业。在发达国家，资源产业聚集了一大批科学家和科研成果。因此，要使中国的资源产业得到提升，就要了解美国、德国等发达国家煤矿、石油、金属、非金属等矿产资源的勘探、开发、提取、分离、安全、环保、运输技术等方面的进展动态，了解有色金属、黑色金属的冶金、选矿、加工、装备等方面的技术进步，为国内科研发展、技术创新提供前沿的准确的情报，为我们定向培养人才提供重要的信息。

### 8.2.2　采取向外派遣研修生、留学生等办法培养人才

向外派遣研修生、留学生不但为我们培养了大批技术人才，也为我们培养了大批管理人才。通过这些人才，我们在管理上、在技术上能够尽快地吸收发达国家在发展经济方面的先进经验和先进技术，尽快缩短接近世界科技前沿的时间。虽然我们派出去的一些人可能暂时不能回来，但从长远看，这种付出需要经过一段时间才会有所回报，或者仅仅是改变了回报的方式。

### 8.2.3　各大产业集团应建立自己的研发中心、研究所

在国外，产业化方面研究最深、产业化开发做得最成功的不是大学，而是各大公司的研发中心。各个产业研发中心根据各产业市场的需求，选择研究目标，开发出的产品很快用于市场开发，这是各大公司成功的主要手段。通用公司原有的有机硅公司（已转让给迈图）开发的有机硅产品大部分是自己研发中心开发出来的新产品，每个新产品每年都可以带来几百万美元的市场销售额，不断增加的新产品品种可以带来不断增长的市场份额。杜邦公司的研发中心也很著名，许多20世纪的革命性产品都诞生在杜邦实验室，其中包括尼龙、氯丁橡胶和不粘涂料等。加强和鼓励企业建立研发中心，可以真正提升我们经济的创新能力，使企业在不断创新中发展壮大。这个问题在珠三角、长三角做得比较好，在中部地区、西部地区略差，必须引导企业从简单的挖煤、炼铁、烧焦炭的简单循环中走向不断延伸产业链的创新路子上来，必须引导企业从有资源才能办企业的传统思维中解脱出来，真正走向通过科技创新创办产业，通过利用别人的资源创办产业，通过过去认为不是资源的资源创办产业，通过别人认为不是资源的资源创办产业。

### 8.2.4　创造一种更好的人才使用机制

对于走向国际化的中国资源型企业来说，如何创造一套既让内部人才充分发挥作用又要不断吸引外部人才进入的机制比培养人才更重要。一方面要通过上市改变国有企业股本单一的结构，适应多元化股本结构的发展需要，形成一套能够使人才充分发挥作用的内部机制。另一方面通过上市改变民营企业的家族经营方式，走向现代企业制度的经营轨道。股本结构改变后，对人才的使用态度和使用方式就会发生根本的改变。要形成多元的人才培养、使用机制，形成多元的人才选拔、激励机制，形成真正从发展经济的角度看待人才的眼光，形成从对社会有利的角度看人才的眼光，改变不良用人风气。

## 8.3　走集约式持续发展道路，促资源型跨国企业转型

粗放型经济增长方式会给资源、环境带来一系列负面效应，进而阻碍了企业的可持续发展。任何一个企业，尤其是资源型跨国企业若要获得长足发展，绝对不能以牺牲环境、威胁后代基本生存条件为代价。在经济全球化影响日趋加强，后危机时代演绎愈加激烈的大背景下，资源型跨国企业只有走集约式持续发展道路，加速转变企业增长方式，方能走上科学、健康、持续之路。要实现资源型跨国企业经济增长方式的转变，就必须在企业的制度、管理、科技等方面加快创新步伐，实现企业可持续发展。

### 8.3.1　制度创新，建立现代企业制度

造成资源企业经济长期粗放式增长的外部原因在于计划经济体制下的产权不清，使得资源被排除在市场之外。由于产权结构缺乏多样化，产权的各项权能无法划分，对权责、义务、利益的界定缺失，模糊了各利益主体的权责利边界，不能及时规范市场主体行为。被视为"无价"的资源在被无偿使用的同时，其经济效益没有同资源品质及价值一致，与资源的优化配置和持续发展严

重背离。综上，建立现代企业制度是实现集约持续发展不可逾越的一步，且其首先要突破现有资源产权制度，以改革来明确产权和使用权，并落实相应的责任、约束制度，使得企业从本质上满足市场经济的要求。

### 8.3.2　管理创新，加强集约化管理

相关部门对我国工业经济增长有关指标进行测算：我国的工业固定资产每增加1%，生产产值增加 0.2%；工业劳动力每增加1%，生产产值增加 0.75%；而懂得经营的管理人员每增加1%，生产产值就增加 1.8%❶。从数据中可以看出管理创新对于企业持续发展的重要性，要做到管理创新，资源型跨国企业就必须做到内部的管理创新，即加强集约式管理。此外，必要的政府扶持也能大大加快其创新步伐。

首先，树立科学管理和风险管理理念。加快企业运营创新重心的转变，从着重生产创新转变到产品技术创新，提升自主创新能力。建立健全企业制度，运用现代管理手段，建立科学的集约化管理系统，包括财务管理、技术研发、及时高效的信息系统等管理系统。同时，注重企业的风险管理，增强企业在财务、技术研发等方面的应变能力，提高企业竞争力。其次，树立以人为本的管理方法。将企业人力资源管理人员细分，不同层级员工采取不同管理策略，积极发挥每个层级人力资本的效用。注重企业人力资源管理人员的成长和发展，通过多种培训方式提高技能，使员工拥有长足职业规划，充分满足其发展自身和能力的需要，提升积极性。此外，政府应该积极发挥作用，扶持资源型跨国企业转型。例如，通过实行税收优惠、妥善解决员工下岗问题、对环境破坏实行严厉惩罚措施等政策，激励企业加速转型和可持续发展。

### 8.3.3　科技创新，加强资源循环利用

一般而言，循环经济指的是资源的循环利用。低开采，低消耗、低排放和高利用这"三低一高"是循环经济主要特征，它以物质的循环使用，按照自

---

❶　任平. 关于提高资源型企业综合竞争力对策研究 ［J］改革与战略，2009（3）：39 - 40.

然资源—产品—可再生资源的思维方式，使资源利用、清洁生产及可持续消费在各个经济活动领域中融为一体。循环经济能够产生良好的综合效应，不仅能有效地促进资源节约、污染降低以及经济效益增加，而且有利于经济与环境协调可持续发展。

循环经济是以绿色生产、绿色产品、绿色消费、绿色产业、绿色市场等为主要内容的绿色经济，它是 21 世纪经济发展的主流，被称为社会和经济发展的"生态杠杆"，同时也是经济可持续发展的具体形式，因此，企业生产、利益必须与环境、社会责任相结合。

资源型跨国企业走资源循环利用的新道路，实行绿色生产、绿色营销，发展绿色产业能给企业带来发展机遇，并且使之成为企业竞争力的战略支撑，在资源匮乏的今日永葆活力。

我国资源枯竭程度的不断加剧，使国内资源企业的可持续发展面临严峻的挑战。作为国民经济发展的重要支柱和自主创新的重要主体，以国有企业为代表的资源型跨国企业必须坚持科学发展观，加速从粗放型经济增长方式转变到集约式持续发展方式，提升自主创新能力，培育新的支柱产业，寻找新的经济增长点，实现经济、社会、生态环境和资源的可持续发展，实现资源型跨国企业科学、健康、可持续发展。

# 8.4　培养跨国经营的核心竞争力

中国许多企业在国内市场是凭借资源优势、垄断优势发展起来的，但要走向国际市场，成为跨国公司，以前的相对优势将会失去，不得不面临只能由企业独立支撑的局面。因此，必须培养企业跨国经营的核心竞争力，使它们具有单打独斗的能力，具有持续发展的能力，具有应付国际市场急剧变化的能力，这种能力说到底是企业的核心竞争力。

## 8.4.1　提升品牌竞争力

在全球日益动荡多变的市场竞争环境下，品牌逐渐成为顾客忠诚度的基石和企业长期可持续发展的关键。现代企业的核心竞争力已经不可避免地与其产品品牌的竞争力产生了更为紧密的联系，两种竞争力相互制约，相互依赖。保持并扩大企业品牌竞争力就成了企业经营管理的重中之重。品牌竞争力，既是企业的竞争力在市场上商品化后最直接的表现形式，又是企业竞争力物化的表现。本土公司与跨国公司相比最缺乏的就是品牌竞争力，是决定企业在全球范围的盈利能力的关键所在。企业的核心竞争力是品牌竞争力的前提条件，而具有独特性的东西才能成为企业核心竞争力。由于品牌具有特殊的附加值，作为一种独有的无形资产，被特定的组织单位所拥有，同时被专利和法律等保护，从这个意义上讲，品牌的竞争力也一定程度上代表了企业的核心竞争力。

### 8.4.2　加速品牌向多元化转变

目前，企业品牌的生存环境与变幻莫测、难以预测掌控的复杂多变的市场具有高度一致性，因而在新的市场营销和品牌化挑战的驱动下，企业品牌的再定位和二次品牌化策略成为市场的必然。从新兴的海尔集团、联想集团到百年老品牌同仁堂、张裕葡萄酒，众多的经验教训告诫我们：只有走专业化经营发展之路，才能与跨国企业，乃至国际巨擘、行业翘楚一比高低。

### 8.4.3　营造从核心价值观入手的企业文化

中国企业苦心经营发展的企业文化，应该要以长远发展及社会进步为基础。这种价值观，广泛存在于全球百年不衰的企业中。根据美国兰德公司20年的跟踪发现，这些企业始终坚持四种价值观：人的价值高于物的价值；共同价值高于个人价值；社会价值高于利润价值；用户价值高于生产价值。这四种价值观既是企业核心竞争力的一个重要"着力点"，也是发挥企业核心竞争力的重要"支点"。伴随着企业日积月累的发展和经营，这些价值最终沉淀为企业文化并逐渐成为企业凝聚的信念和活力源泉。中小企业只有在一定的企业文化做支撑的基础上，才能一步步成长。可见，核心价值观在企业及其他组织的建设中处于核心地位。一个企业要想获得核心竞争力，必须从建立核心价值观入手，建立以价值观为核心的企业文化。中国的企业在经历了重视财务、营销、技术的阶段后，终于走到了重视人的阶段，认识到了人才是企业的根本。怎样才能凝聚人并最大限度地发挥人的潜力是一个大的课题，而最重要的就是建立核心价值观及以价值观为核心的企业文化。

### 8.4.4 以技术为基础打造企业核心竞争力

美欧老牌产业性企业几乎都是从重视技术起家的，这部分企业也成为支撑经济发展的中坚力量。杜邦公司、洛克菲勒公司、福特公司、摩根公司、卡耐基公司等老牌美国工业巨头都是以技术创新作为根本的。杜邦公司成立于1802年，人称化工大王，创始人为法国移民杜邦·德内穆尔，他在法国化学家拉瓦锡的一个火药厂工作，法国大革命期间逃到美国，1802年创办杜邦公司，经营火药生意，经过杜邦家族5代人的经营，终于使杜邦公司变成典型的家族托拉斯。杜邦公司今天在全球65个国家经营业务，共有员工约94000人。杜邦公司以"创造科学奇迹"为企业目标，在美国总部和设在世界各地的投资企业均设有研究实验室，参与研究的科学家、工程师和技术人员超过12000名。此外，还有4000多名工程师和技术人员专门从事新产品的开发工作，其成果数以千计。美国的通用电气公司是由爱迪生创办起家的，爱迪生为了将他的多种发明制成产品和推销，创办了许多商业性公司，这些公司后来合并为爱迪生通用电气公司，后又称为通用电气公司。日本的丰田、索尼等成功的公司都是以技术创新作为成功基础的。中国的企业要在国际化中长盛不衰，必须坚持这一点，把核心技术锻造成知名品牌，以知名品牌为核心创造核心企业文化，没有核心技术，纵使是晋商这样的知名商帮也免不了陨灭的命运。

## 8.5 建立资源储备制度，降低资源依赖带来的风险

资源储备制度是为了经济的稳定而建立的一种资源蓄水池，它起着调剂余缺的作用。美国最早的黄金储备制度是为了货币的稳定，世界范围的储备制度

源于石油危机，为了应付石油危机，美国、欧洲等国家和地区已建立了完备的石油储备制度。近年来，美国、欧洲、日本等把储备的种类扩大化，增加了铜、铝、铌、锆、镓、铪、钛等品种，逐步发展完备的资源储备制度。日本由于大部分资源比较短缺，储备制度在国家经济中起着重要的作用。近期日本又决定增加包括镍、铬、锰、钼、钴、钨和钒在内的7种金属的储备量，储备量相当于日本国内60天的消费量，还决定政府机构和民间组织的储备量分别占70%和30%。

在石油储备制度方面，世界能源组织主要国家都有着成熟的石油储备经验。从美国、日本、德国、法国四国的战略储备制度比较中发现，四国都在1973年石油危机之后开始对战略石油储备立法，美国是《能源政策与保护法》，日本是《石油储备法》，德国是《石油及石油制品储备法》，法国则是《关于工业石油储备库存结构的第58-1106号法》，四国对于储备目标和规模也在法律中有明确规定。在政府储备方面，美国、日本、德国的储备量分别是10亿桶、3.15亿桶、5350万桶。加上民间储备，美国、日本、德国和法国的石油储备量分别相当于其158天、169天、117天和96天的石油消费。四国的储备体制各有不同，美国实行自由市场型，石油储备主体是政府战略储备；对于民间储备，虽然有一些优惠政策和存放服务，但没有任何资金支持，也不进行管理。日本是政府导向，储备主要由政府进行，但也严格规定每一个石油商都有一定储备额度，没有完成的要被罚款。而德国是"联盟储备"机制，官民联盟储备、政府储备、民间储备比率为57：17：26。法国民间储备、政府储备的比率为75：25。

中国作为一个资源利用的大国，又存在着资源不足的困扰，建立一定的储备制度是很有必要的。中国首批国家战略石油基地已安排在浙江、山东和辽宁等地建设。国家石油储备基地共规划三期。这是中国资源储备制度的开始，说明我们正在接受现代国际经济发展形成的基本惯例。储备制度是各国经济发展的必要制度。截至目前，美国、欧洲、日本等发达资本主义国家和地区，虽然由于各国产业结构和自身资源禀赋的不同都有不同侧重的资源储备目录，但都存在储备制度，铜、铝、铅、锌、镁、钛、钨、钼、镓、铟、锗、稀土等资源大都列入国家的储备目录中。尤其是在经济全球化的今天，资源来自世界各大洲，各地经济形势变化多端，再加上政治、军事等因素的影响，难免有供应不及时的情况，加之资源商品的价格经常是瞬息万变，没有必要的储备，不可能保证企业生产经营的连续性和社会消费的及时供应。因此，对于我们具有优势的一些重要资源，除用产业政策、关税政策调节外，还应该通过储备的方法保护一部分稀有资源，这样做还可能增强我们在国际市场上的话语权。

# 8.6 提高技术水平，开源节流精细利用资源

提高技术水平、开源节流精细利用资源，就是要用循环经济的理念指导经济的发展，用循环经济的模式指导产业的发展，用循环经济的思路精细利用资源，用循环经济的规则规范节能减排，要把资源的精细利用放在重要的地位。有些资源是我们比较短缺或是相当短缺的，如铬、铂、钌、金刚石等，对于这些资源提倡节约利用，大家都能接受。而对于储量比较丰富的资源，许多人不以为意，不懂得珍惜。实际上，即使一些资源我们目前并不缺少，但仍需要精细利用和保护。煤就是一个例子，虽然现在煤炭资源还比较多，也要为后代做打算，不应该在短期就把地球资源利用殆尽。对资源的过度利用就是对后代的不负责任，而且任何资源的开发对生存环境都会形成破坏，更何况我国的资源并不充裕；平均来说，中国绝大多数人均资源储量在世界上处于低水平，即使我们可以买到国外资源，地球上的资源总量也是有限的，节约利用资源是人类共同的责任。

## 8.6.1 从勘探环节把住节约利用资源的口子

要重新认识我们的资源。过去我们总说我们单一矿少，伴生矿多是缺点，实际上伴生矿具有两面性，当技术不成熟的时候，伴生矿增加了选矿难度，当技术成熟以后，伴生矿可以通过技术流程提炼出多种产品。实际上，大部分矿产资源都是复合矿，只不过技术成熟度决定了我们的利用能力，许多稀有金属多是伴生矿，较少有独立矿，如锌矿中的铟和铼、铝土矿中的镓和钪。过去，在勘探中一直未把伴生矿当成一个矿种来看待。近年来，江西铜业、锌业股份通过提取铜、锌中的稀有元素，经济效益得到很大提高，许多企业在循环利用中取得了相当可观的经济效益。因此，在矿产资源的勘探方面，要做到在评价

主要资源的同时评价相关的伴生资源和共生资源，伴生资源和共生资源评价不足的勘探报告不予批准。在矿产资源的开发方面，要考虑到伴生资源的利用，不考虑伴生资源利用的可行性报告不予批准。

## 8.6.2 资源的开采是节约利用资源的重要环节

在矿产资源的开采中，要尽量提高资源的开采率，例如有些地区的煤矿；有丈八煤，也有三尺煤、五尺煤，很多煤矿可能采厚弃薄。除要求通过技术手段提高回采率外，还应该通过法律手段提高资源的回采率。同时，在开采富矿资源的同时，要开采达到工业品位的贫矿资源，开采主要资源时，还要开采出伴生资源。例如当煤矿资源中有的煤矸石具有独立使用价值时要单独采出或分类，在开采铝土矿时要把伴生的黏土矿单独采出，这些资源自己公司不能利用的，可以出售给其他企业进行利用。这样做有时经济效益并不明显，但对社会资源的节约有贡献。资源的利用是全社会的大事，一种资源一旦被与尾渣、废石搅和在一起，就很难再恢复它的使用价值。

## 8.6.3 通过生产环节节约利用资源在生产环节上利用主要资源和元素的同时，要通过工艺上的改进尽量把相关的伴生元素提取出来

生产氧化铝时可提取其中伴生的镓、钪元素，目前一部分企业已经提取了镓，但铝土矿中其余的有价元素未得到利用，尤其是赤泥。过去生产氧化铝以后就把赤泥弃之山沟，既占用大量土地，又污染环境。实际上，赤泥是一种重要的资源，其中的铁、铝、镓、钪、硅、钠等物质都可通过一定的综合手段进行提取利用。山西有的煤矿中含有镓、锗，但这些煤矿快开采殆尽了，这种资源仍未得到利用，是没有办法利用，还是没有利用价值，始终未有一个结论。因此，在利用伴生资源、共生资源时，国家应给予政策上的倾斜支持，鼓励企业技术创新利用尾渣、尾矿，鼓励企业通过延长产业链、发展循环经济高效利用资源。

### 8.6.4 通过资源的循环使用提高资源的利用率

在生产过程中要注意废水的再生利用、余能的转化利用、余渣的分解利用。运用循环经济的方式尽量把资源吃干榨尽，把有用元素提取出来，而不是做成简单的水泥砖瓦了事，要做到资源的精细利用。对于暂时技术和工艺不成熟的尾渣、余渣的堆放要有利于再次利用，防止由于水的作用稀释资源，防止由于土和杂质的混入降低资源的利用价值。要鼓励企业组织技术专家进行攻关，政府可以适当予以科研费用方面的补助，出台系统的鼓励资源循环利用的政策措施。

# 9 总结、推广及未来研究的方向

如何实现资源型跨国企业的创新与竞争力提升不仅是一个理论上亟待探讨的问题，也是一个需要在实践中不断总结提升的问题。本书系统总结了当前资源型企业的发展背景及对中国经济的重要性。在此背景下重点论述了中国资源型企业的脱资源约束，并提出中国资源型跨国企业创新与竞争力的提升是其脱资源约束的必经之路，从而引出对中国资源型跨国企业创新与竞争力的研究。对于中国资源型跨国企业创新与竞争力的研究，我们从企业创新与竞争力一般要素出发，分析并构建了中国资源型跨国企业创新与竞争力评价指标体系，以发掘中国资源型跨国企业创新与竞争力存在的问题和潜力，并提出相对应的对策建议。

## 9.1 总结

本书的研究目的是构建一个科学、系统、可行且可信的资源型跨国企业创新与竞争能力评价指标体系。

本书从企业竞争力一般要素及资源型跨国企业的特殊性出发，通过分析构建中国资源型跨国企业创新与竞争力评价指标体系。研究发现，资源型跨国企业的综合竞争力基本可由财务能力、发展潜力、国际经营能力、资源禀赋能力来呈现。企业财务能力用来描述企业目前的竞争力；企业发展潜力描述企业未来的竞争能力；企业国际经营能力描述的是资源型跨国企业参与国际竞争过程中表现出来的竞争优势；企业资源禀赋能力衡量的是资源型跨国企业对于资源的控制力，其中还包括国际资源竞争环境。通过企业财务能力的评价，我们看出企业目前的发展状况，并与其他企业进行对比，从中发现企业竞争优势或企业的竞争劣势。通过企业发展潜力的评价，我们了解企业的可持续发展能力，进而加强企业竞争力的管理。通过企业国际经营能力的评价，我们了解企业参与国际竞争的综合素质，以弥补企业在国际经营过程中表现出来的不足。通过企业资源禀赋能力的评价，我们可以了解企业对于资源的控制力和世界资源竞争的外部环境，为企业的国际资源竞争提供系统的分析框架。这4个方面的能力可由数十个具体指标来体现，这些指标按照一定的标准又可以分别划入静态和动态综合竞争力之中。从上述4个方面的能力性质来看，财务能力、国际经营能力基本反映的是企业一个时期以来的工作效果，展现的是静态结果，因此放入静态综合竞争力中。而发展潜力和资源禀赋能力反映的则是企业发展的过程和基础，展现的是企业发展过程的动态效果和远期能力，因此归入到动态综合竞争力中。

在创新能力评价方面，本书依照科学性、导向性、渐近性的原则，研究中笔者尽可能全面地收集可用的指标，构建充分非必要条件下的资源型跨国企业创新能力完备评价指标体系。在此基础上，我们再强化可比性和可操作性原则，以实际企业数据为基础，通过专家审议，粗糙集模型筛选，约简重构指标体系，得到充分必要条件下的资源型跨国企业创新能力评价指标体系，共计观测指标90个。对于各指标层指标的权重计算，我们采用的是客观赋权法。具体而言，又分为三种方法，即观测指标层采用的熵值法、要素层指标采用的多元回归法与指标逆向集结法相结合的方法、能力层及结构层等采用的指标逆向集结法。企业创新能力是复杂和非结构化的现象，企业创新能力评价指标体系的研究却要求构造出这些现象的测度体系并进行测度。实际上，测度体系及其下属指标仅仅是抓住现象的一些特定方面，其能够在多大程度上对概念进行实际测度，主要取决于概念的界定、所选维度的完备性和如何利用指标来测量等问题。基于这种考虑，以及前期研究成果，结合企业内生创新要素与外部创新环境之间的互动机理，可以将所构建的评价指标体系以函数形式进行表达：

$$\text{innovation ability} = \lambda_i \cdot \sum \lambda_c \sum_i \lambda_e \sum G\lambda_g + \lambda_o \cdot \sum \lambda_c \sum_o \lambda_e \sum G\lambda_g \qquad (9-1)$$

$\boldsymbol{G} = \boldsymbol{A}^{\mathbf{T}} = [a_i]^{\mathbf{T}}, i = 1,2,\cdots,90$ 是观测层指标集群，$\lambda_g, \lambda_e, \lambda_c, \lambda_o, \lambda_i$，分别是观测层指标权重向量、要素层指标权重向量、能力层指标权重向量、内生

创新指标权重向量、创新三维空间指标权重向量。且

$$\lambda_e = \sum \lambda_g \,, \, \lambda_e = \sum \lambda_c \,, \, \lambda_o = \sum_o \lambda_c \,, \, \lambda_i = \sum_i \lambda_c \,, \, \lambda_i + \lambda_o = 100\%$$

对于评价标准的制定，我们采取的是以均匀分布进行抽样调查取样，以个体代表一般，确定企业在某些指标上能够达到的最高（最低）水平，作为标杆企业的最好（最差）标准。将若干个企业最好（最差）指标进行集合，形成理想中的最好（最差）创新型企业指标，即模拟的最好（最差）创新标杆企业，从而确定指标体系评价的值域，将连续的值域划分成若干个离散的档次，起到直观评价的目的。按照惯例，我们采取四分法，将资源型跨国企业创新能力分成优、良、中、差，四个等级。通过计算发现，资源型跨国企业创新能力指数的值域为 [0，1.04]。将其划分为四个区间，即为 [0，0.26]，(0.26，0.52]，(0.52，0.78]，(0.78，1.04]，落在第四个区间的为优，落在第三个区间的为良，落在第二个区间的为中，落在第一个区间的为差。

通过对 16 家资源型上市公司进行实证分析，发现此指标体系对于不同规模企业的创新能力评价是可行的，得出的企业创新能力的分值评价基本上是符合企业创新能力的实际情况的。此指标体系遵循了科学性、导向性、可比性、可操作性和渐进性的原则，用此方法去分析评价企业创新能力是可行的，具有现实推广意义。

## 9.2 推广建议

本书所构建的指标体系最关键的是观测指标的选择、指标体系权重确定，以及评价标准的制定。观测指标解决的是从哪些角度测度企业创新与竞争能力，而权重和评价标准的确定解决的是如何测度企业创新与竞争能力的问题。

对于资源型跨国企业竞争力的评价，在应用过程中尚有研究广度和深度问题有待进一步探索。首先，从研究的广度看，资源型跨国企业的竞争力提升是一个涉及战略制定的问题。因而，当竞争力战略成为企业的必然选择后，企业的执行力就成为促进企业可持续发展的重中之重。因此，提升我国资源型跨国企业执行力成为提高企业发展竞争力的重要内容之一。其次，从研究深度看，

主要表现在三个方面：一是资源型跨国企业竞争力评价体系与评价方法集成研究，二是资源型跨国企业竞争力的适用范围研究，三是资源型跨国企业竞争力预警机制研究。

对于资源型跨国企业创新能力的评价，创新能力观测指标的遴选有四个来源：第一，国家、地方、机构的现有统计指标；第二，学者文献中所提及的指标；第三，专家及企业家座谈过程中他们认为比较重要的指标；第四，我们在研究中认为比较重要的指标。通过充分非必要条件下完备指标体系构建，以及充分必要条件下完备指标体系的约简重构后，我们最终确定了 90 个观测指标（见表 5 - 10）。这些指标，按照获取形式可以分为三类：企业或机构常用的已设立指标，或通过已设立指标可间接计算获取的指标；企业或机构已设立但一般不被用来评价企业创新能力的指标；我们认为重要但企业或机构目前并未设立的指标。

在我们构建的创新能力指标体系中，企业或机构常用的已设立或通过已设立指标可间接计算获取的指标有 22 项，基本涵盖了以往专家、学者，以及国家机构对于企业创新能力的评价所用到的指标。但就目前的统计数据来看，关于企业的可用二手数据库或者检索平台缺乏，政府机构应出台统一文本、数据格式以及录入标准，要求企业进一步加强记录，同时做好监管与保密工作，各统计机构以及行业协会也应配合加强管理和数据收集，以便于考核。

企业或机构已设立但一般不被用来评价企业创新能力的指标有 44 项，其中属于企业创新三维空间的下级指标有 35 项。之所以会出现这样的情况，是因为以往在评价企业创新能力的时候，基本只考虑企业本身的内生性指标，忽略了对企业创新环境的考察。经过本书研究第二部分的理论分析和论证，我们已经论证了企业创新环境与企业内生性创新之间的动态反馈关系的存在性、合理性和科学性。因此这些属于企业创新三维空间的 35 项指标被我们列入观测指标是合理的，也是科学的。另外有 9 项属于企业内生性创新的指标，是本书我们新增的，在以往的评价活动中也不被重视。这 9 项指标是 CA - 06（企业仪器设备采购强度）、CA - 12（企业管理费用比重）、CA - 19（企业人均邮电业务总量）、CA - 20（企业人均移动电话数量）、CA - 20（宽带覆盖率）、CA - 22（微机覆盖率）、CA - 28（研发人员的年总收入增长率）、CA - 30*（研发人员忠诚度*）、CA - 31（研发人员满意度*）。研究过程中，我们对这

9 项指标进入指标体系进行深入研究。首先，在遴选完备指标体系时，我们将这 9 项指标连同其他指标选入是依据部分学者在研究企业创新能力时有所涉猎，以及这些指标的数据与企业创新发展成果的指标数据存在高度相关性，本着"宁滥勿缺"的思想和原则，我们将它们纳入初步考察对象。其次，通过粗糙集约简完备指标体系时，这些指标数据完美地通过了软件的检测，在数理上表现出与企业创新能力高度的相关性。最后，在确定指标体系时，我们邀请相关专家对这些指标再次考察评审，专家也没有拿出足够的证据证明这些指标需要被排除。因此，这些指标被留下，作为企业创新能力评价指标体系的观测指标。我们的解释是，也许在以往的企业创新能力评价时，这些指标被忽略，但在以后的研究中，这些指标需要被重视。

我们认为重要但企业或机构目前并未设立的指标一共有 24 项。既然未设立，根据我们的研究需要，这些指标不会出现在我们的指标体系中（我们是根据已有数据进行约简）。需要注意的是，虽然未设立，但由于我们非常重视这些指标，在收集数据时，以替代指标的办法做了充分可行可信的调整。通过替代指标数据的搜集，并放入粗糙集模型，通过软件的检测，这些指标才被留下来。从表 5 - 9 中可了解到，这些指标有一个共同的特点：大多属于软指标，即定性指标。这 24 项指标中有 11 项是与企业创新密切相关的内生性创新指标，包括 CA - 08* ［理论与技术导入能力*（新聘员工培训时间）］、CA - 09* ［工艺技术手段完备情况*（企业外包业务环节比重）］、CA - 10* ［自动化生产水平*（生产线员工比重）］、CA - 13 ［企业创新战略目标的清晰程度*（新产品研发成功率）］、CA - 14 ［创新战略有效性*（新产品企业市场份额）］、CA - 15 ［创新机制的有效性*（新产品销售收入比重）］、CA - 16 ［科技体系与创新载体情况*（负责创新的部门机构经费比）］、CA - 17 ［管理人员创新意识*（百名管理人员关于管理改革提案数）］、CA - 18 ［信息采集和管理能力*（企业管理信息系统费用支出比重）］、CA - 29 ［研发人员观念素质*（本科学历人员比重）］、CA - 32 ［研发人员晋升制度的完善程度*（管理层人员由企业自身培养的研发人员比重）］。另外有 5 项是关于资源的内生性创新指标。由于我们要构建的是资源型跨国企业创新能力评价指标体系，所以关于资源的内生性创新指标必不可少。这几个指标的入选有其特殊性。剩下的8 项指标是关于外部环境的创新指标，都是软指标，但与区域创新空间环境有着密切联系，因此被纳入。对于这些没有设立的考核指标，应要求企业或者地方政府设立指标，内部可以采集到指标数据，要求尽量采集记录，内部资料可寻的指标数据，可以通过下达的文件和各方面的实际情况进行采集数据。

最后，鉴于此次调查的企业样本有限，根据所调查的企业数据计算得到了指标体系的各种参数，在推广此指标体系时，应全方位收集指标数据，并进行参数核定微调，再进行评价，以反映经济落后地区内部各企业创新能力的真实情况。

## 9.3 未来研究的方向

本书从资源型跨国企业的财务管理、发展战略、国际化经营能力和资源丰裕度四个维度设计了反映资源型跨国企业竞争力的多层评价指标体系，并运用因子分析法对中国资源型跨国企业的竞争力进行了实证评价研究。但只是对资源型跨国企业竞争力评价做了有益的探索，从研究的深度看，评价指标体系还有待进一步优化，特别是评价方法的集成分析尚需做进一步系统深入的专题研究。同时，本书对资源型跨国企业竞争力的预警机制尚未作深入研究，如何设计预警信息系统、如何对竞争力下滑提出预警以及如何做出反应等方面的内容都将成为今后研究的重要方向。此外，由于企业数据的不可得，对于中国资源型跨国企业竞争力的评价只做了总体层面的实证分析，而没有以具体的企业作为实证研究的对象，使得本书指标体系的实用性打了折扣；只对中国的资源型跨国企业进行了纵向分析，而没有进行国际横向比较，国际横向比较将是本书未来的研究方向。

企业创新能力的提升是解决资源型跨国企业发展过程中诸多问题的一个重要手段和方法，是其获取竞争优势的决定因素，而企业创新能力的提升必须建立在对企业创新能力准确评价的基础上。建立一套科学的企业创新能力管理信息系统，集成企业创新信息，全面评估企业的创新能力，并对不同国家和地区、不同类型、不同规模的企业创新能力的强弱进行比较，实时监测企业创新能力的变化，通过设定阈值达到创新能力预警的目的（以最少的成本获取最佳的创新管理功效）；对企业创新能力的构成进行分析分解，为企业创新能力的提升提供决策依据，预测企业创新能力的远期趋势，为政府部门有针对性地制定促进政策提供理论依据的同时，为企业评估自身创新能力，制定或调整创新方向提供可行的工具。前期所构建的指标体系适用于资源型跨国企业创新能力的评价，但不适用于一般意义上的企业创新能力的评价。资源型跨国企业与一般性企业相比，具有资源型跨国企业的特殊性。将资源型跨国企业创新能力评价指标体系应用到一般意义上的企业上，显然是不合适的。在接下来的研究中，我们将把资源型跨国企业创新能力评价扩展到一般性企业的创新能力的评价上来，这无疑需要对原有研究做出较大的拓展。

前期研究所构建的指标体系存在几个关键假设需要放松。首先，不同规模资源型跨国企业的创新规模效应不变，即不同规模下的企业，其创新行为的结果并不因其规模而呈现出递增或递减的趋势。该假设相对严格，虽然我们研究时发现在一定样本中这种趋势性非常不明显，但仍然不能直接否定规模效应的存在性。可能的结论是这种规模效应的存在受到某些条件的限制，或者是我们的样本太小无法发掘这种规模效应。总而言之，这一严格的假设，极大地简化了我们的研究，若放开这一假设，对于不同规模下的企业创新的产出或者表现出来的能力，我们应引入新的控制参数来解释这一非线性函数关系。因此，前期研究需要进一步深化和拓展。其次，前期在构建资源型跨国企业创新能力评价指标体系时，我们忽略了企业性质（所有制结构）在创新能力上的不同影响。国有资源型企业、集体资源型企业、民营资源型企业、外资资源型企业，它们在股权结构、治理结构、管理模式、企业家精神、要素使用效率，以及创新投入、创新模式、创新效率上均有很大不同。在其他条件相同的情况下，不同所有制结构的企业，其创新能力应是不同的。前期研究，我们忽略了这种因所有制结构不同所导致的创新能力异质性，大大简化了我们的研究，若放开这一假设，前期研究所构建的指标体系将做较大的调整，存在进一步深化和拓展的空间。最后，前期研究所构建的资源型跨国企业评价指标体系，将所有以资源产品生产为主业的企业归为研究和评价对象，将这些企业作为一个整体进行系统研究，忽略了资源型跨国企业下所涵盖和涉及的诸多不同类目的资源行业，例如有色金属行业、黑色金属行业、煤炭行业、石油化工行业等。这些行业的企业在某些方面具有高度的一致性，都可被称为资源型企业，但由于所处行业的不同，在原料开发、组织生产、营销管理等方面有着巨大差别，从而在其他条件相同的情况下，表现出来的创新能力有所不同。在放松这些假定的情况下，我们的研究将有较大的深化和拓展空间。

指标体系在应用过程中的便利性需要进一步提升。在前期研究中，我们通过二手数据调用、问卷调查、专家评议等手段获取资源型跨国企业创新能力的测评指标数据，通过人工按照固定的评价方法和评价标准进行计算，得到资源型跨国企业创新能力的评价指数。这种方法是可行的，也是可操作的，但是应用过程中操作的便利性不够，每次评价需要动用大量的人力进行基础数据收集和整理，与信息时代企业管理的方式、方法不匹配。在未来的研究中，我们将着手解决这一问题，通过计算机仿真手段构建企业创新能力管理信息系统，扩大研究成果的应用范围，减少应用成本，规范应用程序的标准，提高研究成果的应用价值。

# 参考文献

Barney T B, 1991. Firm Resources and Sustained Competitive Advantage [J]. Journal of Management, 17 (1): 99 – 120.

C K Prahalad, G Hamel, 1990. The Core Competence of the Corporation [M]. Harvard Business Review.

C K Prahalad, H Gary, 1990. The Core Competence of the Corporation [J]. Harvard Business Review, 33: 79 – 91.

Coomb Rod, 1996. Core Competencies and the Strategic Management of R&D [J]. R&D Management, 26 (4): 23 – 25.

Hymer S H, 1976. The international Operation of National Firms: A Study of Direct Investment [M]. Cambridge: MIT Press.

Minoo Tehrani, 2003. Competitive Strategies, Strategic Alliances, and performance in International High – tech industries: A Cross – cultural study [J]. Journal of American Academy of Business, March.

Vernon R, 1992. International investment and international trade in the product life cycle [J]. Quarterly Journal of Economics, vol. 50, no. 2

Williamson O E, 1999. Strategy Research: Governance and Competence Perspectives [J]. Sreategic management Journal, 20: 1087 – 1108.

爱德华·格莱汉姆, 2000. 全球性公司与各国政府附 [M]. 北京: 北京出版社.

曹明秀, 关忠良, 穆东, 2007. 资源型企业物流系统与城市物流系统耦合 [J]. 管理现代化, (4): 1.

茶娜, 王锋正, 等, 2007. 高技术支持下西部资源型企业成长模式转变 [J].

商业时代，（32）：102.

陈亚宁，2008. 石油技术服务企业国际竞争力评价研究［D］. 成都：西南石油大学.

陈耀，汤学俊，2006. 企业可持续成长能力及其生成机理［J］. 管理世界，（12）：111 – 114.

陈一夫，何练，2006. 我国资源产业转型与发展中的障碍研究［J］. 辽宁教育行政学院学报，（23）：27 – 28.

董绮，2008. 论我国资源型企业核心竞争力的构成及培育［J］科技资讯，（6）：45 – 50

黄娟，杨昌明，等，2005. 资源型企业可持续发展战略研究［M］. 北京：地质出版社.

吉海涛，2009. 资源型企业生态责任的利益相关者协同作用分析［J］. 南京理工大学学报，22（1）：97 – 100.

解东辉，杨晓燕，等，2009. 资源型企业实现永续经营的对策探讨［J］. 煤炭经济研究，（9）：19.

坎贝尔，卢斯，1999. 核心能力战略——以核心竞争力为基础的战略［M］. 大连：东北财经大学出版社.

孔凡柱，2014. 知识整合能力与运作特性对组织创新绩效的交互效应研究［J］. 软科学，（12）：10 – 14.

李德江，2007. 中国资源型城市（地区）企业竞争力提升研究［D］. 哈尔滨：东北林业大学.

李凤云，2004. 基于新型企业观的知识流管理［J］. 中国质量，（2）：681.

李红岩，2000. 论经济熵增的系统控制［J］. 山西财经大学学报，（1）：11 – 12，20.

李鸿禧，迟国泰，2016. 基于 DEA – t 检验的以企业为主体的科技创新效率评价［J］. 中国管理科学，（11）：109 – 119.

李兰冰，2008. 我国区域科技创新效率评价——以省际数据为样本［J］. 科技管理研究，（9）：87 – 90.

李鹏，2004. 内蒙古资源型企业高技术化成长模式研究［D］. 呼和浩特：内蒙古大学.

李婷，董慧芹，2005. 科技创新环境评价指标体系的探讨 [J]. 中国科技论坛，
　　(4)：30 – 31，36.

李婷，董慧芹，2005. 科技创新环境评价指标体系的探讨 [J]. 中国科技论坛，
　　(4)：30 – 31，36.

李星宇，马慧，2017. 新兴技术协同创新系统共生模型及稳定性研究 [J]. 求
　　索，(2)：148 – 153.

李艳飞，2016. 创新联盟互动机制、知识整合能力与创新绩效 [J]. 科学管理
　　研究，(3)：84 – 87.

李正风，2002. 创新系统理论中知识流分析的两个视角 [J]. 科学学与科学技
　　术管理，(4)：21 – 24.

林筠，郭敏，2016. 知识流与技术能力：探索和利用性学习的中介作用 [J].
　　科研管理，(6)：65 – 73.

林奇，2013. 企业规模、创新能力与"熊彼特假说"——基于中国工业企业数
　　据的研究 [J]. 统计与信息论坛，(9)：62 – 67.

刘斌，唐慧敏，王玉凤，汤小莉，2016. 地理接近性对高校技术创新合作及创
　　新绩效的影响 [J]. 研究与发展管理，(1)：121 – 131.

刘德胜，张玉明，2010. R&D 支出驱动中小企业绩效有效性研究 [J]. 科技与
　　经济 (1)：92 – 96.

刘海云，1998. 现代西方大型跨国公司组织结构调整与启示 [J]. 华中理工大
　　学学报，(1).

刘建平，2007. 我国资源型城市转型与可持续发展研究 [D]. 长沙：中南大学.

刘坷，2004. 中国少数民族地区资源型企业成长状况分析 [D]. 呼和浩特：内
　　蒙古大学.

刘林，2007. 企业成长力及其评价指标体系设计 [J]. 郑州航空工业管理学院
　　学报 (8)：12 – 16.

刘凌，薛卫，等，2007. 企业竞争力评价方法国内外研究综述 [J]. 中国青年
　　科技，(4)：41 – 50.

刘亚文，2006. 资源依赖型企业转型应注意的问题 [J]. 现代企业，(10)：8.

卢进勇，2003. 中国企业的国际竞争力与海外直接投资 [D]. 北京：对外经济
　　贸易大学.

罗陶露, 2005. 我国石油石化企业核心竞争力评价研究 [J]. 科技创业月刊, (12): 98-99.

吕一博, 苏敬勤, 2009. 基于创新过程的中小企业创新能力评价研究 [J]. 管理学报, (3): 331-337.

苗长虹, 艾少伟, 2009. "学习场" 结构与空间中的创新 [J]. 经济地理, (7): 1507-1063.

庞长伟, 李垣, 等, 2015. 整合能力与企业绩效: 商业模式创新的中介作用 [J]. 管理科学, (5): 31-41.

彭绍仲, 1999. 企业博弈论——企业参与国际竞争研究报告阿 [M]. 北京: 中国物价出版社.

任平, 2009. 关于提高资源型企业综合竞争力对策研究 [J] 改革与战略, (3): 39-40.

史煌笃, 2000. 企业竞争优势的起源理论评介 [J]. 外国经济与管理, (8): 26-30.

宋超英, 朱强, 2006. 资源型企业发展路径研究 [J]. 经济纵横, (9): 75-76.

宋亚菲, 2001. 中国企业跨国直接投资研究 - 理论思辨与战略构想 [M]. 大连: 东北财经大学出版社.

孙冰, 李柏洲, 2006. 企业技术创新动力系统的耗散结构研究 [J] 生产力研究, (9): 244-246.

孙早, 郭林生, 肖利平, 2016. 企业规模与企业创新倒 U 型关系再检验——来自中国战略性新兴产业的经验证据 [J]. 上海经济研究, (9): 33-42.

王伯安, 2004. 企业竞争力评价指标体系设计 [J]. 工业技术经济, (2): 35-37.

王承云, 孙飞翔, 2017. 长三角城市创新空间的集聚与溢出效应 [J]. 地理研究, (6): 1042-1052.

王崇锋, 2015. 知识溢出对区域创新效率的调节机制 [J]. 中国人口·资源与环境, (7): 77-83.

王缉慈, 1999. 知识创新和区域创新环境 [J]. 经济地理, (2): 11-16.

王建华, 王方华, 2003. 企业竞争力评价系统及应用研究 [J]. 管理科学, 6 (2): 47-53.

王莉，2014. 自主创新环境的内涵、评价体系构建与实证检验［J］. 商业时代，
　（9）：80 – 84.

王宇，郑红亮，2015. 经济新常态下企业创新环境的优化和改革［J］. 当代经
　济科学，（6）：99 – 106，125 – 126.

王震宇，余晓钟，等，2010. 基于 BP 神经网络的石油企业核心竞争力评价
　［J］. 西南石油大学学报，（11）：22 – 26.

魏江，郑小勇，2012. 文化嵌入与集群企业创新网络演化的关联机制［J］. 科
　研管理，（12）：10 – 22.

翁媛媛，高汝熹，2009. 科技创新环境的评价指标体系研究：基于上海市创新
　环境的因子分析［J］. 中国科技论坛，（2）：31 – 35.

吴和成，许婷婷，2013. 基于因子分析的江苏省区域创新环境评价与分析
　［J］. 科技进步与对策，（2）：124 – 129

吴俊杰，戴勇，2013. 企业家社会资本、知识整合能力与技术创新绩效关系研
　究［J］. 科技进步与对策，（11）：84 – 88.

吴应宇，2003. 企业可持续竞争能力系统评价指标体系研究［J］. 会计研究，
　（7）：26 – 28.

伍娜，张连荣，等，2010. 资源型企业核心竞争力的形成机理研究［J］. 黄金，
　（5）：1 – 4.

夏保华，2007. 技术间断、技术创新陷阱与战略技术创新［J］. 科学学研究，
　（4）：81 – 86

肖光顺，2004. 对外直接投资与企业竞争力研究［D］. 福州：福建师范大学.

谢富纪，徐恒敏，2001. 知识、知识流与知识溢出的经济学分析［J］. 同济大
　学学报（社会科学版），（2）：54 – 57.

谢洪明，张霞蓉，等，2012. 网络关系强度、企业学习能力对技术创新的影响
　研究［J］. 科研管理，（2）：55 – 62.

徐礼伯，沈坤荣，2014. 知识经济条件下企业边界的决定：内外社会资本匹配
　的视角［J］. 中国工业经济，（10）：85 – 95.

许庆瑞，刘景江，赵晓庆，2002. 技术创新的组合及其与组织、文化的集成
　［J］. 科研管理，（6）：38 – 44.

薛惠元，2006. 国有资源型企业可持续发展研究［D］. 桂林：广西师范大学.

薛金文，曹克瑜，2001. 西部大开发：陕西战略与决策［M］. 西安：陕西人民出版社.

薛娜，赵曙东，2007. 基于 DEA 的高技术产业创新效率评价——以江苏省为例［J］. 南京社会科学，(5)：135－141.

杨德新，2000. 跨国经营与跨国公司［M］. 北京：中国统计出版社：28－39.

杨宏林，2004. 基于主成分分析的企业竞争力模糊评价模型研究［J］. 当代财经，(4)：126－128.

杨立志，余晓钟，等，2011. 大型石油企业核心竞争力 RCI 评价模式研究［J］. 西南石油大学学报，(5)：85－89.

杨秀芝，2006. 基于适应能力的跨国公司竞争力研究［D］. 哈尔滨：哈尔滨工程大学.

姚梅芳，张兰，葛晶，黄金睿，2010. 基于中国情境的生存型创业环境要素体系构建［J］. 预测，(5)：31－36.

于凯生，2007. 中国矿产资源型城市产业竞争力提升研究［D］. 哈尔滨：东北林业大学.

余红胜，2002. 国有企业国际竞争力研究［D］. 福州：厦门大学.

余红胜，2004. 国有企业国际竞争力研究［M］. 合肥：合肥工业大学出版社.

余伟，陈强，陈华，2017. 环境规制、技术创新与经营绩效——基于 37 个工业行业的实证分析［J］. 科研管理，(2)：18－25.

岳丽丽，2011. 钢铁企业竞争力与环境管理相关性研究［J］. 企业导报，(3)：96－97.

张德平，2001. 企业国际竞争力评价指标研究［J］. 中国软科学，(5)：54－56.

张复明，2007. 资源型经济：理论解释、内在机制与应用研究［D］. 太原：山西大学.

张命林，邓柏盛，2007. 基于循环经济的煤炭企业竞争力指标体系研究［J］. 企业改革与发展，(9)：150－152.

赵涛，2004. 企业竞争力综合评价研究［D］. 天津：天津大学.

中国社会科学院工业经济研究所课题组，2001. WTO 与中国工业国际竞争力问题研究［J］. 经济研究参考，(81)：2－39.

周建峰，2008. 资源型企业可持续发展问题的探讨［J］. 黄金，29 (12)：1－3.

朱娟，傅春，2008. 资源型企业发展循环经济的博弈分析 [J]. 当代经济，
　（8）：156 – 157.

朱娟，2008. 资源型企业成长循环经济的博弈分析 [J]. 当代经济，（8）：
　15 – 18.

朱文涛，孙珠峰，2017. 创新系统理论：范式与挑战 [J]. 科技进步与对策，
　（5）：1 – 5.

# 附录 I：企业创新效率的可比测度*

## 1 问题的提出

创新效率评估是企业创新决策的基础。Afriat（1972）提出，在不增加投入（或不减少产出）的情况下，技术上不可能增加产出（或减少投入）则为技术有效，进而定义了技术创新效率（TIE）的概念[1]。基于投入产出的创新效率比较摒弃了能力观对于企业创新原发性基因过程的关注，取而代之的是重视创新的投入产出的综合、相对效率。

国外学者对于企业创新技术效率进行了大量研究，并取得了丰富的研究成果（Nasierowski W，2003；Zhang Anming，Zhang Yimin，2003；Sharma，S.，Thomas，V. J.，2008；Hashimoto A，Haneda S，2008）[2-5]。项本武（2011）、张信东（2012）、戴卓（2012）等运用随机前沿分析方法，分析了我国部分企业的行业创新效率[6-8]。陈凯华等（2013）基于传统数据包络分析比率型模型思想建立了包含关联子系统的网络型生产系统在可变规模报酬假设下的纯技术效率测度与分解模型，并提出网络型生产系统的整体与局部规模收益状态的判断准则[9]。高霞（2013）、戴魁早（2013）、郭兵（2014）利用数据包络方法对企业技术创新的效率的行业差异进行了分析和评价[10-12]。

从现有文献研究来看，学者们大多认可行业间企业创新技术效率存在差距，但对差距的成因、表现形式、分布规律等问题，看法并不一致。从目前的研究来看，主要存在以下不足。（1）由于受制于数据的可得性，目前有限的

* 王静娴，杨敏. 企业创新效率的可比测度 [J]. 科技管理研究，2015，35（24）：116 - 120，126.

以企业创新投入、产出作为研究对象的创新效率评价，多以个别或者若干个企业作为分析样本，其代表性有待考察。（2）创新的原始行为是企业，而目前大多数研究的数据对象变成了行业或一定规模的企业族群，个体企业作为创新主体的创新效率评价被人为平均化，以此为基础形成的对中国企业创新技术效率规律性认识有可能失真。（3）运用传统 DEA 模型对企业创新技术效率进行评价，结果的真实、客观性，很大程度上取决于 DEA 模型中决策单元的数量。当数量较少时，很有可能出现大多数企业 DEA 有效，从而评价效度降低。（4）不同行业的技术特点、创新模式、成长周期等均不相同，人为的按照地域、行业、规模族群进行划分并选择数据，以同一模型方法进行评价，并对其结果进行比较，忽略了不同类型企业创新的不可比性（同样的创新投入强度，在不同行业创新产出不同，原因可能不在企业的创新能力上，而是由行业创新特点和规律决定的）。

本书以创业板所有企业作为评价对象，以企业数据为出发点，通过极化模拟，虚拟两个极化决策单元，改变前沿生产面的相对位置，为决策单元提供理想标杆，通过 DEA 二次叠加方法，将异质行业的企业创新技术效率测评纳入同一测评体系，解决异质行业下企业创新技术效率的不可比问题，更加真实的揭示创业板上市公司创新效率的行业分布规律，为企业或政府的决策改进提供理论依据。

# 2 研究设计

## 2.1 模型选择

目前对于企业创新技术效率的评价方法，主要有基于前沿生产函数（SFA）的参数估计法（张宗益，2006；李璐，2014 等）[13-14]，和基于数据包络的非参数统计方法（马建峰，2014；陈伟，2013 等）[15-16]。基于前沿生产函数的参数估计法能够全面考虑随机误差对个体效率的影响，需以一定的估计方程为基础，但创新系统涉及变量多，变量间的关系异常复杂，且学术界对于创新函数的形式并未形成一致的认识。

1984 年，Banker 等人从公理化模式出发，给出了能同时描述生产规模与技术有效的模型（BCC），其投入产出效率可写成：$h_j = \dfrac{u^T \cdot y_j}{v^T \cdot x_j} = \dfrac{\sum\limits_{k=1}^{s} u_k y_{kj}}{\sum\limits_{i=1}^{m} v_i x_{ij}}$，其中，$y_j$，$x_i$ 分别为产出向量和投入向量；$u^T$，$v^T$ 分别为产出向量和投入向量的权重。通过线性规划，获取最优解：$\lambda^*$，$s^{*-}$，$s^{*+}$，$\rho^*$。若 $\rho^* < 1$，则 DMU 为非 DEA 有效，决策单元 $\mathrm{DMU}_{j0}$ 可以通过将组合降至原投入 $x_0$ 的 $\theta$ 比例而保持原产出 $y_0$ 不变；若 $\rho^* = 1$，则 DMU 为弱 DEA 有效，决策单元 $\mathrm{DMU}_{j0}$ 可以减少 $s^{*-}$ 的 $x_0$ 投入而保持 $y_0$ 不变，或在投入 $x_0$ 不变的情况下将产出提高 $s^{*+}$；若 $\rho^* = 0$，$s^{*-} = 0$，$s^{*+} = 0$，则 DMU 为 DEA 有效，决策单元 $\mathrm{DMU}_{j0}$ 在原投入 $x_0$ 的基础上，获得的产出 $y_0$ 已经达到最优。

## 2.2　基于极化模拟的 DEA 模型改进

传统 DEA 模型的评价结果很可能出现多个决策单元为 DEA 有效。对于这些决策单元传统 DEA 模型是无法进行区分的，因此有学者对 DEA 模型进行了改进（孙凯、鞠晓峰，2008）[17]。

在 DEA 方法中，前沿生产面是决策集的参照系，它的位置决定了所有决策决策单元的效率水平。同一行业内，各决策单元的投入、产出最优配置空间，由最大投入 – 最小产出，以及最小投入 – 最大产出的理想组合确定。因此，构建两个虚拟最优、最劣决策单元 $\mathrm{DMU}_{n+1}$、$\mathrm{DMU}_{n+2}$，其输入、输出向量为：

$$\mathrm{DMU}_{n+1} \sim \begin{cases} X_{n+1} = (\min x_1, \ \min x_2, \ \cdots, \ \min x_m) \\ Y_{n+1} = (\max y_1, \ \max y_2, \ \cdots, \ \max y_s) \end{cases} \tag{1}$$

$$\mathrm{DMU}_{n+2} \sim \begin{cases} X_{n+2} = (\max x_1, \ \max x_2, \ \cdots, \ \max x_m) \\ Y_{n+2} = (\min y_1, \ \min y_2, \ \cdots, \ \min y_s) \end{cases} \tag{2}$$

这种情况下，作为参照系的前沿生产面将会被扩张，原相对有效的决策单元在很大概率上将从前沿生产面上剥离出来，而变得相对无效，原相对无效的决策单元会更加无效（现实中，若最小投入与最大产出在同一个决策单元上实现则是例外，这种概率很小）。通过 DEA 模型的极化模拟改进，获得的相对效率结果将更容易理解，更真实，更具现实意义。

## 2.3 异质行业下企业创新技术效率的可比叠加

现有研究更多的是基于数据的可得性，被迫从区域、行业、规模族群维度采用 DEA 方法对企业创新技术效率进行评价（企业创新方面的数据较难获取，区域、行业、规模维度的数据获取相对容易），进而判断某行业的整体创新效率的高低。本书认为这对某些行业是不公平的。行业不同，创新的过程、模式、方式、规律不同，成长周期也不同，决定了行业间的创新效率存在不可比较性（有的行业投入 1000 元可以获得一项专利，而在别的行业却无法实现这样的效率，不是这个行业的企业创新能力不行，而是行业特质所决定的）。但这也并不意味着行业创新效率值毫无意义，它其实反映的并不是行业的相对创新效率，而是特定经济发展阶段的静态的、综合的行业创新的难易程度。

同一行业内的企业通过 DEA 模型得出创新效率值，是可以相互比较的。不同行业下的企业创新技术效率要可比，就必须把其放到其所处的行业下进行考量。将不同行业各自的行业创新难度系数作为参照标准，对不同行业的企业创新技术效率进行修正，进而获取异质行业下可比的企业创新技术效率。

设：$\theta'$ 为行业创新综合难度系数，$\rho'$ 为行业创新纯技术难度系数，$\eta'$ 为行业创新规模难度系数；$\theta$ 为企业创新综合技术效率值，$\rho$ 为企业创新纯技术效率值，$\eta$ 为企业创新规模效率值。$\theta''$ 为可比企业创新综合技术效率值，$\rho''$ 为可比企业创新纯技术效率值，$\eta''$ 为可比企业创新规模效率值。有：

$$\theta'' = \frac{\theta}{\theta'} ; \rho'' = \frac{\rho}{\rho'} ; \eta'' = \frac{\eta}{\eta'} \tag{3}$$

即可比企业创新综合技术效率值等于企业创新综合技术效率值除以行业创新综合创新难度系数；可比企业创新纯技术效率值等于企业创新纯技术效率值除以行业创新纯技术难度系数；可比企业创新规模效率值等于企业创新规模效率值除以行业创新规模创新难度系数。

# 3  样本、变量与数据来源

基于本书的研究目的和研究设计，本书以 2013 年 11 月 20 日之前在中国创业板上市的全部 354 家公司为分析样本。

一般来说，用来衡量创新投入和产出的指标有 R&D 经费投入、R&D 人员投入、专利产出、新产品产值等。但考虑到创业板上市公司数据的可得性，本书选择研发经费占营业收入的比重（$R$）、技术与研发人才占总员工比重（$L$）作为投入指标，公司可持续增长率（$S$）、专利拥有量（$P$）、托宾 $Q$ 值（$Q$）三个变量作为产出指标。公司可持续增长率是股东权益增加值与期初股东权益的比值，反映的是公司的可持续成长能力，与企业管理水平、技术创新密不可分，因此可以近似认为企业的可持续增长率是企业创新的成长表现。托宾 $Q$ 值是公司市场价值与其重置成本之比。托宾 $Q$ 值 > 1，表明企业是"财富创造者"，为社会创造了价值，实现了价值增值。创新的最终结果是实现价值的增值，此可以近似认为托宾 $Q$ 值是企业创新产出的价值增值表现。

本书所用变量数据中，研发经费占营业收入的比重（$R$）、技术与研发人才占总员工比重（$L$）、公司可持续增长率（$S$）取自 RESSET 锐思金融统计数据库的 2012 年度数据，经过计算整理得到；托宾 $Q$ 值（$Q$）取自 CCER 中国经济金融数据库的 2012 年度数据；专利拥有量（$P$）来源于中国专利文献检索系统（CPRS）和创业板上市公司各年度报告，检索时间截止到 2013 年 11 月 20 日（上市公司的创始人、子公司、股东公司、母公司、控股公司的专利，若未发生专利权转让，则不计入统计）。

从数据构成来看，专利拥有量为存量数据，其他变量为流量数据。一般认为创新具有时滞性，因而以同一年度的投入、产出流量数据进行测算似乎不合理。但同一公司具有较强的创新惯性，在一定时段内很难改变这种惯性。因此，本书以同一年度的相对流量指标输入模型，在很大程度上测算的仍是时段内的创新效率。

# 4 实证分析

## 4.1 行业创新难度系数测算

在计算行业创新难度系数时，将企业数据按照证监会的行业分类（个别行业的上市公司数少于变量数，笔者将这部分企业按照行业类似属性进行归并）进行汇总计算，得到行业数据（共 16 个行业）。借助 DEAP2.1 软件，将各行业创新投入产出数据分别代入 BCC 模型，基于投入导向角度，采用多阶段算法，得到行业创新难度系数，见表 1。

**表 1 行业创新难度系数（系数越小，难度越大）**

| 证监会行业 | $\theta'$ | $\rho'$ | $\eta'$ |
|---|---|---|---|
| 软件和信息技术服务业 | 0.357 | 0.369 | 0.966 |
| 专业技术服务业 | 0.434 | 1.000 | 0.434 |
| 采矿、冶炼及辅助行业 | 0.682 | 0.732 | 0.932 |
| 仪器仪表制造业 | 0.732 | 1.000 | 0.732 |
| 电气机械和器材制造业 | 0.744 | 0.826 | 0.901 |
| 通用设备制造业 | 0.776 | 0.840 | 0.924 |
| 广播、电视、电影和影视录音制作作业 | 0.788 | 1.000 | 0.788 |
| 生态保护和环境治理业 | 0.832 | 1.000 | 0.832 |
| 专用设备制造业 | 0.936 | 1.000 | 0.936 |
| 医药制造业 | 0.984 | 0.994 | 0.99 |
| 化学原料和化学制品制造业 | 0.991 | 1.000 | 0.991 |
| 计算机、通信和其他电子设备制造业 | 1.000 | 1.000 | 1.000 |
| 农、林、牧、渔和农副食品加工业 | 1.000 | 1.000 | 1.000 |
| 其他服务业 | 1.000 | 1.000 | 1.000 |
| 其他制造业 | 1.000 | 1.000 | 1.000 |
| 橡胶和塑料制品业 | 1.000 | 1.000 | 1.000 |
| 平均 | 0.828 | 0.923 | 0.902 |

从行业综合创新难度系数来看，难度相对较大的是软件和信息技术服务业，其次是专业技术服务业；相对容易的是计算机、通信和其他电子设备制造业、农林牧渔和农副食品加工业、橡胶和塑料制品业、其他服务业、其他制造业。从行业纯技术难度系数来看，相对难度较大的仍是软件和信息技术服务业，这些行业在改变投入规模之外的领域，例如管理、激励、意识等方面的难度更大。从行业规模难度系数来看，难度较大的是专业技术服务业，意味着通过调整规模而提升创新效率的难度更大。从所有行业的总体情况来看，行业平均纯技术难度要小于规模难度，行业创新效率提升的难度主要表现在规模扩张上，通过改善管理、激励、意识来提升创新效率可能比改变规模更加容易、更有效率。

## 4.2　分行业企业创新技术效率测算

　　考虑到异质行业企业创新技术效率不可直接比较，本书按照行业将各类企业创新投入产出数据分别代入 BCC 模型，基于投入导向角度，采用多阶段算法，对改进的 DEA 模型进行计算，获取分行业企业创新技术效率评价结果（略）❶，按照五分法对综合技术效率进行分段评价，见表2。

表 2　企业创新技术效率分段评价

| 创新效率评价 | $\theta=1$ | $0.8 \leqslant \theta < 1$ | $0.4 \leqslant \theta < 0.8$ | $0.2 \leqslant \theta < 0.4$ | $\theta < 0.2$ | 累计 |
|---|---|---|---|---|---|---|
| | 好 | 较好 | 一般 | 差 | 较差 | |
| 采矿、冶炼及辅助行业 | 0 | 0 | 7 | 9 | 2 | 18 |
| 电气机械、器材制造业 | 0 | 2 | 17 | 11 | 2 | 32 |
| 广播、电视、电影和影视录音制作业 | 0 | 1 | 3 | 2 | 0 | 6 |
| 化学原料和化学制品制造业 | 0 | 1 | 5 | 17 | 1 | 24 |

---

❶　由于篇幅所限，投入产出数据与效率测算结果（略），如有需要，可向笔者索取，邮箱：yaya430411@163.com.

续表

| 创新效率评价 | $\theta = 1$ | $0.8 \leqslant \theta < 1$ | $0.4 \leqslant \theta < 0.8$ | $0.2 \leqslant \theta < 0.4$ | $\theta < 0.2$ | 累计 |
|---|---|---|---|---|---|---|
| | 好 | 较好 | 一般 | 差 | 较差 | |
| 计算机、通信和其他电子设备制造业 | 0 | 0 | 1 | 23 | 30 | 54 |
| 农、林、牧、渔和农副食品加工业 | 1 | 0 | 3 | 1 | 4 | 9 |
| 其他服务业 | 0 | 0 | 3 | 3 | 6 | 12 |
| 其他制造业 | 0 | 0 | 6 | 6 | 3 | 15 |
| 软件、信息技术服务业 | 0 | 0 | 8 | 14 | 28 | 50 |
| 生态保护、环境治理业 | 1 | 0 | 1 | 4 | 3 | 9 |
| 通用设备制造业 | 0 | 0 | 2 | 3 | 12 | 17 |
| 橡胶和塑料制品业 | 0 | 0 | 4 | 8 | 0 | 12 |
| 医药制造业 | 0 | 0 | 8 | 13 | 5 | 26 |
| 仪器仪表制造业 | 0 | 0 | 5 | 7 | 1 | 13 |
| 专业技术服务业 | 0 | 0 | 2 | 6 | 6 | 14 |
| 专用设备制造业 | 0 | 0 | 7 | 22 | 14 | 43 |
| 合计 | 2 | 4 | 82 | 149 | 118 | 354 |

由表 2 可知，基于极化模拟的 DEA 模型计算得到的各行业企业创新技术效率普遍偏低，除了农、林、牧、渔和农副食品加工业和生态保护和环境治理业中分别有一家企业为 DEA 有效以外，其他均为 DEA 弱有效和无效。综合创新效率属于"较好"水平的仅有化学原料和化学制品制造业中的 1 家企业，广播、电视、电影和影视录音制作业中的 2 家企业，电气机械和器材制造业中的 1 家企业，其他企业大多处于"一般"和"差"档次。创业板的 354 家上市公司中，综合创新效率评价为"好"的共 2 家，占 0.56%；评价为"较好"的共 4 家，占 1.12%；评价为"一般"的有 82 家，占 23.10%；评价为"差"的有 149 家，占 41.97%；评价为"较差"的有 118 家，占 33.23%。3/4 的创业板上市公司创新效率低于 0.4，存在较大改进空间。

相对于理想的前沿生产面，非 DEA 有效的决策单元均处于规模收益递减阶段。企业创新技术效率偏低的主要原因是创新投入的结构不平衡。通过投影分析，指出非 DEA 有效企业创新投入冗余量和产出不足量，可为企业创新技术效率改进提供目标和方案。❶ 分析可知，所有行业在研发经费投入上均需要较少投入，而研发人员投入上均需要增加投入。这意味着当前创业板上市公司在创新投入结构上存在较大的不平衡性，研发经费投入的有效性没有得到应有的释放。并且，所有行业的托宾 $Q$ 均存在产出冗余，创业板企业存在价值回归的需求。

## 4.3　可比企业创新技术效率

可比企业创新技术效率是通过将行业创新难度系数叠加分行业企业创新技术效率之上获取的。从调整系数表来看（表3），行业创新难度系数最大，创新难度相对最小的五个行业（计算机、通信和其他电子设备制造业、农、林、牧、渔和农副食品加工业、其他服务业、其他制造业、橡胶和塑料制品业）的可比企业综合创新技术效率没有变化，其余 11 个行业被不同程度的放大，幅度最大的是软件和信息技术服务业（180.11%）。

**表3　可比企业创新技术效率调整系数**

| 调整系数 | $1/\theta' - 1$ | $1/\rho' - 1$ | $1/\eta' - 1$ |
|---|---|---|---|
| 采矿、冶炼及辅助行业 | 46.63 | 36.61 | 7.30 |
| 电气机械和器材制造业 | 34.41 | 21.07 | 10.99 |
| 广播、电视、电影影视录音制作业 | 26.90 | 0.00 | 26.90 |
| 化学原料和化学制品制造业 | 0.91 | 0.00 | 0.91 |
| 计算机通信和其他电子设备制造业 | 0.00 | 0.00 | 0.00 |
| 农、林、牧、渔和农副食品加工业 | 0.00 | 0.00 | 0.00 |
| 其他服务业 | 0.00 | 0.00 | 0.00 |
| 其他制造业 | 0.00 | 0.00 | 0.00 |
| 软件和信息技术服务业 | 180.11 | 171.00 | 3.52 |

---

❶　各企业详细冗余结果和改进方案，非本书研究重点，略，若需要可向笔者索取。

续表

| 调整系数 | $1/\theta' - 1$ | $1/\rho' - 1$ | $1/\eta' - 1$ |
|---|---|---|---|
| 生态保护和环境治理业 | 20.19 | 0.00 | 20.19 |
| 通用设备制造业 | 28.87 | 19.05 | 8.23 |
| 橡胶和塑料制品业 | 0.00 | 0.00 | 0.00 |
| 医药制造业 | 1.63 | 0.60 | 1.01 |
| 仪器仪表制造业 | 36.61 | 0.00 | 36.61 |
| 专业技术服务业 | 130.41 | 0.00 | 130.41 |
| 专用设备制造业 | 6.84 | 0.00 | 6.84 |

## 4.4 企业可比创新效率行业分布

经过调整后的异质行业的企业创新技术效率可以相互比较，数值越大的创新效率越高，如图1、2所示。从图中可知：可比技术效率值的分布更加发散，最大值突破了"1"的限制，但并不影响 DEA 的有效性、规模收益、冗余分析（分行业测度时，已有针对性分析）；调整之后的创新效率值仍旧满足：可比企业综合技术效率值（$\theta''$）等于可比企业纯技术效率值（$\rho''$）乘以可比企业规模效率值（$\eta''$）；不同行业的企业创新技术效率调整出现异化，有的企业原本技术效率不高，调整后相对较高，有的企业原本技术效率较高，调整后却相对较低，例如软件、信息技术服务业的可比企业综合技术效率普遍被放大。

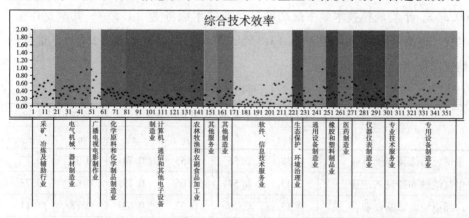

图1 综合技术效率行业分布

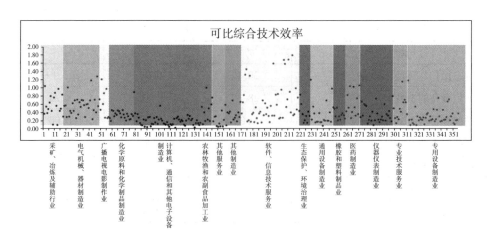

**图 2　可比综合技术效率行业分布**

从 16 个行业调整前后的平均综合创新效率来看（见表 4），最高的是广播、电视、电影和影视录音制作业（0.70），其次是软件和信息技术服务业（0.64）、医药制造业（0.60），最低的是计算机、通信和其他电子设备制造业（0.18）。与调整前相比，软件和信息技术服务业、专业技术服务业、生态保护和环境治理业、通用设备制造业在 16 各行业中的排名分别上升了 12、7、2、1 名；其他行业的排名则有不同程度的下降，其中下降最多的是橡胶和塑料制品业，下降了 4 名。

平均纯技术效率最高的是软件和信息技术服务业（1.10），其次是电气机械和器材制造业（0.79），最低的是计算机、通信和其他电子设备制造业（0.34）。平均规模技术效率最高的是专业技术服务业（1.55），其次是广播、电视、电影和影视录音制作业（1.11），再次是医药制造业（1.09），最低的是仪器仪表制造业（0.52）。

**表 4　平均技术效率**

| 所属行业 | 平均综合技术效率 | | 平均纯技术效率 | | 平均规模技术效率 | |
|---|---|---|---|---|---|---|
| | $\theta$ | $\theta''$ | $\rho$ | $\rho''$ | $\eta$ | $\eta''$ |
| 采矿、冶炼及辅助行业 | 0.38 | 0.56 | 0.55 | 0.74 | 0.72 | 0.77 |
| 电气机械和器材制造业 | 0.43 | 0.57 | 0.66 | 0.79 | 0.66 | 0.73 |
| 广播电视电影制作业 | 0.55 | 0.70 | 0.63 | 0.63 | 0.88 | 1.11 |
| 化学原料和制品制造业 | 0.35 | 0.36 | 0.59 | 0.59 | 0.62 | 0.63 |

| 所属行业 | 平均综合技术效率 | | 平均纯技术效率 | | 平均规模技术效率 | |
|---|---|---|---|---|---|---|
| | $\theta$ | $\theta''$ | $\rho$ | $\rho''$ | $\eta$ | $\eta''$ |
| 计算机、通信和电子行业 | 0.18 | 0.18 | 0.34 | 0.34 | 0.55 | 0.55 |
| 农林牧渔、农副食品加工业 | 0.37 | 0.37 | 0.50 | 0.50 | 0.76 | 0.76 |
| 其他服务业 | 0.26 | 0.26 | 0.42 | 0.42 | 0.66 | 0.66 |
| 其他制造业 | 0.36 | 0.36 | 0.61 | 0.61 | 0.60 | 0.60 |
| 软件和信息技术服务业 | 0.23 | 0.64 | 0.40 | 1.10 | 0.56 | 0.58 |
| 生态保护和环境治理业 | 0.34 | 0.41 | 0.49 | 0.49 | 0.68 | 0.82 |
| 通用设备制造业 | 0.21 | 0.26 | 0.40 | 0.48 | 0.52 | 0.56 |
| 橡胶和塑料制品业 | 0.40 | 0.40 | 0.50 | 0.50 | 0.79 | 0.79 |
| 医药制造业 | 0.44 | 0.60 | 0.54 | 0.54 | 0.80 | 1.09 |
| 仪器仪表制造业 | 0.34 | 0.34 | 0.65 | 0.66 | 0.52 | 0.52 |
| 专业技术服务业 | 0.24 | 0.56 | 0.39 | 0.39 | 0.67 | 1.55 |
| 专用设备制造业 | 0.27 | 0.29 | 0.47 | 0.47 | 0.58 | 0.62 |

# 5 对策建议

本书基于理想解的 DEA 二次叠加方法，对 354 家创业板上市公司的创新效率进行了测算和归纳分析，研究发现：（1）当前创业板上市公司在创新投入结构上存在较大的不平衡性，所有行业在研发经费投入上均需要较少投入，而研发人员投入上均需要增加投入；非 DEA 有效的决策单元均处于规模收益递减阶段，研发经费投入的有效性没有得到应有的释放。（2）经过 DEA 二次叠加，异质行业的企业创新技术效率可以相互比较，数值越大的创新效率越高，可比技术效率值的分布更加发散，最大值突破了"1"的限制；不同行业的企业创新技术效率调整出现异化。

为切实提升创业板企业创新技术效率，本书提出以下政策建议。

（1）改善创新环境，强化扶持力度。政府应加强调控和引导，着力改善创新环境，加强对计算机、通信和其他电子设备制造业、通用设备制造业、仪器仪表制造业、专用设备制造业的扶持力度；要降低软件和信息技术服务业、化学原料和化学制品制造业、医药制造业、影视文化等行业的人才引进门槛，强化人才培养专项资金的投放机制；建立生态保护和环境治理业、农、林、牧、渔和农副食品加工业、通用设备制造业、橡胶和塑料制品业、化学原料和化学制品制造业、采矿、冶炼及辅助等行业的研发经费投放引导机制。

（2）转变观念，强化纯技术效率地位。创业板上市公司创新效率的提升应着眼纯技术效率的改善，通过明确战略创新目标、提高创新管理水平、强化创新激励、优化技术结构，来提升创新效率，而不应把创新效率的提高简单理解成创新投入规模的改变。

（3）改变投入结构，强化创新人才的投入。创业板企业应建立有效的科技人才培养、引进机制，解决创业板企业创新人才投入过少的问题，提高企业创新资金的运用效率，使创新资金的边际效用最大化；进一步加强产学研合作创新战略联盟，整合企业、高校和科研院所的创新人才资源，培育和完善创新成果转化平台，加速科技成果转化。

**参考文献 1：**

[1] Afriat S N. Efficiency Estimatiom of Production Fumtiom [J]. International Economic Review, 1972 (13)：568 – 598.

[2] Nasierowski W, Arcelus F J. On the Efficiency of National Innovation Systems [J]. Socio – economic Planning Sciences, 2003, 37 (3)：215 – 234.

[3] Zhang Anming, Zhang Yimin, Zhao Ronald. A Study of the R&D Efficiency and Productivity of Chinese Firms [J]. Journal of Comparative Economics, 2003 (3)：156 –81.

[4] Sharma S, Thomas V J. Intercountry R&D Efficiency Analysis：Application of Data Envelopment Analysis [J]. Scientometrics, 2008, 76 (3)：483 –501.

[5] Hashimoto A, Haneda S. Measuring the Change in R&D Efficiency of the Japanese Pharmaceutical Industry [J]. Research Policy, 2008 (4)：1 –8.

[6] 项本武. 中国工业行业技术创新效率研究 [J]. 科研管理, 2011 (1)：10 –14.

[7] 张信东, 董孝伍, 郝丽芳. 结构调整中的行业创新效率研究——基于 DEA

和 SFA 方法的分析 [J]. 经济管理，2012（6）：149 – 160.

[8] 戴卓，代红梅. 中国工业行业的技术创新效率研究——基于随机前沿模型 [J]. 经济经纬，2012（4）：90 – 94.

[9] 陈凯华，官建成，寇明婷，康小明. 网络 DEA 模型在科技创新投资效率 测度中的应用研究 [J]. 管理评论，2013（12）：4 – 10.

[10] 高霞. 规模以上工业企业技术创新效率的行业分析 [J]. 软科学，2013 （11）：54 – 58.

[11] 戴魁早，刘友金. 市场化进程对创新效率的影响及行业差异——基于中 国高技术产业的实证检验 [J]. 财经研究，2013（5）：4 – 13.

[12] 郭兵. 中低技术制造业技术创新效率的行业比较研究 [J]. 科学学与科 学技术管理，2014（5）：28 – 35.

[13] 张宗益，张莹. 创新环境与区域技术创新效率的实证研究 [J]. 软科 学，2008（12）：123 – 127.

[14] 李璐，朱洪兴，单奎. 基于 SFA 模型和 Mulmquist 指数的河南省区域技 术创新效率分析 [J]. 科技管理研究，2014，34（9）：49 – 54，63.

[15] 马建峰，何枫. 包含共享投入与自由中间产出的技术创新两阶段 DEA 效 率评价 [J]. 系统工程，2014，32（1）：1 – 9.

[16] 陈伟，沙蓉，张永超，田世海. 我国知识密集型产业专利创新绩效评价 研究——基于 DEA – Malmquist 指数方法 [J]. 管理评论，2013，25 （8）：39 – 45，53.

[17] 孙凯，鞠晓峰. 基于改进 DEA 模型的工业企业技术创新能力评价 [J]. 系统管理学报，2008（2）：86 – 90.

# 附录Ⅱ：资源企业对外直接投资
# 逆向技术溢出效应实证研究*

## 一、资源竞争与技术溢出

2007年世界金融海啸爆发至今，世界经济形势处于周期性萧条阶段，传统发达国家经济持续恶化，中国宏观经济形势也不乐观，部分经济指标明显低于预期目标，外向型经济受到严重冲击。但是中国的资源行业的对外直接投资并没有随着大环境的改变而衰退，资源型企业的对外投资规模、结构门类均达到历史最高水平。据中国社会科学院发布的《2011年世界经济黄皮书》透露，从2005年初至2010年上半年，中国资源企业收购海外矿业资产共成交91桩，总价值达319亿美元。据新浪财经网数据显示，仅2012年上半年，中国资源型企业的重大海外并购就达近30起。

中国资源型企业在海外近乎疯狂的并购有国家资源战略的外在推动，更为重要的是国外先进管理与技术等软要素层面的"诱惑"。20世纪90年代以来，对外直接投资的母国经济与技术效应受到越来越多的关注，起先着眼于发达国家企业外向投资的动机和决定因素，后来逐渐扩大到针对资源导向型、市场导向型、成本导向型以及技术寻求型对外直接投资的探讨。资源导向型对外直接投资的目的主要是获取稀缺资源和战略性资源。市场导向型对外直接投资目的

---

＊　王静娴，杨敏．资源企业对外直接投资逆向技术溢出效应实证研究［J］．生态经济，2013（6）：103－106.

是通过跨国投资抢占世界市场份额。成本导向型对外直接投资的目的在于输出比较劣势产业，提高生产效率。技术寻求型对外直接投资的目的在于引进先进技术。中国资源型企业的跨国经营基本上属于资源导向型和技术寻求型，目的在于控制资源和提升技术。资源型企业对外直接投资，已成为中国参与国际资源竞争与技术吸收的主要途径。然而，国内对于中国资源型企业外部技术吸收的研究非常少。而将中国资源型企业的对外直接投资与技术进步联系起来考察则尚属空白。

因此，本着填补国内研究空白的初衷，本书将借助道格拉斯生产函数，运用协整的研究方法，考察中国资源行业对外直接投资的技术溢出效应，以及影响这种溢出效应大小的客观因素。

## 二、文献综述

一般意义上的技术溢出指的是投资过程中，以商品、服务或投资行为为载体的直接技术溢出，即投资母国向投资东道国的技术溢出。与正向技术溢出不同，资源型企业的对外直接投资产生的逆向技术溢出是投资东道国向投资母国的技术反哺，即通过对外直接投资，投资国企业可以充分接近东道国先进的技术和 R&D 资源，进而获得由东道国向投资母国的技术转移和技术溢出。

到 20 世纪 90 年代，学术界对于对外直接投资的技术溢出效应的研究，开始从技术溢出效应的存在性向技术溢出的方向和渠道转移。Kogut 和 Chang[1]（1991）基于 1976—1987 年日本企业在美国的对外直接投资，运用 R&D 差异变量，证实了技术寻求型 FDI 的存在，并首次提出和实证分析了"逆向技术溢出"效应。Branstetter[2]（2000）通过对在美国投资的日资企业数据进行研究，结果表明日本企业对美直接投资的确提升了这些公司的技术水平，从而证明了对外直接投资具有逆向技术溢出效应。进入新世纪之后，对外直接投资技术溢出问题已成为国外学术界的一个重要课题，Markusen[3]（1999）、UNCTAD[4]（2001）、Drifflield 和 Love[5]（2005）、Moran[6]（2001）、Kugler[7]（2005）、Gorg & Greenaway[8]（2005）、Masso[9]（2007）、Driffield[10]（2009）等，对于该课题的研究做出了突出贡献。

随着中国对外直接投资规模的不断扩大，对外直接投资技术溢出效应问题也引起了国内学者的关注。国内学者从经验与实证的角度，对中国的对外直接投资技术溢出效应进行了多方面的研究，这方面学者包括王宗赐，韩伯棠[11]（2010），邹明[12]（2008），白洁[13]（2009），祖强[14]（2005）、严兵[15]（2006）、黄烨菁[16]（2006）、周海蓉[17]（2007）、李平[18]（2009）等。然而，对于资源型企业对外直接投资技术溢出效应的研究则非常有限。一方面，对于中国资源型企业，国外几乎没有研究，而国内的研究也非常少，仅有的研究也都集中在企业管理、企业竞争力等领域，对于资源型企业的对外直接投资国内也没有，更不用谈资源型企业的对外直接投资的技术溢出问题了。另一方面，对于中国该问题，国内为数不多的一些研究起步较晚，且所使用的数据有限（2003 年之后才有统计），他们的研究大多是理论层面的研究。但是，从现有研究成果来看，几乎所有研究都佐证了对外直接投资与技术进步之间确实存在着正相关的联系，但这种联系究竟如何却不得而知。

## 三、资源企业对外直接投资的逆向技术溢出效应显著性分析

从逆向技术溢出的途径或者渠道来看，它是一种外部经济性，不需要购买或者转让，是通过生产或者管理过程中跨国子公司将先进的国外经验和技术进行吸收，然后再通过公司的内部渠道及外部关联将先进经验和技术传导至母公司。母公司的员工以自身的吸收能力为限，对先进技术和经验进行吸收，并最终实现对外直接投资的逆向技术溢出。从这个过程中，我们发现所谓的逆向技术溢出其实是通过人力资本的吸收来实现技术溢出的。

### （一）模型构建

与大多数对外直接投资技术溢出效应的研究一样，资源企业对外直接投资的技术溢出效应实证模型构建，也以传统的柯布－道格拉斯生产函数为起始点。

$$Y_t = A_t \cdot L_t^{\alpha} \cdot K_t^{\beta} \tag{1}$$

其中，$Y$ 代表 $t$ 时期的产量，$A$ 代表 $t$ 时期的技术因子，$L$ 代表 $t$ 时期的劳动力，$K$ 代表 $t$ 时期的资本增量。对外直接投资首先导致的是国内资源行业资本存量的减少，同时国外资产的增加。因此，我们可以将柯布－道格拉斯生产函数进行修正。

$$Y_t = A_t \cdot L_t^{\alpha_1 + \alpha_2 \cdot F_t} \cdot K_t^{\beta_1} \cdot F_t^{\beta_2} \tag{2}$$

其中，$Y$ 代表 $t$ 时期的资源行业工业总产值，$L$ 代表 $t$ 时期的资源型行业劳动力，$K$ 代表 $t$ 时期的国内资源行业资本增量扣除对外直接投资部分后的余额，$F$ 代表 $t$ 时期的资源行业对外直接投资。在这里我们根据学者们的研究结果，事先假设资源行业对外直接投资将带来技术溢出效应。式中的 $\beta_1$ 表示资本的生产弹性，$\beta_2$ 表示资源行业对外直接投资带来的投资生产弹性。对修正后的柯布－道格拉斯生产函数取对数得到下面的变形后的生产函数。

$$\ln Y_t = \ln A_t + \alpha_1 \ln L_t + \alpha_2 F_t \ln L_t + \beta_1 \ln K_t + \beta_2 \ln F_t \tag{3}$$

需要注明的是式中 $F_t \ln L_t$ 表示的是资源行业对外直接投资与母国资源行业劳动力的结合物。原始的劳动力或人力资本投入中并不含有这部分因素。但是当资源型行业对外直接投资产生逆向技术溢出的时候，这种外部性的技术溢出最终将与母国劳动力或者人力资本相结合，成为人力资本投入的一部分。因此通过取对数的技术手段，我们成功地将本国原始人力资本投入与对外直接投资技术溢出带来的人力资本投入分离，即 $F_t \ln L_t$。式中的 $\alpha_1$ 表示劳动的生产弹性，$\alpha_2$ 表示资源行业对外直接投资带来的人力资本技术溢出弹性。

## （二）数据选取

根据模型的设定，模型中涉及了资源行业工业总产值，资源行业劳动力数，资源行业总资产存量。通过我们的检索发现这些数据都是可得的，都来自国务院发展研究中心信息网工业统计数据库。我们抽取了 2003 年至 2011 年的相关月度数据。其中，部分工业总产值数据缺失，我们以相关度高且相差无几的工业销售总值替代。另外，从历年的《对外直接投资年度公报》中获得 2003 年至 2011 年资源行业（采矿业）对外直接投资年度数据，以及从中国商务部的对外直接投资统计资料中得到中国对外直接投资季度数据和年度数据。我们首先将从国务院发展研究中心信息网获得的资源行业（采矿业）工业统计月度数据修正成季度数据。其次，我们计算中国对外直接投资季度数据与当年值的比重。以此比重将资源行业（采矿业）的年度值分解成季度数据。

## （三）协整检验

在单位更检验之前，我们需要进行滞后期的确定。我们通过构建 VAR 模型，查看滞后期标准发现隔检验标准在滞后期为 2 时完美通过，因此我们选择 2 作为滞后期。

通过单位根检验，我们发现模型中的 5 个序列在 5% 显著水平下都是非平稳的。但是，他们的一阶差分序列在 5% 显著水平下都拒绝了原假设，即都是平稳的。

通过正态分布检验、自相关检验和异方差检验（此处略），我们有足够的理由认为 VAR 模型的设计是不存在偏差的，是一个有效的检验模型。通过进一步的 Johansen 最大似然估计法协整检验，我们得出了资源行业（采矿业）工业总产值与各解释变量之间的长期均衡关系。通过迹检验和最大特征值检验分别表明模型中存 4 个协整关系方程。

原假设方程可写成如下形式：

$$\ln Y = -1.72 + 0.09\ln L + 0.0000052F\ln L + 3.50\ln K - 1.39\ln F \qquad (4)$$

## （四）协整结果解释

从上面的协整结果来看，资源行业对外直接投资的劳动技术溢出、资源行业资本存量、资源行业劳动力总数与资源行业的工业总产值之间存在正相关关系。而资源行业对外直接投资与资源行业的工业产值之间存在负相关关系。资源行业对外直接投资每提升 1%，资源行业工业总产值将下降 1.39%。这是因为我们的工业总产值以国内产出为统计口径，对外直接投资的增加意味着国内资本存量的减少，必然导致国内产出的减少。而资本存量每提升 1%，资源行业的工业总产值将提升 3.50%。资源行业的劳动力每提升 1%，将带来资源行业工业总产值增长 0.09%。这说明在中国目前的资源品生产中要素构成比例以资本和劳动力为主，资源行业是一个劳动密集型和资本密集型的行业（更确切地说，应该是资源密集型，因为资源行业的资本很大程度上用来购买和拥有资源，且资源的产出弹性比劳动的产出弹性大得多）。然而，因资源行业大量的对外直接投资而产生的资源品技术溢出给资源行业的工业总产值带来的正的效应却非常小，在统计学意义上是显著的，但在经济学意义上确实不显著。

## 四、中国资源型企业对外投资逆向技术溢出效应不显著成因解析

实证研究表明，中国资源品进口的技术溢出效应非常不显著。我们认为可从以下几个方面进行思考。

### （一）吸收能力弱

"吸收能力（ACAP）"是由 Cohen 和 Levinthal（1989）首次提出的，他们指出知识产品的生产具有很强的自我累积作用和路径依赖的特点，因为任何新知识都是在以具有的知识技术基础上开发出来的，较大现存知识存量意味着具有较强研发能力，更重要的是，研发投入对企业、本国经济往往具有双重效应：一方面研发直接带来新技术成果，另一方面增强了企业、本国对外来技术模仿、学习和吸收的能力。Grossman 和 Helpman（1991）认为人力资本投资，及因此而产生的吸收能力是促进进口和国际投资技术扩散的根本原因。一国劳动力的吸收能力越强，则技术溢出效果则更明显。

一般而言，可用人力资本存量和一国的 R&D 支出流量来衡量一国吸收能力。而人力资本存量可表示为劳动力数量与人力资本水平的乘积。一般做法是将 R&D 支出流量与人力资本水平的乘积来衡量一国的吸收能力。根据现有研究的结果我们发现与发达国家相比，中国人力资源的技术吸收能力非常落后，中国从资源品进口贸易中吸收学习先进技术的能力非常弱。这种低下的技术吸收能力，使得中国资源型企业对外投资逆向技术溢出效应不显著成为必然。

### （二）东道国技术水平及技术壁垒

技术溢出效应不显著的另一个解释就是国外资源行业的技术壁垒较高。中国所能涉及的拥有较高技术含量的资源行业或产品较少。东道国与母国资源产业间明显的技术差异，是对外直接投资技术溢出的前提。如果东道国的技术水平相对母国低下，母国的对外投资技术溢出必然不明显。

全面准确的衡量不同国家资源商品的内涵技术水平是一件非常困难的事情。在本书我们假设一国资源行业 R&D 投入占比完全转化为技术效率，则不同的国家在资源行业的 R&D 投入占比可作为该国资源品技术含量的替代衡量指标。从 2003 年至今，中国资源行业的 R&D 投入占 GDP 的比重一直保持在 0.00065% 左右，而发达国家的该数值要比中国的高出很多（以日本为例，基本上是中国的 4 倍）。由此可见，与发达国家相比，中国的资源品所内含的技术水平比较落后。然而，当前中国资源型企业对外直接投资对象国构成多元化，对于美国、日本等发达国家的资源行业投资增幅不明显，而更多的投资放在了非洲、东南亚等经济技术相对落后的国家和地区，这就导致了资源行业的相对技术差距缩小，或者不明显，从而使得可供吸收的技术含量有限，最终导致技术溢出效应不显著。

### （三）套利机制

企业存在的意义就在于获取利润。企业家们会敏锐的观察到市场上的套利机会。当套利机会出现时，企业家们大多会忽略技术溢出对企业乃至国家的重要性。当前，世界各国对于资源品的"掠夺"几近疯狂，资源品的国际市场价格接连攀升。各国纷纷降低资源品进口门槛和交易成本。在门槛和成本没有以等量的反方向变动条件下，资源品市场就会存在跨地区、跨时期套利空间。

资源型企业进入别国进行直接投资后，对资源拥有了一定的控制力，这个时候企业可以选择生产开发产品，并学习先进技术，将技术向母公司传播；也可以选择就地将升值幅度较大的资源产品进行粗略的加工后进行再出口，从而获利。客观存在的套利机制使得资源品对外投资技术溢出大打折扣。

## 五、对策建议

通过前文的研究，我们得出中国资源型企业对外投资技术溢出效应不显著是一种必然的结论。为了能够改变这种状态，提升中国资源型企业对外投资技术溢出效应，本书提出了以下几点建议，以供参考。

首先，鼓励企业到发达国家进行投资。目前，中国的资源型企业对外投资呈现出向不发达地区转移的趋势。但是不可否认，发达国家在资源品的研发投入和技术领先上，拥有绝对优势。中国政府应鼓励央企等大型企业到发达国家投资，具体措施上如搭建投资信息平台，提升国内资源行业国际并购的服务水平；完善融资渠道，以专门机构为背景搭建国内融资平台，当然这是个复杂的过程需要在过程中规避风险。

其次，提升资源行业人力资源的技术吸收能力。R&D 活动是创新活动的重要组成部分，不但可以提升自身的技术水平，同时也可以提升自身对于新技术的学习能力，从而提升我国资源行业人力资源的吸收能力。因此，进一步加强对于资源矿产行业的专门教育的投资，设立专项科研基金鼓励资源行业的科学研究，提高我国资源行业的人力资本水平，是更多地获得发达国家技术溢出的关键。

最后，规范资源品投资套利机制。由于资源的不可再生性，资源品升值非常迅速，从而资源品贸易跨市场、跨时期套利的广泛存在，导致了资源型企业对外投资后，在当地进行简单的资源品加工后进行出口，从而技术吸收效果小。因此，政府在资源行业对外投资上应有一个独立清晰的政策规范。例如，增强对资源型企业对外投资的监管，设立各种资源品行业协会，对行业协会进行督导管理，形成有序的行业规范。

**参考文献 2：**

[1] Kogut B, Chang S J. Technological Capabilities and Japanese Foreign Direct Investment in the United States [J]. Review of Economics and Statistics, 1991, 73 (3): 401 –413.

[2] Branstetter L. Is Foreign Direct Investment a Channel of Knowledge Spillovers – Evidence from Japan's FDI in the United States [J]. NBER Working Paper, No. 8015, 2000.

[3] Markusen J, Venables T. Multinational Firms and the New Trade Theory [J]. Journal of International Economics, 1998, 46 (2): 183 – 203.

[4] UNCTAD. World Investment Report 2001: Promoting Linkages [J]. New York and Geneva: United Nations, 2001.

[5] Driffierd N, Love J H. Foreign Direct Investment, Technology Sourcing and Reverse Spillovers [J]. Manchester School, 2003, 71 (6): 659 – 672.

[6] Moran T H. Parental Supervision: The New Paradigm for Foreign Direct Investment and Development [J]. Washington DC, Institute for International Economics, 2001.

[7] Kugler M. Spillovers from Foreign Direct Investment: Within or between Industries? [J]. Mimeo University of Southampton, 2005.

[8] Gorg H, Greenaway D. Much Ado about Nothing? Do Domestic Firms Really Benefit from Foreign Direct Investment? [J]. The World Bank Research Observer, 2004 (12): 1 – 31.

[9] Vahter P, Masso J. Home Versus Host Country Effects of FDI: Searching for New Evidence of Productivity Spillovers [J]. Applied Economics Quarterly, 2007, 53 (2): 165 – 196.

[10] Driffield N, Love J H, Taylor K. Productivity and Labor Demand Effects of Inward and Outward FDI on UK Industry [J]. Manchester School, 2009, 77 (2): 171 – 203.

[11] 王宗赐, 韩伯棠. 技术寻求型 FDI 及其反向溢出效应研究 [J]. 科学学与科学技术管理, 2010 (2): 5 – 13.

[12] 邹明. 我国对外直接投资对国内全要素生产率的影响 [J]. 北京工业大学学报: 社会科学版, 2008 (6): 30 – 35.

[13] 白洁. 对外直接投资的逆向技术溢出效应——对中国全要素生产率影响的经验检验 [J]. 世界经济研究, 2009 (8): 65 – 69.

[14] 祖强. 跨国公司直接投资的行业技术溢出效应实证研究 [J]. 世界经济

研究，2005（9）：4 – 14.

[15] 严兵. 外商直接投资行业内溢出效应及相关影响因素分析［J］. 经济评论，2006（1）：41 – 46.

[16] 黄烨菁. 外国直接投资的技术溢出效应——对中国四大高技术产业的分析［J］. 世界经济研究，2006（7）：9 – 15.

[17] 周海蓉. 外商直接投资对北京制造业的溢出效应——基于 2001—2005 年面板数据的实证分析［J］. 中央财经大学学报，2007（11）：65 – 71.

[18] 李平. FDI 行业内技术溢出的双重效应检验［J］. 上海经济研究，2009（2）：55 – 62.

# 附录Ⅲ：进口技术结构、知识流与出口技术复杂度提升
## ——基于省级动态面板系统 GMM 模型的实证分析 *

## 一、问题提出

入世以来，中国以极低的要素成本、丰富且不受限制的资源禀赋优势，在世界开放经济发展的浪潮中获取比较优势，带动国内经济发展，奠定了中国现代工业的基础。这种"大进大出，两头在外"的粗放式外贸发展模式，同时也造成了中国在国际分工中处于技术链、产业链、价值链低端的客观现实。新时期，面对复杂多变的国际贸易新格局，国家层面将"构建开放型经济新优势、新体制"提升到新的战略高度，指出要"加快培育以技术、品牌、质量、服务为核心的外贸竞争新优势"。作为培育外贸新优势的核心内容，外贸结构的转型优化将成为中国构建"现代化经济体系"的重要环节。

经济系统是一个复杂巨系统，动态反馈、互动交互是其内生属性。从开放式创新模式与知识扩散理论来看，知识流是内部经济系统发生作用的重要方式。其被认为是知识在不同主体之间的传递与处理的机制（Lichtenthaler，2011），对宏观经济行为与微观要素配置存在或支撑，或约束的天然影响（Kline，1986）。作为外向型经济发展的永恒话题，外贸比较优势的培育无法割离知识流及其复杂作用机制的调节影响。特别是当我们将视野停留在外贸技

_____

 \* 王静娴，杨敏. 进口技术结构、知识流与出口技术复杂度提升——基于省级动态面板系统 GMM 模型的实证分析［J］. 华东经济管理，2019，33（1）：80–86.

术优势这一领域时，作为衡量外向型经济发展核心指标，进口技术结构与出口技术复杂度之间的复杂关系，理应从知识流的角度探索进、出口技术结构与知识流的互动机理与动态作用机制。

大量经济现实表明，进口贸易渠道的国际技术溢出及其对于进口国经济增长、技术进步的影响作用不容忽视。Coe 与 Helpman（1995）研究指出，贸易伙伴国的技术溢出对于进口国的技术进步有显著影响。Sjoholm（1996）、蒋仁爱等（2012 的研究也表明进口技术溢出是促进进口国技术进步的重要方式。因此，在考察一国外贸竞争优势培育时，理应将进口技术结构的演化及其对出口技术复杂度的影响机制作为核心内容进行分析。

出口技术复杂度是一国出口的比较优势、产品质量和生产率水平的真实反映，同时也是一国生产结构优化、要素配置效率提升及创新能力提高的有效途径。作为进口技术结构的衡量指标，进口技术复杂度是出口技术发展度研究的拓展，其所带来的国际技术溢出对于进口国经济增长、技术进步的影响作用不容忽视。Coe 与 Helpman（1995）构造了 CH 模型，首次从实证角度测算了进口技术溢出效应，证实了进口技术溢出有助技术进步的观点。Caselli（2001）、Amiti（2008）、Aristtei（2013）等认为，通过进口能够帮助生产率较高的进口企业获得更多的信息和技术，更容易的参与出口市场，减少沉没成本，进而促进更多生产率更高的进口企业参与出口，最终促进出口技术复杂度提升。王永进、盛丹、施炳展、李坤望（2010）认为通过参与国际贸易，企业能够在从事对外贸易的过程中学习先进的技术，提升自身的技术水平。马淑琴、谢杰（2013）认为企业在出口产品的同时，通过进口高技术水平的中间产品学习先进技术，提高出口产品技术含量。知识技术的溢出效应有助于该类出口产品技术含量的提高。祝树金（2015）基于知识源异质性视角，分析进口技术溢出影响出口技术复杂度的机制，研究发现：总进口技术溢出对所有国家出口复杂度的提升均有显著正效应，但与发达国家相比，其对发展中国家的促进效应更为突出。郭娟娟、李平（2015）、陆云航（2015）研究指出，出口高技术复杂度产品不仅有利于提高一国生产结构的复杂程度，而且能够在国内产生"倒逼机制"，促使口企业通过加大研发投入或引进国外先进技术以实现技术进步。郑展鹏，王洋东（2017）指出，进口贸易对出口技术复杂度的影响主要通过转移效应和模仿效应得以实现。耿伟，李占霞（2018）研究发现，进口技术复杂度的提高可以促进制造业企业加成率的提升，进而提升企业产品的综合竞争力。

国内外学术界对进口技术结构变迁与技术溢出对出口技术结构的影响进行了大量的研究。研究结果表明：基于不同国家的经济现实，进口技术结构优化对出口技术复杂度存在影响，但这种影响表现出极大的异质性。对于异质性产生的源泉，学者们从经济技术禀赋、人力资本、政策环境等角度进行了分析和挖掘，并未形成一致的结论。笔者认为，进口技术结构对出口技术复杂度的影响表现出的异质性，应从知识流及其作用机制的异质性层面寻找原因。技术进步源于对知识的理解、传递、处理、学习、使用。蕴含复杂技术的进口商品要在进口国产生积极的技术溢出效应，进而影响到国内整体技术进步，以致提升出口技术复杂度，必然要经过技术引进后的知识性处理和学习。因此，知识流及其作用机制是进口技术结构影响出口技术复杂度的关键因素，但相关研究非常缺乏。本书将在现有研究的基础上，以知识流为视角，探索异质性知识流在进口技术结构变迁影响出口技术复杂度的作用机制。

## 二、进口技术结构优化、知识流对出口技术复杂度的影响机制

通常情况下，进口技术溢出通过进口国的转移效应、学习效应、竞争效应，来促进进口国技术进步（祝树金，2015）。所谓转移效应，即进口商从国外进口先进技术水平的商品或服务，并将此技术在简单加工或者不加工的情况下，直接用于自身出口商品并进行出口。出于各种政治因素，或者贸易保护主义的暗潮涌动，目前世界范围内的高技术商品进出口，均受到不同程度的贸易限制。微观企业大多采取高技术商品的转口贸易的方式进行规避，进口高技术商品通过技术过境平移的方式，在统计学意义上形成对一国出口技术结构和出口技术复杂度的直接影响。所谓学习效应，即进口商在市场研究的基础上，捕捉到国外先进技术机会，出于知识产权保护与技术壁垒的限制，采取进口该先进技术商品并加以分解、模仿、学习的方式，进而提升自身的技术水平。当该进口先进技术商品在一国内形成规模效应，提升一国在该领域的整体技术进步，才能使得出口技术结构优化成为可能。所谓竞争效应，即单一进口商通过进口高技术产品并通过学习、改造将其蕴含的高新技术应用于自身出口商品，

获取超额技术性利润，在国内行业内形成初始的技术性刺激。为获取超额利润，国内企业将进行竞争性技术研发，加大对经济系统空间中的知识存量的使用，提升一国在该领域的整体技术进步，使得出口技术结构优化成为可能，即通过市场平衡引致出口技术复杂度的提升。

出口技术复杂度是大时空维度下对一国外贸结构的衡量。学习效应与竞争效应直接影响的是单一企业的出口商品技术水平，只是为一国大时空维度下的出口技术复杂度与出口技术结构的提升提供了技术上的可能性。一国出口技术复杂度的改善实现，在很大程度上还要受制于知识流的加成影响。通过进口流入国内的高技术商品对于平衡状态下的国内商品市场形成正的知识冲击，即通过商流带来新的知识流。开放条件下，知识流作为现代经济中的超级要素，以开放互补、动态反馈、去中心化、高渗透性为主要特征在企业物质边界和能力边界中高频交互，使得企业的要素配置边界以极低的配置成本得以扩张。非竞争性、非排他性、高渗透性"知识元"对现代企业理论所强调的企业严格边界产生的这种持续冲击，决定了创新并非企业的排他性内部行为，而是一种进化的、非线性的、企业和环境交互作用的过程。

通过进口技术结构优化形成的知识流对于不同禀赋的经济体是非均质的。知识流根据自身知识元的特征属性与亲和性，在系统运动中与信息流、商流、人才流等进行结合。不同禀赋的经济体其知识流载体所承载的知识流并不相同，即存在知识流密度的差异。例如，同样的进口商品，上海本地企业所面临的进口知识商流就要远远高于新疆、西藏等地。因为知识流本身是同质的，不同商品所蕴含的知识存在相互印证的可能，而经济禀赋较弱的地区，进口知识商流比较单一，通过相互印证形成新的知识的可能性就要远低于经济禀赋较高的地区。此外，不同经济禀赋地区的知识流频度也不一致。进口知识商流在多个企业进行流转，其流转频度较高。同样的进口商品交易，在经济禀赋较高的地区（如江苏、浙江等）本地企业的参与度就要明显高于西部地区企业。

企业能力理论认为，决定企业发展的核心在于企业自身的能力及其对资源的配置效率。进口技术结构的优化配置会强化区域内部的知识溢出效应，从而促进区域内部企业之间知识的流动，而这些知识流是企业创新效率提升的必要条件，但知识流转化为促进企业创新的特定要素还有赖于企业自身的能力，包括吸收能力和整合能力。区域自身的禀赋特征，如经济基础、地理结构、文化环境等的异质性对于知识流与企业吸收能力、整合能力之间的耦合作用有明显的异化调节作用。面对同样的进口知识商流，企业能力（吸收能力、整合能力等）的强弱直接决定了企业能够从中获取的知识广度、深度，即知识的使用价值转化效率不同。

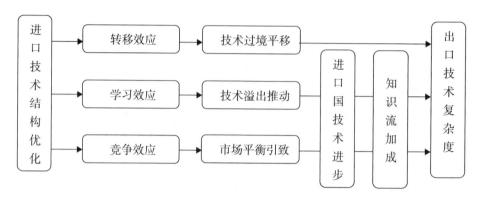

**图1　进口技术结构优化对出口技术复杂度的技术溢出与知识流调节机制**

# 三、省级进、出口技术复杂度测算

出口技术复杂度的概念由 Michaely（1984）提出。Hausman（2003）对其进行了改进，认为出口技术复杂度是一国出口商品中所包含技术水平和出口生产率的综合指标，经济体或产业出口技术复杂度越高，其出口产品技术含量越高。在此基础上，Rodrik（2006）、Schott（2008）等构建了出口技术复杂度测度方法。

首先，以世界维度出口商品数据测度统一分类标准的产品出口技术复杂度；其次，在产品出口技术复杂度的基础上添加权重，得到国家层面的出口技术复杂度。

$$\text{exct}_p = \sum_c \frac{\dfrac{\text{ex}_{c,p}}{\text{ex}_c}}{\sum_p \left(\dfrac{\text{ex}_{c,p}}{\text{ex}_c}\right)} \cdot \text{PGDP}_c \tag{1}$$

其中，$\text{exct}_p$ 为世界维度下，$P$ 商品的出口技术复杂度；$\text{ex}_{c,p}$ 为 $C$ 国 $P$ 种商

品的出口额；$\mathrm{ex}_c$ 为 $C$ 国出口总额；$\mathrm{PGDP}_c$ 为 $C$ 国的人均 GDP。该公式表明，如果一种产品较多地由高收入国家出口，则意味着这个产品的复杂度指标就越高，这与传统的要素禀赋理论的结论是一致的。

在计算了产品出口技术复杂度之后，对其以 $P$ 产品出口额占 $C$ 国出口总额的比重为权重进行加权，可得到 $C$ 国的综合出口技术复杂度，计算公式如下：

$$\mathrm{exct}_c = \sum_p \frac{\mathrm{ex}_{c,p}}{\mathrm{ex}_c} \cdot \mathrm{exct}_p \tag{2}$$

其中，$\mathrm{exct}_c$ 为 $C$ 国整体出口技术复杂度；$\mathrm{ex}_{c,p}$ 为 $C$ 国 $P$ 种商品的出口额；$\mathrm{ex}_c$ 为 $C$ 国出口总额；$\mathrm{exct}_p$ 为世界维度下，$P$ 商品的出口技术复杂度。

进口技术复杂度方面，祝树金、奉晓丽（2011）借鉴 Rodrik（2006）的出口技术水平指数方法，构建进口技术复杂度指标。

$$\mathrm{inct}_p = \sum_c \frac{\dfrac{\mathrm{in}_{c,p}}{\mathrm{in}_c}}{\sum_p \left( \dfrac{\mathrm{in}_{c,p}}{\mathrm{in}_c} \right)} \cdot \mathrm{PGDP}_c \tag{3}$$

其中，$\mathrm{inct}_p$ 为世界维度下，$P$ 商品的进口技术复杂度；$\mathrm{in}_{c,p}$ 为 $C$ 国 $P$ 种商品的进口额；$\mathrm{in}_c$ 为 $C$ 国进口总额；$\mathrm{PGDP}_c$ 为 $C$ 国的人均 GDP。在计算了产品技术复杂度之后，对其以 $P$ 产品进口额占 $C$ 国进口总额的比重为权重进行加权，可得到 $C$ 国的综合进口技术复杂度，计算公式如下：

$$\mathrm{inct}_c = \sum_p \frac{\mathrm{in}_{c,p}}{\mathrm{in}_c} \cdot \mathrm{inct}_p \tag{4}$$

其中，$\mathrm{inct}_c$ 为 $C$ 国整体进口技术复杂度；$\mathrm{in}_{c,p}$ 为 $C$ 国 $P$ 种商品的进口额；$\mathrm{in}_c$ 为 $C$ 国进口总额；$\mathrm{inct}_p$ 为世界维度下，$P$ 商品的进口技术复杂度。

上述测度方法是目前关于出口、进口技术复杂度测算的主流方法。根据上述方法，学者们对于不同贸易对象范围的选择，往往得到不同的测算结果。本书认为，对于省级行政区划的进、出口技术复杂度的测度，应将各省独立的贸易数据作为独立的进、出口主体，纳入疏解贸易范畴进行测度。

本书选择 2002—2016 年全国 31 个省级行政区，以及 2016 年度全球进出口总额前 31 个国家（去掉中国）的 HS 海关编码 20 商品分类进出口数据（19、22 类商品数据缺失），计算进、出口技术复杂度。前 31 个国家的商品进、出口数据来自 UN Comtrade Database，人均 GDP 来自世界银行统计数据库。中国各省份的贸易数据来自国务院发展研究中心信息网国际贸易研究及决策支持系统，人均 GDP 来自国务院发展研究中心信息网省级统计数据库。考虑到统计量纲的不一致，选择国家统计局 2002—2016 年的人民币兑美元平均汇率进行统一。结果如下：

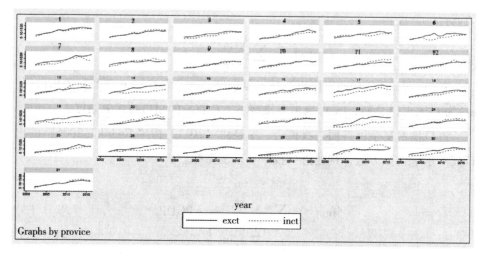

**图 2　2002—2016 年省级进、出口技术复杂度**

从计算的结果来看，符合各地区经济发展的现实，进、出口技术复杂度较高的为东部沿海发达地区，其次为中部发展地区，再次为西部不发展地区。从年度趋势看，2002—2016 年，各省的进、出口技术复杂度得到较大幅度的提升，其中，北京、上海提升了 1.27 倍，江苏提升了 1.23 倍，广东提升了 1.05 倍。

## 四、进口技术复杂度、知识流对出口技术复杂度的影响机制实证

### 4.1　模型设定

根据前文的分析，在模型设定时，借鉴 Hausman R（2005）、祝树金、曾成玉（2015）郑展鹏、王洋东（2017）的研究方法，将进口技术结构、知识流作为核心变量，纳入出口技术复杂度的影响因素，构建基本回归方程：

$$\text{extc}_{it} = \alpha_0 + \alpha_1 \text{intc}_{it} + \alpha_2 \text{taflow}_{it} + \alpha_3 \text{inflow}_{it} + \alpha_4 \text{teflow}_{it} + \beta_1 \text{caflow}_{it} +$$
$$\beta_2 \text{goflow}_{it} + \eta_{it} + \varepsilon_{it} \tag{5}$$

本书基于省级面板数据展开研究。其中，$i$ 为中国 31 个省级行政区，$t$ 为时间区间。$\text{extc}_{it}$ 为被解释变量出口技术复杂度，$\text{intc}_{it}$ 为进口技术复杂度，用以表示进口技术结构，$\text{taflow}_{it}$ 为人才流，$\text{inflow}_{it}$ 为信息流，$\text{teflow}_{it}$ 为技术流，$\text{goflow}_{it}$ 为商流，$\text{caflow}_{it}$ 为资金流。$\eta_{it}$ 为截面固定效应变量，$\varepsilon_{it}$ 为随机扰动项。

## 4.2 变量说明

本书要研究的是进口技术结构变迁及知识流对出口技术复杂度的影响。核心变量为出口技术复杂度、进口技术结构变迁（进口技术复杂度）已在前文进行了测度和说明，此处对其他控制变量进行解释。

知识流在企业创新空间维度中的随机游走，并非凭空实现的。知识流的传播、扩散、转移需要一定的知识流载体和渠道才能得以实现。本书关于知识流的五个控制变量，以知识流的载体进行区分，分别为人才流、信息流、技术流、商流、资金流。

人才流（taflow）。知识是人类在实践中认识客观世界（包括人类自身）的成果，它包括事实、信息的描述或在教育和实践中获得的技能，可以是关于理论的，也可以是关于实践的。信息流和商品流是知识流的两个重要载体，但都是从知识产生之后，并从其"制造者"分离出来，与特殊媒介结合进行流动的形式。从知识的概念及其演化过程来看，人作为主观能动的特殊存在，是知识产生的源泉。作为企业创新的核心要素，人才本身的流动是知识流最根本的流通方式和载体。人才流不仅是已产生的知识的载体，而且是未来知识创造的源泉。本书以分省 2002—2016 年度 R&D 全时当量作为人才流的度量指标，数据源于历年《中国科技统计年鉴》与《国家统计局科技统计公报》。

信息流（inflow）。根据知识流的静止状态——知识能否清晰地表述和有效的转移，知识被分为显性知识和隐性知识。显性知识流的载体就是显性知识的特殊编码方式，即口头传授、教科书、参考资料、期刊、专利文献、视听媒体、软件和数据库等。这些特殊的编码方式在现代经济中的传播渠道和方式就是信息。因此知识流的第一个载体即信息流，并且也是最重要的一个知识流载体。现代社会之所以被称之为信息社会，信息之所以能够成为当前最重要的一种生产要素，就是因为信息是知识流最重要的空间载体。本书以分省2002—2016年度信息化发展指数作为信息流的度量指标。该指数是国家统计局有关部门根据原国务院信息办和国家发改委制定中国信息化发展战略及发展规划的任务而研究制定，用以衡量社会利用信息通信技术来创建、获取、使用和分享信息及知识的能力，全面评价国民经济和社会信息化发展水平。2012年之后，国家统计局不再编制该指数，改由国家工信部委托中国电子信息产业发展研究院进行编制。2002—2012年度数据源于《2000—2012年中国各地区信息化发展指数（IDI）》，2013—2015年的信息化指数源于《2013—2015年中国信息化发展水平评估报告》（指数编制的方法大致相同，但指数绝对值大小不一致，笔者通过标准化数据处理使其一致）。2016年的数据为预期值。

技术流（teflow）。显性知识与隐性知识，在社会发展过程中进行重组、再造，形成特殊的指向性功能，并以技术形态具体化。这种具体化的具有特定功能指向的技术性知识通过交流、扩散形成技术层面意义上的知识流。因此，技术流是隐性知识流的重要载体，且相对于信息流、人才流而言，技术流是更加精确的知识流，其对于一国或一地区的经济发展和出口技术复杂度有重要影响。本书以分省2002—2016年度技术交易总额作为人才流的度量指标，数据源于国务院发展研究中心信息网分省统计数据库。

商流（goflow）。与显性知识相对的是隐性知识。隐性知识并不像显性知识那样可以通过特殊的编码方式被完整地编码，一般情况下都隐藏在特殊价值存在下面。在现代经济系统中，最常见的知识性价值存在就是商品。具有具体形态的知识即商品，不具有具体形态的知识即服务。这些商品与服务是要素与知识在主体配置的基础上产生的。企业的各种核心知识以最终价值形态蕴含其中。产品被生产出来之后，通过市场实现价值。在此过程中，与商品有过接触的各类组织会对其存在形式、各种功能、技术指标、规格参数等隐性知识进行学习。因此，商流是隐性知识流的重要载体。商流是地区经济发展水平的重要度量，反映了地区要素配置效率与市场交易频度、规模，其对于出口技术复杂度的影响将比较显著。本书以分省2002—2016年度社会零售商品总额作为度量指标，数据源于国务院发展研究中心信息网分省统计数据库。

资金流（caflow）。在现代经济条件下，知识流的作用仅仅依靠知识流载体，其作用是有限的。资金流是上述知识流载体得以发挥作用的"纽带"与"价值实现形式"。任何知识流形态发挥作用，都伴随着大量的资金流动。地区研发经费的投入是知识流的资本形态，对于地区的经济发展与技术进步有至关重要的影响，进而提升地区的出口商品技术复杂度。本书选取分省 2002—2016 年度 R&D 经费支出作为度量，数据来源于国务院发展研究中心信息网分省统计数据库。

**表 1　描述性统计**

| 变量 | 含义 | 均值 | 方差 | 最小 | 最大 | 样本 | 时期 |
|------|------|------|------|------|------|------|------|
| extc | 出口技术复杂度 | 12.07 | 3.35 | 4.43 | 21.52 | | |
| intc | 进口技术复杂度 | 11.06 | 3.50 | 4.05 | 19.61 | | |
| taflow | 人才流 | 7.66 | 9.41 | 0.04 | 54.27 | | |
| inflow | 信息流 | 7.06 | 1.93 | 3.88 | 14.68 | $N = 465$ | $T = 15$ |
| teflow | 技术流 | 13.66 | 37.89 | 0.00 | 394.10 | | |
| caflow | 资金流 | 2.26 | 3.40 | 0.00 | 20.35 | | |
| goflow | 商流 | 5.02 | 5.59 | 0.05 | 34.74 | | |

## 4.3　实证分析

在前文进口技术结构优化对出口技术复杂度的技术溢出与知识流调节机制以及数据描述性统计的基础上，对进口技术复杂度、知识流对出口技术复杂度的影响进行实证分析。首先对省级面板数据进行混合面板 GLS 回归，初步探索，变量之间的显著性；再次，考虑到异方差、自相关、内生性等问题，采用 SYS - GMM 模型，进一步深入分析变量之间的关系。

（1）基本回归

根据基本模型设定式（1），通过逐一添加变量，采用混合面板 GLS 方法对被解释变量、解释变量、控制变量之间的关系进行分析。

表 2　基本回归结果

| 变量 | 模型 1 | 模型 2 | 模型 3 | 模型 4 | 模型 5 | 模型 6 |
|---|---|---|---|---|---|---|
| intc | 0.8329*** | 0.7800*** | 0.6674*** | 0.6673*** | 0.6622*** | 0.6351*** |
|  | (0.0210) | (0.0239) | (0.0307) | (0.0307) | (0.0306) | (0.0322) |
| taflow |  | 0.0577*** | 0.0173 | 0.0193 | 0.0995*** | 0.1042*** |
|  |  | (0.0132) | (0.0148) | (0.0149) | (0.0375) | (0.0374) |
| inflow |  |  | 0.3790*** | 0.3994*** | 0.4605*** | 0.3966*** |
|  |  |  | (0.0679) | (0.0701) | (0.0747) | (0.0781) |
| teflow |  |  |  | −0.0033 | 0.0022 | 0.0082* |
|  |  |  |  | (0.0029) | (0.0037) | (0.0043) |
| caflow |  |  |  |  | −0.2546** | −0.4922*** |
|  |  |  |  |  | (0.1099) | (0.1419) |
| goflow |  |  |  |  |  | 0.1574*** |
|  |  |  |  |  |  | (0.0605) |
| $C$ | 2.8630*** | 3.0049*** | 1.8841*** | 1.7716*** | 1.2819*** | 1.6609*** |
|  | (0.3680) | (0.3705) | (0.4193) | (0.4315) | (0.4825) | (0.5058) |
| $R^2$ | 0.7878 | 0.7977 | 0.8101 | 0.8104 | 0.8134 | 0.8163 |
| 样本数 | 465 ||||||

注：＊＊＊、＊＊、＊分别表示在 1%、5%、10% 的显著水平下显著。

　　从回归的结果来看，通过逐一添加变量，无论统计学意义还是经济学意义上，intc 对 extc 都非常显著，这也验证了本书最初的设想：进口技术复杂度对出口技术复杂度具有显著影响。考察其他变量，可以发现：信息流、资金流、商流对出口技术复杂度的影响亦是显著的。特别是模型 6，在加入所有变量后，对于出口技术复杂度的一影响均显著。此外，人才流在模型 3、4 中统计学意义不显著，技术流在某些 4、5 中统计学意义不显著。从回归的结果来看，各模型的整体拟合优度逐渐增加，达到 0.8163，可见基本模型设定是有效的。

　　（2）SYS‑GMM 估计

　　虽然混合面板 GLS 估计的结果比较理想，但是从出口技术复杂度的动态变化来看，混合 GLS 估计可能是有偏的。通 Modified Wald 检验、Wooldridge

检验，以及 Pesaran 检验，发现存在组间异方差、组内自相和组间同期相关。此外，内生性问题也是重要的影响因素，需要被考虑进来。根据经验，认为进口技术复杂度及相关内生变量对被解释变量的影响是显著的，但同时被解释变量也有可能也会影响解释变量。HAUSMAN 检验亦发现存在内生性问题。目前解决内生性问题通常的有效办法即寻找有效工具变量。但通常在复杂巨系统的经济系统中寻找到合适的 IV 工具变量非常困难。因此，本书考虑将被解释变量的高阶滞后项作为工具变量纳入模型，采用 SYS – GMM 模型进行估计，从而消除内生性。

根据内生性检验，采用 SYS – GMM 模型进行估计，对原估计模型进行修正，如下：

$$\text{extc}_{it} = \alpha_0 + \alpha_j \text{extc}_{it-j} + \alpha_m \text{intc}_{it-m} + \alpha_1 \text{intc}_{it} + \alpha_2 \text{taflow}_{it} +$$

$$\alpha_3 \text{inflow}_{it} + \alpha_4 \text{teflow}_{it} + \beta_1 \text{caflow}_{it} + \beta_2 \text{goflow}_{it} + \eta_{it} + \varepsilon_{it} \quad (6)$$

其中，$\text{extc}_{it-j}$ 为出口技术复杂度的高阶之后项，$\text{intc}_{it-m}$ 为进口技术复杂度的高阶滞后项。SYS – GMM 估计结果汇报如下：

**表3　　SYS – GMM 估计结果**

|  | 模型 7 | 模型 8 | 模型 9 | 模型 10 | 模型 11 | 模型 12 |
|---|---|---|---|---|---|---|
| extc |  |  |  |  |  |  |
| $L_1$ | 0.8608*** (0.4008) | 0.8302*** (0.2771) | 0.7782*** (0.2529) | 0.7767*** (0.2727) | 0.7718*** (0.2710) | 0.7668*** (0.2757) |
| intc | 0.3996*** (0.1194) | 0.4189*** (0.0970) | 0.4303 (0.2776) | 0.4164*** (0.1162) | 0.4005*** (0.1241) | 0.4042** (0.2185) |
| $L_1$ | 0.339*** (0.145) | 0.3705*** (0.1582) | 0.3300*** (0.1177) | 0.3433 (0.2861) | 0.3374* (0.2045) | 0.3422** (0.1870) |
| taflow |  | 0.0158*** (0.0081) | 0.0058** (0.0031) | 0.0035** (0.0019) | 0.0475*** (0.0022) | 0.0298*** (0.0057) |
| inflow |  |  | 0.1547*** (0.0517) | 0.1706*** (0.0800) | 0.2641*** (0.1492) | 0.2583*** (0.1038) |
| teflow |  |  |  | 0.0176*** (0.0016) | 0.0182*** (0.0019) | 0.0102* (0.0082) |

续表

| | 模型 7 | 模型 8 | 模型 9 | 模型 10 | 模型 11 | 模型 12 |
|---|---|---|---|---|---|---|
| goflow | | | | | 0.1098*** | 0.0019*** |
| | | | | | (0.0157) | (0.0330) |
| caflow | | | | | | 0.4582*** |
| | | | | | | (0.0368) |
| $C$ | 2.4247*** | 2.3412*** | 1.8179** | 1.7527** | 1.7839** | 1.6609** |
| | (0.4913) | (0.4018) | (0.9934) | (0.9846) | (0.9642) | (0.9076) |
| AR (2) | 0.456 | 0.351 | 0.548 | 0.579 | 0.484 | 0.329 |
| hansen | 0.995 | 0.991 | 0.976 | 0.953 | 0.949 | 0.964 |
| wald | 0.000 | 0.000 | 0.000 | 0.000 | 0.000 | 0.000 |

注：表中括号内数值汇报的是 Z 统计量，AR（2）、hansen 与 wald 汇报的是相关检验的概率，* * *、* *、* 分别表示在 1%、5%、10% 的显著水平下显著。模型 7 - 12 的被解释变量均为 extc。

从表 3 汇报的结果来看，各估计方程的二阶序列相关检验及 Hansen 过度识别的检验结果上看，五个方程不存在二阶序列相关，且工具变量不存在过度识别，Wald 检验也拒绝了解释变量系数为零的原假设。整个模型的设定是有效的，估计结果是可靠的。

从回归的系数估计来看，出口技术复杂度的一阶滞后项对于被解释变量的影响是非常显著的，即当期的出口技术复杂度将显著影响下一期的出口技术复杂度。此可理解为出口技术结果或出口技术复杂度存在"技术惯性"特征。一国出口技术结果的改善，需要良好的技术与经济基础，是一个长时间维度的过程。中国出口技术复杂度的线性趋势亦反映这一点，既不存在特殊时点与经济事件对其产生"技术跃迁"作用。

各检验模型中（模型 9 除外），进口技术结构对出口技术复杂度的影响比较显著（模型 9 中，进口技术复杂度的统计学意义不显著）。验证了前文对于进口技术结构优化影响出口技术复杂度的理性分析。进口技术结构的优化可通过"技术过境平移""技术溢出推动""市场平衡引致"对国内整体技术进步产生积极影响，在知识流的中介作用下，通过企业自身能力的内化，提升出口技术复杂度。进口技术复杂度的一阶滞后项对于被解释变量的影响同样显著（模型 10 中，进口技术复杂度的统计学意义不显著），即进口技术结构的改善对于出口技术复杂度的影响可能存在时滞影响。进口商品所蕴含的技术，需要在国内技术市场被翻译、理解、学习、改写、重构等过程，以全新的技术状态进入出口商品领域。整个过程是一个费时的不确定性过程，因此产生时滞是必然的。时滞的长短取决于国内技术主体的内生化能力。

知识流的 5 个载体对出口技术复杂度的影响在统计学意义上均显著。从模型 12 来看，在经济学意义上，信息流（inflow）、资金流（caflow）对出口技术复杂度的影响非常显著，影响系数分别达到 0.2583 和 0.4582。现代经济条件下，知识流的 5 个载体中，信息流因其固有的轻质性、去中心化特点，以及互联网信息技术的发展，其所承载的知识流密度、频度即知识价值转化效率是最高的，其对于经济时空维度中所有的个体是均质性存在，异质性的产生仅在于主体自身对与信息、知识等的理解、吸收、利用能力的不同。资金流最作为知识流载体中最特殊的一种存在，其因市场经济属性而存在，是所有生产、交易完成的必须"中介性"要素。虽然其本身并不会对技术变迁产生内生性影响，但却在所有知识流载体中承载了最丰富、最具综合性的知识流。信息流、资金流的强弱直接影响经济部门对于进口技术结构优化所带来的技术溢出的吸收和利用效率。

从知识的概念及其演化过程来看，人作为主观能动的特殊存在，是知识产生的源泉。作为企业创新的核心要素，人才本身的流动是知识流最根本的流通方式和载体。人才流不仅是已产生的知识的载体，而且是未来知识创造的源泉。理论上，人才流（taflow）对于出口技术复杂度的影响应该最为显著，但模型实证的结果均一致性得到并不十分显著的系数估计（模型 12 的影响系数仅为 0.0298）。产生这一现象的原因可能有：（1）人才流代表的是综合性的知识流潜力，而并非直接的知识流态。人才流要在经济行为过程中产生显著影响，需要企业之资源配置过程中对与人才要有足够的重视，为其知识性生产提供有效的配套资源，以此发挥其"看不见"的人才效应。从这一点看，中国各省份企业或许做得还不够。（2）模型构建中，对于人才流的量化指标并不十分合适。受制于数据的可获得性，本书并未选择诸如"高层次人才引进数量""高学历人才就业数据"等人才流的直接数据，而是使用了 R&D 全时当量作为各省份人才流的测度指标，有可能会对真实的人才流变量造成"数据污染"，产生不必要的"噪声干扰"，进而影响到最后的估计结果。

技术流（teflow）、商流（goflow）的影响相对不显著，影响系数分别为0.0102 和 0.0019。理论上，技术流直接与出口技术复杂度相关，其影响应为显著。但现实中，中国目前的技术交易市场与技术产业化的契合度并不高，即技术仅仅是技术，并非能够带来产业化收益的技术，或是说停留在理论层面技术真正能够在产业化过程进行实践并取得市场认可度并不高。因此，表现出技术流度出口技术复杂度的影响不显著。商流是知识流载体重要的组成部分，对于出口技术复杂度的解释也应是显著的，但受制于数据的可获得性，在实证操作过程中，我们选择了社会零售商品总额作为测度指标，并未直接反映商流所蕴含的知识流绝对量，更多的反映了一个地区的市场活力。此外，对于频繁的商业流通，其中可挖掘的异质性知识流对于所有经济个体而言亦是均质存在，因此，估计结果并不十分显著。但出口技术复杂度的提升却无法回避商流的综合影响。

# 五、结论与启示

本书采用 HS 的 2 位商品编码，对 22 大类商品中的 20 类商品的进、出口技术复杂度进行了测度。从测度的结果看，进、出口商品的技术复杂度从2002—2016 年出现明显的上升趋势。进、出口技术复杂度的变迁，有外部技术进步的因素，也有内部要素配置优化与"技术赶超"的原因。从内部来看，进、出口技术复杂度的提升主要源于国家层面的贸易策略、经济环境，以及整体技术进步。

从进口技术结构优化对出口技术复杂度的影响来看，主要通过转移效应、学习效应、竞争效应，促进中国的技术进步。转移效应通过技术过境平移的方式促进出口技术复杂度的提升，其本身并不对中国内生的技术进步产生显著影响；学习效应通过技术溢出推动促进技术复杂度的提升；竞争效应通过市场平衡引致出口技术复杂度的提升。学习效应与竞争效应的产生受到国内知识流的中介影响。过进口流入国内的高技术商品对于平衡状态下的国内商品市场形成正的知识冲击，即通过商流带来新的知识流。知识流根据自身知识元的特征属性与亲和性，在系统运动中与人才流、信息流、技术流、商流、资金流进行结合，强化区域内部的知识溢出效应，从而促进区域内部企业之间知识的流动，提升企业创新效率。此外，企业自身的能力（吸收能力和整合能力），区域的禀赋特征（经济基础、地理结构、文化环境）等对于进口技术结构优化、知识流、出口技术复杂度之间的作用机制有显著影响。